中国政法大学70周年校庆
文化系列丛书

中国政法大学 70 周年校庆文化系列丛书
编委会

主　　　　任：胡　明　马怀德
委　　　　员：胡　明　马怀德　冯世勇　刚文哲
　　　　　　　高浣月　李双辰　时建中　常保国
　　　　　　　李秀云　王立艳　刘琳琳
总策划、总主编：李秀云

中国政法大学70周年校庆文化系列丛书

总主编：李秀云

法大人物

第一辑

陈睿 / 主编

中国政法大学出版社

2022·北京

声 明　1. 版权所有，侵权必究。
　　　　2. 如有缺页、倒装问题，由出版社负责退换。

图书在版编目（CIP）数据

法大人物. 第一辑/陈睿主编. —北京：中国政法大学出版社，2022.5
ISBN 978-7-5764-0302-2

Ⅰ.①法… Ⅱ.①陈… Ⅲ.①中国政法大学－名人－生平事迹
Ⅳ.①K820.7

中国版本图书馆CIP数据核字(2022)第012367号

书　名	法大人物·第一辑 FADARENWU　DIYIJI
出版者	中国政法大学出版社
地　址	北京市海淀区西土城路25号
邮　箱	fadapress@163.com
网　址	http://www.cuplpress.com（网络实名：中国政法大学出版社）
电　话	010-58908466(第七编辑部) 010-58908334(邮购部)
承　印	北京中科印刷有限公司
开　本	650mm×960mm　1/16
印　张	21.25
字　数	360千字
版　次	2022年5月第1版
印　次	2022年5月第1次印刷
定　价	88.00元

序 言

在 2021 年某知名大学专业排名中，中国政法大学以最高分的成绩在 314 所法学专业中独占鳌头，即便在同获 A+档的所有高校中，所获 80+评分也是独一档的存在。然而消息甫一发布，就有疑似法大学生的网友毫不客气地评论，大意是如果可以不考虑学校的各种可怜的硬件条件，学校所获的这个评价倒也算实至名归。

爱深责切，法大学子能够毫不掩饰地在公开场合揭露学校硬件条件的种种之"短"，言外则是充分肯定了除去硬件条件之外学校所拥有的他人难以企及的"长"。物质是"短"，精神为"长"。在这些长处之中，最没有争议的，恐怕就是构成中国政法大学统一外在形象的一个个鲜活的"法大人"本身。他们是始终心怀"国之大者"，秉承"法治天下"的崇高理想，将个人的前途与国家民族的命运紧密相连，潜心于中国法治建设和教育事业数十载的教授学者；他们是追求崇德向善，牢记"德法兼修"、明大德、求大道，常怀感恩之心、谦卑之心、向善之心，努力学习和实践，不断锤炼优秀品格，用真善美雕琢自己，保持自信、自立、自强的青年学子；他们是学思践悟、学以致用，服务基层、踏实做事，勤于实践、乐于奉献，在自己的岗位默默坚守，秉持"凡我在处，便是法大"，数十年如一日践行法大精神的每一位法大校友。

为了尽可能地全面展现校内校外、各行各业的法大人形象，2014 年 3 月，《法大人物》栏目在《法大新闻网》开栏。在至今的近三千个日夜中，该栏目共刊载了近两百位法大人的事迹，同时还发布在学校官方网站的首页,并在校报、学校官方微信等多个媒体平台刊发。通过一篇篇精彩的文章,讲述他们的人生故事,分享他们的法大情愫。

他们中,既有学术大家,透过这个栏目诉说着成就背后孜孜以求、辛勤治学的学者路;也有爱岗敬业,把教书育人当成人生理想的教师讲述自己讲台上下的故事;还有凭借独特人格魅力成为学子眼中"男神""女神"的"青椒"们畅谈自己的所思所感。此外,品学兼优、德智体全面发展的法大学子,让我们了解在通往优秀道路中的辛劳和汗水;离开学校后继续在各自岗位上不懈奋斗的校友,在追梦的过程中让我们体会他们心系法大的深深情义;还有一直以校为家的服务人员,他们默默无闻,却以始终如一的热情、专注和敬业,守护和温暖着这个校园……

值此中国政法大学庆祝建校 70 周年之际,谨将这一篇篇或抒发家国情怀,或蕴藏念校情感,或表达理想志向的文章集结成册,愿这由一个个独立法大人格凝聚而成的共同精神谱系,能够长久传承下去。

陈　睿
2021 年 9 月

目 录

序　言　　　　　　　　　　　　　　　　　　　　　　001

教　师

王万华：二十载磨一剑　　　　　　　　　　　　　　　003
黄道秀：师道之传久矣　草茉莉花香依旧　　　　　　　009
孙鹤：兰之猗猗　扬扬其香　　　　　　　　　　　　　013
李忠实：以梦为马　激情年华　　　　　　　　　　　　017
刘淑环：一心愿为铺路石　望以数模搭架桥　　　　　　020
邵方：稳行在高处　　　　　　　　　　　　　　　　　026
于中华：朴实生华　气质如兰　　　　　　　　　　　　030
赵天红：负责良师　暖心益友　　　　　　　　　　　　035
张中：怀揣质朴　追寻坦然　　　　　　　　　　　　　039
冯晓青：因热爱衍生信念　将知识产权谨记于心　　　　044
杨鹤皋：鹤鸣于皋声长传　情系后生德永馨　　　　　　049
司青峰：胜利不忘抗战难　　　　　　　　　　　　　　055
侯佳儒：佳士博学多才钟爱山水　儒者传道授业心怀祖国　058

彭博：与乒乓有关 062

夏吟兰：兰心蕙质讲台立　花中君子更护花 067

陈兆恺：不负獬豸　不忘杏坛 072

许身健：躬耕讲坛　大道健行 077

廉希圣：希世德才修律法　圣哲琴瑟共和鸣 082

白晟：岁月淘金者　循历史而发声 087

赵晶：种树类培佳子弟　拥书权拜小诸侯 095

李立：最长情的告白 100

刘丹：辽阔边疆　生命的绽放 106

白罗米："中国姑娘"和她的中国故事 111

学　子

陈典：与辩论谈一场永不分手的恋爱 117

刘扬：乒乓起落里的岁月流淌 124

权度炫：文武双全悟道文化　踏实刻苦紧抓学习 129

李正新：铁骨铮铮军人魂　家国天下赤子心 134

鲍婧心：从法大到联合国之路 139

孙重科：《我爱你中国》背后的故事 145

黄健栓：真实中自有千钧之力 150

依马木尼亚孜：法大胡杨　家中顶梁 156

钟卓然：从法大到哈佛，什么是他的思考？ 160

金思缘：通宵接力的"战疫中间商" 165

张敬遊：于疾风骤雨中穿梭　绽放青年光彩　　　　　　　　169

姜晨曦：穿过疾风暴雨　奉献法大力量　　　　　　　　　173

俞博：疫情防控，党员冲锋在前！　　　　　　　　　　　177

校　友

武宁宁：小月河畔孜孜以求　刑辩领域扬扬其香　　　　　183

林庚：踏实做事　尽心为人　　　　　　　　　　　　　　187

范凯洲：书中蕴格局　品茗自淡泊　　　　　　　　　　　191

吴京伟：蓟门风骨　经纬严正　　　　　　　　　　　　　195

陈海军：烙着法大印记的人　　　　　　　　　　　　　　200

严飞：勇立潮头的开拓者　　　　　　　　　　　　　　　204

林清城：拼搏成就梦想　　　　　　　　　　　　　　　　209

兰强：认认真真做事　踏踏实实做人　　　　　　　　　　214

傅元：以"跑马"之名　写法大故事　　　　　　　　　　219

孟丽娜：培以桃李　报以瑾瑜　　　　　　　　　　　　　224

黄行洲：独辟蹊径的翻译之路　　　　　　　　　　　　　229

张书旗：用镜头记录平凡英雄　　　　　　　　　　　　　233

魏雪：我随时准备战斗　　　　　　　　　　　　　　　　236

沈腾：别样丰富的人生　　　　　　　　　　　　　　　　240

夏华：心系深山的时装企业家　　　　　　　　　　　　　243

朱晓宇：普通法大人的执着与追求　　　　　　　　　　　247

卢健：在沙漠边缘　根只会越扎越深　　　　　　　　　　251

姜军：从法学到工程　这位"跨界教师"用三十年做好一件事　256
赵海峰：既写中华历史　也写法大人生　259
马新明：从贫困中走来　又主动走进贫困　264
高洋：为提升群众幸福感而努力　270
任刚强：为了"爬爬村"　他用脚步丈量了每一寸土地　274
张鹏：从公益出发到创业创新　十八年坚持做一件事　279
胡海江：以人民的名义　283

其 他

三代法大人：一生与你同行　289
中国政法大学乒乓球队：苦辣尽尝换赛场风光　甜酸共享为法大学人　296
三八优秀红旗集体外国语学院：勤耕花田半亩　喜看稻菽千重　301
中国政法大学 Cupler 合唱团：踏歌而来　青春无限　306
环阶大爷：立环阶陋室　善笔墨纸砚　312
两名艺术特长生：青春在这里绽放　316
迪达尔·马力克：选择了你　成就了我　320
后勤人：以校为家　情暖法大　324

教师

有理想信念　有道德情操　有扎实学识　有仁爱之心

王万华：二十载磨一剑[*]

文/孙晨

王万华，中国政法大学行政诉讼法学博士，博士毕业论文曾被评为2001年度全国优秀博士学位论文。现任中国政法大学教授，博士生导师，曾当选第七届"全国十大杰出青年法学家"。

二十多年前，在贵州省黔东南苗族侗族自治州美丽的小县城锦屏，一个侗族女孩捧读着小说《你为谁辩护》，萌生了学习法律的梦想。1989年秋天，16岁的她如愿考上中国政法大学，开始了在法大的十年求学生涯。2014年初春，在将满41岁之际，她获得了中国法学会评选的第七届"全国十大杰出青年法学家"称号。她是王万华教授，一位名副其实的法大人，一位花了近二十年时间在学术之路上苦心孤诣打磨行政程序法这把宝剑的学者，一位身体力行为推动依法行政和法治政府建设而挥剑的实践者。

结缘法大，十载韶华定于斯

如果不是种种巧合，王万华本会成为西南政法大学的学生。

1989年，中国政法大学首次在贵州省招生，只招6人。高考前填报志愿时，王万华填报的是招生人数更多的西南政法大学。巧的是，高考成绩出来后，赶上国家缩减录取名额，全国考生都必须重填志愿。成绩排在贵州省文科第五的王万华，这一次选择了中国政法大学。

那时的昌平校区尚在建设中，法渊阁也还没影儿，图书馆设在现在一食堂的二层。虽然对学校的硬件略感失望，但众多名师的课程很快转移了

---

[*] 本文于2014年3月7日发布于《法大新闻网》。

她的注意力，她很快进入了学习的状态。

本科时，王万华在阅读上涉猎很广，自小喜欢读侦探小说的她还爱看文学、史学方面的书，当然也啃过法理学的经典著作。虽然毕业可以分配到很好的工作，但王万华还是决定继续深造，走上学术的道路。1993年，她以专业第一的成绩被录取为本校的行政法学方向硕士研究生。

当时研究生虽然不分导师，但来上课的都是当时在行政法学界有广泛影响力的学者，其中不乏泰斗级人物，如中国当代行政法学的重要奠基者、巴黎大学行政法学博士王名扬先生，将近八十岁高龄仍难舍讲台。王万华和其他同学有幸沐浴在前辈学人的教诲之中。

王万华在法大的学习经历并未就此结束，1996年，23岁的她报考了本校行政诉讼法学方向博士研究生，师从新中国诉讼法学奠基人之一陈光中教授，陈教授也是对她影响最深的恩师。为了投入先生门下，在一年的复习期间，王万华深入学习了中国刑事诉讼法学和中国古代刑事诉讼法，刑事诉讼法学中关于正当法律程序成熟的理论研究使其受益匪浅，成为其后来研究行政程序法的基础。

走上行政程序法的研究道路，还得感谢行政法学界著名法学家应松年教授。攻读博士学位之初，正值国内学者刚刚开始关注行政程序法，应松年教授将一些基础性的研究工作交予王万华来做。在跟随应松年教授从事课题研究的过程中，王万华接触到十几个国家和地区的行政程序法，对行政程序法产生了浓厚的兴趣，最后将之确定为博士论文的选题。历经近一年之努力，王万华完成了博士论文《行政程序法研究》，这是全国第一篇关于行政程序法研究的博士学位论文，因对行政程序法原理做出重大创新性研究而被评为2001年度全国优秀博士学位论文。论文突破了当时"程序法就是诉讼法"的认识，推动了行政领域的程序法治研究。

1999年，王万华进入中国社会科学院法学研究所博士后流动站，师从中国法学会宪法学研究会前任会长张庆福教授，继续从事行政程序法学的研究，张老师为学术甘守寂寞的精神深深影响了她。2000年，王万华远赴英国，在英国著名学府华威大学法学院做了一年的访问学者。2001年，王万华回到母校中国政法大学任教，28岁被评为副教授，32岁破格被评为教授，33岁被评为博士生导师。

至今，法大培养出的"全国十大杰出青年法学家"已达到七位（以当选时在法大任教为准），王万华无疑是极其特殊的一位。她是唯一一位本科、硕士、博士皆在法大求学的，可谓名副其实的法大人，在法大校园，军都山下、小月河畔，度过了她最美好的十年青春岁月。诚如王万华所言，法大已成了她生命中不可分割的一部分。

苦心孤诣，宝剑锋从磨砺出

行政程序法学自20世纪90年代在国内兴起，如同一把未经打磨的宝剑，王万华正是这一领域的开拓者之一。近二十年来，王万华的研究精力倾尽在这一领域，一砖一瓦搭建出完整的成果理论体系，一心一意磨砺出宝剑的耀眼锋芒。

王万华凭借博士论文《行政程序法研究》在学界崭露头角。在这篇论文中，王万华明确区分了行政程序与司法程序，尤其是与行政诉讼程序的差别，将程序法治拓展到行政法治领域。此外，王万华创造性地提出行政程序在现代社会的双层含义，技术层面上的行政程序在每一个社会形态都普遍存在，但权力制约层面上的行政程序则为现代社会所独有。只有在现代社会，公民作为具有独立人格的主体参与行政权力的运行，公民在行政程序运行过程中的权利才能得到重视和保障，使行政权力受到制约。在行政程序法典的基本内容选择上，王万华提出了三个思路：是否包括实体规范；是否包括内部行政程序；是否包括行政复议程序。这三个思路后来得到了学界的广泛认同和采纳。

同样因在行政法学研究方面做出突出贡献而获得第五届"全国十大杰出青年法学家"称号的薛刚凌教授曾这样评价："王万华专注于行政程序法研究，为推进行政程序法理论研究、制度构建做出了重大贡献，她最大的特点是，做学问勤奋、踏实、认真，不急功近利。"

我们可以想象一位执着的铸剑师在炉火旁一遍又一遍地打磨心爱的宝剑，可在他心里这把宝剑似乎永远不够锋利。王万华则是在学术的殿堂里，苦心孤诣地钻研行政程序法，在她心里似乎永远也没有止境。用王万华自己的话说："创新和深入是学术研究的核心，我希望尽最大的努力和可能，能够达到学术上的至高境界。"

然而她取得的成果已经足够耀眼。近二十年来，她先后出版了关于行政程序法的图书多部,包括独著3部、主编3部、合著20余部;在《法学研究》《中国法学》《法学》《行政法学研究》等法学刊物发表论文40余篇,被《新华文摘》《高等学校文科学术文摘》《人大复印报刊资料》等广泛转载。研究成果涵盖中外行政程序法资料整理、外国行政程序法比较研究、行政程序法原理、中国行政程序法典立法研究及法典试拟稿拟定等各方面内容,形成完整的成果理论体系,大大推进了行政程序法理论研究的体系化与深入研究,同时为行政程序立法实践奠定了理论基础,研究成果得到立法机关的高度重视,并为立法实践所吸收、采纳。

在代表作《中国行政程序法典试拟稿及立法理由》中,王万华对中国未来行政程序法典提出了全面立法设想,并逐条做了充分、深入论证。该书出版后,在学术界和行政立法机关产生广泛影响,很快售罄,并成为国务院部门、地方政府制定行政程序规定的参照蓝本。

2011年,王万华获得第六届"全国十大杰出青年法学家"提名奖。经过三年的等待,她终于当选第七届"全国十大杰出青年法学家"。学校诉讼法研究院院长卞建林教授评价道,王万华天资聪慧,勤奋好学,专注学问,成果丰硕,在科研和教学方面取得非常优异的成绩,其当选"全国十大杰出青年法学家",理所应当,实至名归。王万华的博士生张奖励认为,老师虽然待人温和、处世低调,但在学术上对自身要求极其严格,今天的成就与她孜孜不倦的辛勤耕耘分不开。

投身实践,推进法治显担当

王万华曾谈到法大人的内涵,她认为,法大人有一种社会使命感,有一种务实的学风,不光有理想,还积极地去行动,去实践。而她本人也身体力行地在诠释法大人的这一内涵。

1999年宪法修正案确立了"中华人民共和国实行依法治国,建设社会主义法治国家"的宏伟目标,建设法治政府是这一战略的核心部分。而建设法治政府的具体机制就在于通过行政程序法来规范行政权的行使,形成制度。制定一部全国统一的行政程序法是中国行政法学界一直的愿望。十多年前,以应松年教授为首的专家学者就着手制定多个版本的行政程序法草案。然而,作为一部行政法中的基本法,虽曾经写入全国人大立法规划,但迄今尚未能启动立法议程。

2008年,在时任湖南省省长周强的支持下,应松年教授领导一个起草小组,制定出全国第一部系统规范政府行政程序的地方政府规章——《湖南省行政程序规定》,同年10月开始施行。王万华正是这个起草小组的主要执笔者,她不仅直接起草了大多数条款,还作为全稿的统稿人,为规定出台贡献了大量心血。该规定确定了公开、参与、便民、高效、信赖保护等基本原则,全面规范了政府工作流程,涉及行政主体、行政决策、行政执行、行政监督等政府工作的各个方面,建立了行政管辖制度、行政协助制度、行政回避制度、行政决策制度、行政公开制度、听证制度、证据制度、教示制度、卷宗阅览制度、时效制度、说明理由制度、裁量权基准制度、行政问责制度等行政程序的基本制度。重大行政决策制度,当时尚未引起学界的关注,但实际上是一个亟须规范的行政活动领域,在没有任何可参考蓝本的情况下,王万华独立起草了这方面的规定。

《湖南省行政程序规定》的出台,开启了程序控权的法治湖南模式的尝试,为国家层面的立法积累了宝贵经验,它取得的成功打破了很多人对行政程序法的质疑。湖南的试验证明,制定行政程序法确有必要,而且对于提高政府科学民主决策水平、从源头上规范行政行为、促进政务公开、提高行政效能、推进政府职能转变具有重要意义。

之后,相继有8个地方政府出台了行政程序规定,如山东省、西安市、海口市、汕头市等。这些规定均以《湖南省行政程序规定》为蓝本,内容和体例上高度相似。王万华认为,湖南开创了一种以程序控权机制为核心的法治湖南模式,被各地的效仿,现在对地方立法不能再追求单纯的量的增长,而应该总结经验,上升到国家层次的立法。

目前,王万华不仅承担了第一部行政程序地方性条例《北京市行政程序条例》的预案研究工作,还承担了《行政执法程序条例》(建议稿)起草工作。据了解,2013年10月发布的《十二届全国人大常委会立法规划》中,已将"行政程序方面的立法项目"列为第三类项目,王万华的研究成果和实践参与对推动我国《行政程序法》的制定功不可没。

除了积极参与推动行政程序法立法,王万华还参与了《行政许可法》《政府信息公开条例》《行政强制法》《行政诉讼法》等法律和国务院部门规章的立法、修法论证工作。王万华也积极参与地方法治实践,作为北京市人民政府立法专家委员会委员参与了北京市十余部地方性立法的论证工作，作为北京市人民政府行政复议委员会非常任委员参与了大量疑难复议案件的审议工作。

虽然身兼重担，但能为推动依法行政、法治政府建设的进程贡献一份力量，王万华感到由衷的高兴。在她看来，解决社会问题的对策研究和理论研究一样重要，中国的法学研究和社会密不可分，在坚持公平、公正这些基本价值的前提下，必须深入了解中国的社会，寻求在中国社会条件下达到目标的路径。

采访手记

开学第一天，我接到了采访王万华教授的任务，她刚当选第七届"全国十大杰出青年法学家"，能够与这样一位年轻有为的法学家面对面，我感到又兴奋又紧张。一路上，车窗外雾霾封锁，道路都看不真切。在我心中，王万华教授的形象也像被一层浓雾围绕着，我一直忐忑地猜测：她是不是特别严肃，会不会满口专业词汇？而真正见面后，她亲切随和的态度缓解了我的不安，她回答我的问题，一直微笑着，轻描淡写，仿佛她在学术上所取得的成就都极其平常。我注意到她用的手机是很老旧的诺基亚，问起，才知这部手机已用了十多年。我脑子里突然就浮现一位执着的铸剑师的形象，在炉火旁，排除一切干扰，苦心孤诣打磨心爱的宝剑。离开时，王万华教授的一句话打动了我："人生的一个阶段，做好一件事就够了。"后来为写好这篇稿件，我采访了王万华教授的同事、学生，还在文渊阁图书馆泛黄的旧书中找到了《你为谁辩护》，在逐字逐句的阅读中，渐渐体会到她对法治的那份真情。而稿件完成的那一刻，我拉开窗帘，一缕灿烂的阳光洒在桌案，多日的雾霾散了，我心中那样一个美丽、执着、勤奋、高尚的青年女法学家的形象，也变得那么耀眼、那么明亮。

黄道秀：师道之传久矣　草茉莉花香依旧*

文/田荣

黄道秀，1962年9月起在北京政法学院任教，1988年至1989年在苏联喀山大学法律系进修法学。她致力于中俄两国高校之间的交流，并有《俄罗斯联邦仲裁程序法典》等约1000万字的译著，被誉为"中俄法学翻译第一人"。2011年11月4日，在莫斯科被俄罗斯总统梅德韦杰夫授予"友谊勋章"，以表彰她在增进中俄人民之间友谊、促进中俄国家间合作中做出的突出贡献。

她被江平教授赞誉为我国研究"苏联和俄罗斯法律的权威"；她由俄罗斯总统梅德韦杰夫亲自授予"友谊勋章"，以表彰她为法律领域中俄两国关系的发展做出的巨大贡献；她翻译出版了逾千万字的俄罗斯法律文献，被誉为中俄法律研究和中俄法律交流第一人；她出版了70万字的博客文集《草茉莉》，深受学生及其他读者的欢迎。然而不久前，她却一纸文书，毅然推掉新一届博士生导师的遴选。这位年逾古稀，潜心学术，心系后辈的学者，便是法大的著名教授黄道秀。

俄语教师与法学专家

1962年9月，黄道秀来到北京政法学院，被分配至外语教研室。从此，她开始了由一名优秀学生到一位优秀教师的蜕变。她把教书育人当作生活的全部内容，希望将自己的所学所悟皆毫无保留地传授给学生们。但法大毕竟是一个"以法为大"的法科高校，尽管她的俄语十分出色，仍然感觉自己与主流的法学教育有很大距离。不甘心轻易认输的她便开始暗

---

* 本文于2014年9月22日发布于《法大新闻网》。

暗进行法学的自学。

20世纪80年代到90年代，俄罗斯的法律更新很快，而我国的法学界知之甚少，或者停留在苏联的法律制度上，或者片面地面向西方。彼时，我国法学的研究与教育体系的重建迫在眉睫。黄道秀则认为，苏联解体后，俄罗斯保留了苏联传统法律制度中的精华部分，同时又引进了世界上一些较为先进的法律制度。相比之下，俄罗斯法律对我国具有更现实的借鉴意义。于是，她怀着为祖国法律贡献一己之力的决心，在继续教授学生俄语的同时，开始着手研究俄罗斯的法律，远赴俄罗斯学习时，也选择了法学专业。

在不懈的努力之下，她实现了由俄语教师到法学专家的蜕变。1983年，她的第一本译著《苏维埃行政法》出版，这本译著是我国改革开放之后出版的第一部外国法学专著。此后的近30年间，她翻译的各类俄罗斯法律，以及撰写的学术专著和论文约合1000万汉字。2011年翻译的《俄罗斯民法（第1册）》（中文版）出版，还将我国《刑法》译成俄文出版，也用俄语撰写和发表了大量关于中国法的学术论文。这些译著、论文涵盖了俄罗斯的刑法、民法、经济法、民事诉讼法、刑事诉讼法等多个法律部门，构成了我国对俄罗斯法律研究的基础文献库，也为俄罗斯法学界研究中国法提供了鲜活的材料。

"给年轻教师让出更多的空间"

"2014年遴选博士生导师的工作开始了，我想向您表明，我不再参加新一届的博士生导师遴选，即不再担任特聘博士生导师的工作。"

这段话，摘自黄道秀教授写给中国政法大学校长黄进的一封书信。在这封书信中，黄道秀主动向校长请求辞去特聘博士生导师的工作，开了中国政法大学博士生导师主动请辞的先河。

谈及此事，黄道秀总显得十分豁达。她说："我今年已经七十多岁了，精力已不如前，我绝对不愿意勉强应付甚至敷衍任何一项工作。同时，老教师应该给年轻教师让出更多的机会。"促使她做出这项重大决定的，也有其他方面的原因。例如，她仍然负责法大的俄罗斯法律研究中心的工作，有较多的中俄法学交流；还在翻译俄罗斯最新的法律文献；兼任着俄罗斯五家杂志社和出版社的编委;她是俄罗斯亚太地区国家法学交流专家委员会成员;担任俄罗斯几所大学的客座教授,每年要去俄罗斯讲授中国法律;经俄罗斯推荐,她又成为国际"忒弥斯"法律大奖的发起人和评委之一。"所以,即使不担任博士生导师了,我的工作内容仍然十分丰富,毕生从事中俄法律交流是我的志愿。"

她还提出了一些关于博士生导师制度的构想。她认为"博士生导师"不是职称,不是荣誉,更不是福利,指导博士研究生是为了促进本门学科良好发展的一项工作。院士尚且不是终身制的,何况博士生导师。大学在博士生导师制度上应形成一种能上能下的机制,大学教授都可以指导博士研究生,将本学科的最新发展和自己的研究成果传授给学生,也可以随时卸下这项工作,转而潜心研究,等研究有了新的成果,再继续担任这项工作,这样形成一个良性循环。她也希望参加博士生导师遴选的年轻教授们能够在教学和科研中不断有新的成就、新的体会,不断提高博士研究生培养的水平。

"放弃也是一种成功"

"放弃也是一种成功"几乎成了黄道秀的口头禅,而这句话也诠释了她所选择的生活方式。

主动放弃了博士生导师的工作之后,她除继续坚持教书育人,坚持从事中俄法律交流的工作之外,对自己的生活也做了一些新的规划。她一向乐于不断开辟生活的新领域,从而使自己的生活不断变得更加丰富。她从2005年起开始撰写博客,在博客中分享自己的人生经验与日常一些思想感悟。她的1000多篇博客文章内容健康丰富、文字清新优美、图片大气漂亮,被多家刊物采用。博客点击量已达56万,还出版了70万字的博客文集《草茉莉》,深受学生和其他读者欢迎。她说,放弃了博士生导师的工作之后,她打算把空出来的时间用来旅行,到各地多走走多看看,还要多花费一些时间"写些闲篇儿"。她说,她虽然主动放弃了博士生导师的工作,但是她的生活并不会因此而变得单调,相反,她会努力使生活更加丰富多彩。

五十年来,她坚持着大学教育工作,教书育人,桃李芬芳;她致力于推动中俄之间法律学术界和实务界之间的交流与合作，促进了中俄两国间的友谊；她努力追寻新的生活，接受新鲜事物，以此来丰富自己，表达自己。她犹如一株绽放的"草茉莉"，静静地散发出淡淡的清香，展现着自己的美丽与魅力。

孙鹤：兰之猗猗　扬扬其香*

文/何苗

孙鹤，字用谦，中央美术学院书法方向博士后。中国政法大学人文学院教授、硕士生导师，中国政法大学艺术经纪研究中心主任，中国书法家协会会员。

站在孙鹤面前，你会变得安静。

大方娴雅，淡定谦和，气质如兰，仿佛不食人间烟火。从她身上散发出——不，流淌出一种独特的魅力。

这大概与她的经历有关。从少年时代到成年之后，孙鹤一直生活在极为传统的知识分子的场域之中，从小学三年级师从刘庚三先生学习书法起，她有缘受益于柳亚子高足李白凤、胡小石弟子高文、国学大师程千帆等大学者，他们的人品修为和精神力量形成一种强大的磁场，让孙鹤濡染其中，受益良多。纵观孙鹤的求学历程，从大学本科学习历史、硕士主攻文字学，到博士师从著名书法家欧阳中石先生专攻书法，博士后随著名学者、书法家邱振中先生研究书法理论与创作，在一步步坚实的脚印中，孙鹤将自己对某种操守和理想的执着，深深烙印在她的人生与学术生活中。也许正因这份内心的澄澈与坚守，让她在纷繁浮躁的现代社会中，显得那么的特立独行，以至于人们往往觉得孙鹤不像生活在这个时代的人物。而她，依然心无旁骛，坚定前行。

书者，如其人，如其学

孙鹤目前在中国政法大学人文学院担任教授。她的书法与她的为人、

---

* 本文于 2014 年 5 月 9 日发布于《法大新闻网》。

为学是极其吻合的。青岛科技大学艺术学院教师肖鑫在一篇文章里这样描述："孙鹤女士不事张扬，淡定谦和，已成胸次，而非矜持示人的玄虚，故而与之交往，如山水佳会，品之愈久，知之愈深，先是平易，使人亲近；进而如入幽径，渐见宝刹，令人起敬重之心，其人品如此，真可以写入《世说新语》了。"而她对书法的审美追求也与其人品相得益彰，她追求既要有书卷气又要有恢宏的气象。书卷气中有静穆之美，不浮夸，不炫耀；宏阔的气象也不是表面的霸气，而是内在的自主淡定与无欺。她对草书创作颇有心得，并擅长甲骨文书法。在其书法作品里，看不到一丝媚俗之气，蕴藏其间的是清雅淡定，气韵磅礴，这就是米芾所说的书贵"天真平淡"吧。

同时，书法创作意境的提高离不开丰厚的学识。孙鹤说，所谓"大人者，不失其赤子之心"，她始终抱着虔敬诚恳的态度对待创作与学术研究。孙鹤说，书法是浓缩中国文化的实体，任何一个汉字都是中国历史文化的片段，都包含了一段故事，用书法的形式表现出来，这种故事就更加丰富多彩了，这也是我为什么要把书法与文字学打通研究的原因。在我们将从文化的视野上看待书法和从书法艺术的视角看待中国文化两者内在的关联性透彻地解析后，就会在书法、中国文化、文字学几个方面都得到新的认识。基于这个思路，孙鹤的学术著作《秦简牍书研究》以秦简牍墨迹文字为研究对象，系统研究了自周至秦文字变化的脉络，并对出土的 6 批秦系文字进行了系统的分析、整理，为有关研究的进展提供了不可或缺的基础。中央学术学院教授邱振中先生评价，《秦简牍书研究》对书写方式对于文字形态的影响进行了仔细的发掘，是此类研究中第一本专著，对字体演变研究、对书法史与文章学的融合具有重要意义。中国社会科学院语言研究所研究员董琨先生也认为这是一部有关秦简牍书的有新意、有分量的研究著作，具有不可小觑的学术价值。

正如肖鑫所言，孙鹤以其卓有成绩的艺术创作和学术成果展示了她作为艺术家和学者的新文人素养。

定不辜负学生的爱

2004 年，孙鹤来到中国政法大学，为本科生开设书法艺术课。在法大,书法与其他艺术学科一样属于通识课,学校要求学生在校期间必须修满2个艺术学分。书法乃至整个艺术学科在法大不是主流,但她从来不因此怠慢工作。她说:"没有对艺术的领略和感受的人生是有遗憾的人生。尤其是我们学校还有不少从农村来的孩子,他们在过去的经历中因为种种原因没有太多机会接触艺术。我愿意尽自己的微薄之力来满足学生人生成长过程中接受艺术教育的需要,启发他们对艺术的热爱,对文化的向往,这是我的责任。"

孙鹤对教育者的素质有着自己的理解。我们所谈的素质教育,一直是教育者要求被教育者有素质,而忽视了教育者自身也应具有的素质。她认为,一旦成为教育者,身上的一切信息都是不言之教,都透露着内在素养。得体的仪表,在传道授业的同时,可使学生从中提升审美品位。

孙鹤自己显然就是这么做的,而她在法大受学生欢迎的程度令她自己都有些猝不及防。孙鹤老师已经成为不少学生心目中向往的理想女性形象的代表。曾经有学生这样评价:"上孙老师的课,等于在欣赏一首诗。"还有同学在试卷上给她写信,这位同学并不需要这门课的成绩,只是因为平时不敢跟仰慕的老师说话,只能借试卷一吐心声。她的讲座也很受学生欢迎,同学们说,从没看到过这样"所有人只进不出的讲座"。甚至还有一些已经毕业的同学坚持回来聆听她的讲座。

对于学生对她的热爱,孙鹤坦言出乎她的预料。她说:"也许是书法的实践性给了师生更多一对一辅导的机会,也让师生有了更多的接触,相互了解更深吧。艺术是人内在心灵沟通的桥梁,我通过它把真诚给了学生,也让学生把真诚传递给了我,因此我感到很幸福。法大虽不是艺术类专业院校,但得到学生的喜爱让我觉得一点都不委屈,我会继续努力,希望自己不辜负学生的爱。"

要让这个学科配得上法大

书法与中国政法大学,在很多人看来两者似乎毫不相干,而孙鹤将它们联系了起来,而且水到渠成、顺理成章。

美是艺术追求的最高境界,也是教育应该追求的最高境界。但是,美育在中国教育的状况不是很令人满意。孙鹤说,书法教育可以完成美育的大部分内容。例如，书法与文字相关，就与文学、文化相关；书法又与线条和结构相关，具有空间感，这是结构美学的原理，同时书法又包含了节奏美，启发人对音乐的感受……这样多层次的审美体验只有书法才能做到。

同时，艺术是人文精神的基本体现，中国政法大学作为一所以法学为特色和优势，兼有多学科的"211工程"重点建设大学，要达到把学校建设成为世界知名法科强校的目标，不能缺少艺术氛围，艺术学科是其重要的补充。同样，在中国政法大学多科性发展战略中，非法学学科日益成为学校极为重视，也亟待开创的新领域。

这一切，都令孙鹤对法大艺术学科的建设充满了信心。既然是开拓，就免不了困难。一道难题直接摆在了孙鹤面前：她坚持书法艺术教育不但要有素质教育，还要树立自己的学术形象，即发展研究生教育。可法大的现状是，整个艺术学科至今都没有一个独立的硕士点。她本人作为法大人文学院教授，虽早已取得硕士生导师资格，却很难有机会带书法专业的研究生。在学校和学院领导大力支持下，2010年，孙鹤第一次招收了中国古代美学方向的硕士生。她很高兴这次经历可以为艺术学科下一步争取独立硕士点打下一些实践基础。

另外，由她主持的《秦简牍艺术研究》课题还成为中国政法大学建校以来获得的首个国家级艺术学科课题。这是学校艺术学科在科研立项方面的一个突破，也标志着艺术学科走向学术研究道路的开始。孙鹤说，我要让这个学科配得上法大！

李忠实：以梦为马　激情年华[*]

文/杨钰　高梦婵

李忠实，中国政法大学人文学院副教授，1987年毕业于北京师范大学中文系，1991年进入中国政法大学任教至今。在校开设"西方文学史""中外文学名著导读""戏剧研究与实践"等课程。2012年5月，由人文学院中文系打造的舞台剧《哈姆雷特》作为毕业汇报表演，轰动了全校。从那以后，每年的毕业季，莎翁名剧都在李忠实的指导下，在法大礼堂上演。

2014年5月16日晚，法大礼堂，莎翁经典剧目《罗密欧与朱丽叶》的高潮正在上演。当心如死灰的朱丽叶含泪饮下毒酒去追随爱人的那一刻，悲戚的音乐缓缓流淌，迷蒙的光影淡淡铺洒。台下众人屏息，早已深深入戏。

这是法大众人翘首以盼的年度大戏。当它在一片掌声中落下帷幕后，片刻，又一阵如潮掌声更加热烈地响起，这掌声，是要送给这场如梦如幻的视听盛宴背后，那个不得不提的掌舵者。他一出现，便自然而然地凝聚了台下所有人的目光。欢呼四起之中，他幽默睿智、浪漫动人的致辞掀起了那一晚的第二个高潮。显然，没有一个学生不爱这样的老师。

他，就是李忠实。衣着悠闲却不失风度，谈吐风趣却不失诚恳。他是选课时一课难求的老师，他是对戏剧如痴如醉的戏迷，他更是追寻自由和燃烧生命的逐梦人。

记得当时年纪小

戏剧于李忠实，是早已深入骨髓的挚爱。往事难追，匆匆一梦，曾经

---

[*] 本文于2014年6月13日发布于《法大新闻网》。

步履或许时有艰难，可这份挚爱却是日益沉淀，有增无减。

循着时光的印记，追溯至二十多年前，恰是风华正茂的年纪。中文系的他受到学校表演戏剧风潮的感染，与一群志同道合、满怀激情的年轻人一道，开启自己编戏、导戏、演戏的历程。他将那时的戏剧形容为一面旗帜，把一群有共同兴趣的文艺青年凝聚在一起。他们未经社会浸染，奉行梦想至上，即使捉襟见肘，也要尽力把痴迷的画面搬上舞台。有一阵生活艰难，前景尚无着落，一伙人混进大学食堂吃饭是常有的事，更甚之，还要搞个募捐，然而即使如此，演出和戏剧的梦想依旧未曾停息。忆往昔，李忠实却只用一句"我们这群傻乎乎的人啊"一笔带过了那一段艰难困窘的岁月，笑而不言再多辛酸细节，风轻云淡，一片释然。

经年已过，变的是年龄，不变的是最初的执念。痴迷于戏剧之人，谁没曾日思夜想过将莎翁的戏剧搬上舞台。李忠实更是如此，在他心中，莎翁是戏剧界珠穆朗玛峰般的存在，一生有幸排他的戏，再无遗憾。于是，从《哈姆雷特》到《罗密欧与朱丽叶》，当年那个沉甸甸的梦想，终究没有被遗忘。

于他而言，戏剧是一场风暴，会在短时间内释放最大的能量，使人的内心受到强烈的冲撞，直面人生冲突之所在。戏剧点燃了他对生命的热情，早已成为一种信仰。

从今天起，画画，演戏，周游世界

也许，每个梦想的点燃都需要引燃物，而前些年一位朋友因患癌离世，引燃了李忠实深藏心底的诸多渴望。那位朋友喜欢绘画，临走前对身边的人说，如果还有时间，就只想坐在阳光下，哪怕是坐在轮椅上，也要坚持画下去。被一语惊醒的李忠实便从那时起决定，每一年，他都要规划好自己想做的事情，一件一件去完成。"我也有那么多想做的事情还未来得及做，现在不做还等什么呢。"

他选择了一种简单的生活，有渴望，便去实现，活得逍遥自在，只为忠诚于心、无愧于己。喜欢画画，便重拾画笔；迷恋旅途，便重走西藏，周游世界；同样，痴迷戏剧，就耗费心思去编排、去演练。

当然，每一份选择都是有代价的。即使是燃烧渴望，偶尔也会不小心触到火苗，感受到灼热的痛感。从 2014 年 2 月开始排练《罗密欧与朱丽叶》至走进礼堂，历时两个多月的排演中不乏各式插曲和艰难。学生们的不成熟一度让李忠实为之懊恼和无奈，然而在后来的磨合与演练中，他发现这些同学们身上都积蓄着极强的能量，在合适的时机就会迸发。

过程的艰辛也许早有预料，结果的宏伟也许早有期待，只是，李忠实万万没想到自己在这个关键的时间段，竟然生病了。十几年没生病的好身板因为连日的操劳，加上衣衫单薄而不小心着凉。然而李忠实却依旧选择坚持，甚至后来吃错了药，还是不肯懈怠排戏一丝半毫。做喜欢做的事，需要勇气。坚持做喜欢做的事，却是需要坚韧的毅力和必胜的信心。

爱不难，难的是实践爱，更难的是坚持爱。而只有在坚持中打磨过的爱，才更为纯粹和珍贵。李忠实对喜剧的爱便是如此，炽热如火，却也经得起风吹，抵得过浪打。

以梦为马　激情年华

少了心愿，人生便也少了几分乐趣。李忠实心中最想实践的戏剧，与一个人紧密相连——海子。同样是法大的老师，拥有同样的浪漫主义情怀，海子，这个留下经典诗歌数篇，一生短暂却颇具传奇色彩的人，必然引起李忠实诸多共鸣和感思。

李忠实说，"海子"是他的一个夙愿，他想用心写这个人物，再把他搬到舞台上去。这的确是一件要耗费心力的事情。但他可以一点点安静地写，但一定会写成。

海子是一位以梦为马的诗人，无疑，李忠实也是这样一位以梦为马的老师。他在激情燃烧的岁月里，没有让梦想星火化为灰烬，而是一直用赤子之心的温度让梦永葆温暖，发光发热。直至今天，他对梦想对生活的热情，依旧在燃烧。

刘淑环：一心愿为铺路石　望以数模搭架桥*

文/朱芯瑶

　　刘淑环，中国政法大学数学教研室主任，教授。自1987年起为学生讲授各种数学课程，其中"文科高等数学"被列为学校通识主干选修课程。自2013年9月起又开始承担法大成思危菁英班"概率论与数理统计"的课程教学。

　　2014年美国大学生数学建模比赛结果日前公布，首次参加该赛事的法大队伍取得了令人欣喜的优异成绩。经过连续四天四夜的紧张奋战，最终，由法大30位商学院同学组成的十支参赛队伍共获得了一等奖1项，二等奖4项，成功参赛奖5项的荣誉。带着对走出国门的荣誉的自豪与对数学建模的好奇，记者采访了荣誉背后的功臣，此次法大参赛队伍的指导老师——科学技术教学部数学教研室刘淑环。

　　对于采访邀请，这位笑容可掬的老师很随和地就应下了，在整个谈话过程中，她不时地会蹦出一些可爱而单纯的表情，她鲜有提及自己的付出，更多时候，都是以很朴实的语言，围绕数学建模比赛，描述着自然而然发生的一切。而就在接受采访前的午间时分，她还在不厌其烦地修改着教学方案，从中就能让人了解到，这个自称"轴"的老师，会将"自然而然"的事情努力做到力所能及的最好。而从1987年至今，她就一直在法大，在她的教师岗位上默默进行着"自然而然"的事情……

---

* 本文于2014年6月20日发布于《法大新闻网》。

"法大的数学建模实践，在摸索中起步，在多方努力下收获"

回忆起 2007 年法大校领导为寻求文科院校的突破而决定组织队伍参加全国大学生数学建模比赛的情形时，刘淑环不由得感叹"第一个吃螃蟹的人是需要勇气的"，第一次参加这类赛事难免困难重重，那时的法大明显在硬件条件、软件配置、学习资料、老师的经验等各方面都有所欠缺，"万事开头难嘛"，她爽朗地笑道。那一年数学教研室的老师们利用各种机会去外校学习，参加培训，充实自己；那一年学生们在炎热的学校机房里连续奋战了三天三夜。现在回想起来，她还反复念着学生们的辛苦。那一年法大的队伍在艰苦的环境下收获了第一份沉甸甸的成绩：北京市二等奖。

法大的数学建模比赛之路在艰难探索之中起步了，自此以后，法大的数学建模竞赛逐渐走上正轨。从 2007 年至 2013 年，法大在全国赛中取得的最好成绩不断翻新，2013 年法大队伍更是在与三万多支队伍同场竞技之下，获得了全国一等奖的佳绩，最新的捷报则如本文开篇所报，走出国门获得新的荣誉。在刘淑环看来，这些年来法大在数学建模比赛中日益突出的表现，离不开各方的共同努力，每一寸进步的背后，都有许多无声的力量在推动着。

首先，数学建模比赛自开展以来就受到了学校的重视，刘淑环在言谈中更是多次提及时任教务处处长的李树忠在最初的困难摸索期所给予的支持与鼓励。自 2008 年始选手们的比赛场所一直被安排在环境良好的国际交流中心，图书馆的相关资料不断补充更新，针对数学建模比赛的利好政策（比如保研加分项）相继出台，数学老师们"耿耿于怀"的图书馆电子资源数据库的权限也扩大到数学学科。除此之外，商学院与科学技术教学部负责人也高度重视，为数学建模活动添砖加瓦。因此，学生们参加数学建模比赛的环境改善甚多。

与此同时，指导老师们的经验逐渐丰富，历年本校参赛选手的论文资料与经验总结不断累积，在一届又一届的数模学子间传承，逐渐形成了一个小型资料库与一条精神纽带……有了那么多人的付出与努力，收获自然水到渠成。

当我们为今天的成绩感到激动之时，不由遥想陌生又亲切的当年"初尝螃蟹"的同学们的模样，没有付出是白费的，也没有荣誉是孤立的……

"数学建模比赛，如同一场短期旅行，重要的不是目的地，而是沿途的风景"

在与刘淑环老师交谈的过程中，能感受到她对数学建模真心的喜爱，她反复提到一个词——过程。她将数学建模比赛比作一次短期旅行，认为优异竞赛成绩的取得固然重要，但最美的风景与最珍贵的收获在于建模过程中。

"一次参加，终身受益。"在她看来，没有实实在在经历过一次数学建模比赛的人，是很难体会它所带来的感受与收获的。数学建模不同于常做的数学题，它并不提供已经量化的数学因子，那是需要参赛队员经过查阅大量相关知识与动用创新性思维自己设定的。

在稍纵即逝的比赛时间内，参赛选手要为现实问题的解决建立可靠的数学模型，首先要从查阅的大量相关资料和搜集的大量数据中"剥茧抽丝"，找到量和量的关系，然后经过模型假设、建立模型、求解模型、验证模型，再反复完善模型等几个过程。在亲身体验过之前，学生们也很难相信，自己可以在短时间内进行如此庞大的工程，更别提美国大学生数学建模比赛要求最后论文要以全英文呈现了。但事实证明，"潜力是被激发的"，刘淑环如是说。她的书柜里还珍藏着一叠厚厚的全英文的论文材料，那都是2014年首次参加美国大学生数学建模比赛的队伍的奋斗成果。

刘淑环视数学建模比赛为一场非常有效的思维训练，整个参与过程能够培养学生很强的学习能力，而这种能力将在我们进入信息量爆棚、生活节奏迅速的社会后，发挥巨大的作用。"大学不只是学知识，如果只要知识，那报个班不就行了，又何必读大学呢？"另外，有了这样一段经历，学生们对团队协作也会有更多体会。数学建模比赛每支队伍由三个人组成，有限的比赛时间需要他们合作融洽，分工明确，这样才能保证比赛的顺利完成。

数学建模比赛不仅对参赛同学们影响颇深，对刘淑环自己而言，同样也是难忘的经历。指导数学建模比赛的这些年来，最令她感怀的是参赛学生们身上所体现出的合作精神、不服输的坚韧毅力，以及那份在密切相处中建立起来的师生情谊。在指导比赛之前，师生之间更多是在课堂上的接触，相互间谈论的主要是书本知识，而数学建模比赛提供了极好的契机去增加师生间的交流，前所未有地拉近了她与学生间的距离，她得以更真切地体会到学生们的好学、聪明与能干。"我的孩子跟学生们同龄，跟学生们相处，我也真觉得他们跟我自己的孩子一样。"她眼睛里闪烁着慈爱的光芒，"在参加建模比赛的过程中，我们相互陪伴，共同成长"。所以就算赛前培训、竞赛指导过程辛苦，她也从不抱怨，觉得一切都值得。

"数学建模能在实际问题与数学问题，数学的魅力与学生的兴趣间搭起一座桥梁"

从数学教学角度看来，数学建模比赛只是一个载体，比起获得良好的比赛成绩，刘淑环有着更远的思量，她希望今后能逐渐扩大数学建模在法大的影响力，能有更多学生消除对数学的刻板印象，体会数学的魅力。"以前仅仅通过课堂与学生交流，的确也产生过学生们是否一届不如一届勤奋的疑虑，但后来通过数学建模比赛，我才感受到，学生们其实仍然很好学，甚至有过之而无不及，只不过多年的应试教育已经让部分学生对数学产生了很深的误解，没有领会到数学的魅力，仅仅教授理论知识的课堂是难以激发学生的兴趣的。"

数学建模相当于在实际问题与数学问题之间搭起一座桥梁，它不再是空洞的数学解析，它是有血有肉的尝试，而这才应该是数学本来应有的样子。为了证明这一点，她列举了好几年建模比赛的题目，诸如 2008 年国内赛 B 题"高等教育收费的标准"，2014 年美国赛 A 题"车辆右行的问题"。

文科学生学习数学的热情不高，这是大家司空见惯了的，似乎数学对于文科学习而言没什么用处。刘淑环认为这是一个误区，"学数学，不仅在于数学的广泛应用，还在于它的无用之用"。数学的用处并不会像一些技能培训一样迅速体现在可视化成绩上，它雕刻着研习者严谨、踏实的态度，它对于理性思维的培养发挥着潜移默化的作用。而修读文科同样应当具备理性思维，尤其是像法学这类需要严密逻辑的，与民生国计休戚相关的学科，肯定需要量化的学问。

但她也对一些学生对学习数学的消极态度表示理解："大学时代，本专业的课程就已经让学生们应接不暇了，况且学生当下所面对的事物的广度与研究的深度还不足以让他们感受到数学的重要性，而往往是造诣越高的学者，会越懂得理性思维的弥足珍贵。"所以在这种情况下，往往需要学校与老师花更多的心思去引导学生感悟数学思维，想必这也是当初学校决定组织学生参加数学建模比赛的动因之一，也是文科高等数学成为学校13门通识主干课之一，数学建模、数学实验等更多选修课相继展开的原因。

"作为法大的公共课老师，我无力作标杆，愿为铺路石"

"一次参赛，终身受益"这是数学建模比赛的宣传语。"建模的魅力在于能挑起学生的求知欲，我希望咱们的学生在他们的专业学习与研究中，能通过数学的学习和建模活动的参与走得更远，飞得更高。我愿意成为学生成长过程中的铺路石，把自己将近30年对数学的研究与感悟与学生们分享。"刘淑环说。

她对于自己在法大的角色有很清晰的定位。在她心目中，教师分两类，一类是标杆型的学术大师，一类是为学生成才铺路的基石，而自己属于后一类。"作为我们学校的一名公共课老师，其实很难在学术上对数学理论有突出贡献，难以成为学生们学术上的标杆。对我而言，有意义的科研是对教学的促进，如何通过公共课程教学培养学生们的综合素质，丰富他们的知识结构，从而为他们更好地在本专业学习铺路，这是我更感兴趣也愿意全力去做的事情。"刘淑环也希望学校将来能将教学研究成果作为对公共课老师的一种科研评价标准。

如今，铺路石这一角色已经融入了刘淑环生活的点点滴滴，她的工作是教学，她的业余生活则是准备教学。当谈到这个话题时，她不好意思地说："我女儿就评价我没有生活乐趣，我的业余时间大多是用在准备教学或者与数学建模有关的素材上。"另外，她还利用课余时间自学数学建模常用的软件语言MATLAB、SPSS与LINGO。而成思危菁英班的"概率论与数理统计"需要按数学专业课程的要求准备,作为授课老师,她更要全身心地投入。"这些工作在外人看来可能会觉得枯燥,但我也不觉得无聊啊!"

别看现在的刘老师已经紧密地与自己的岗位拥抱在一起,当初初出校园时的她却并不太喜欢做老师,也对自己的教师职业没有明确的规划。但由于干一行爱一行的传统教育,和全身心的教学投入,她逐渐喜欢上教师这一职业,并且,随着生活的起起伏伏,年轮流转,她越发感到,自己真的是适合教师这一职业的,特别是当自己教授的知识能被学生们理解与应用,满足感打心底里溢出之时,她尤其这么觉得。

邵方：稳行在高处*

文/刘倚伶 凌彤

邵方，中国政法大学教授，法史学硕士生导师，主要从事中国法律思想史、民族法文化、法人类学的教学与研究工作。2014—2015年度国家留学基金委公派加拿大英属哥伦比亚大学访问学者。2008年10月25日至11月8日，曾应美国国务院之邀在美国近距离观摩总统大选过程。在中国政法大学开设的"中国法律思想史""法人类学"课程，深受学生欢迎。

在中国法学创新网的《法律史学2012—2014年CLSCI论文数据分析》一文中，有一段这样的话：需要特别指出的是，在68篇中国法律史论文中，研究魏晋时期的有1篇，研究西夏时期的有2篇，这两个时期是中国法律史研究中极其薄弱的阶段，所以这3篇文章显得极其难能可贵。尤其是邵方教授近年来在西夏法律史的园地中孜孜不倦地耕耘、爬梳，为丰富中国法律史学的研究付出了艰辛的努力。我们感谢邵方教授这样能耐住寂寞的默默耕耘者，更期待有更多这样的学者。

那么，邵方究竟是一位怎样的学者？带着这样的问题，在2014年10月的最后一天，记者在昌平校区逸夫楼拜访了邵方教授。在采访之前，了解到邵方是专心做学术研究的学者型教授，想必在严谨认真之外，还是一个非常严肃的近乎"学究"的人，心中稍有忐忑。然而初晤之后，始觉才到高处性最真，邵方教授非常平易近人。在交谈的过程中，我们发现她不仅是一位勤于钻研、潜心向学的教授，更是一名气质优雅、谈吐大气的女士。就这样和教授面对面地聊天，话题从中国法制史的研究开始。

---

* 本文于2014年11月28日发布于《法大新闻网》。

不是道人来引笑　周情孔思正追寻

当笔者问到中国法制史的研究意义时，邵方教授谈道："中国的法学，法治，如果能够有自己的特点，能够走向世界，那就是中国法制史的胜利。我们从远古时代，从《尚书》发展到诸子百家，一直到后来礼法的争斗，再到儒家确立正统地位，其实文化的根基一直是不变的。从上古的民本主义，到儒家的仁者爱人，以人为本，就是我们独特的东西。无论是法制史，还是中华文化的根，这一点是可以对话西方文明的。尤其是在进行中西法律文明的比较时，我们的以儒家思想为根基的传统法学，和西方具有很多一致性。也正是因为这样，中国法制史的研究，以及在研究过程中的'寻根'，对建设法治中国，意义重大。"

在交流中，邵方教授对儒家文化侃侃而谈。她说在诸子百家中，她最推崇儒道二家，尝读经典而觉与圣人同在，与圣人为友，境界之高令人高山仰止。她也强调在柏拉图、苏格拉底的思想中，关注"人的价值"是很重要的一点，而《圣经》整本书都在讲一个"爱"字，这和儒家的"仁者爱人"有相通之处。从这个意义上讲，儒家思想是具有普世性的。毕竟文明的发展，最能打动人心的，还是人的思想。尽管有些时候，治国立法还需要采取强制的手段，但思想上的引导往往是更高层次的，更有意义的。因此，邵方教授也表明她的研究更侧重于法治思想领域。

谈到当今有学者举出《论语》"父为子隐，子为父隐，直在其中矣"的例子来批判儒家时，邵方教授认为，这都是没有正确理解儒家思想而导致的。她说，孔子并不是不讲法，只是不讲冷漠的法，在法中还有情。"其父攘羊"并不是窃国杀人的罪，在大是大非面前，孔子一样毅然决然，只不过法也是从人最基本的感情衍发出去的，"子为父隐"是人的真实感情，孔子的话恰恰体现了他的真性情。这也是她最欣赏孔子的地方。礼，与其追求仪式上的完备与浮华，不如提倡情感上的本真与纯粹，所谓"出门如见大宾，使民如承大祭"应该是发自内心的一种真诚。正因为这样的一种文化感染力，千百年来儒家文化才被人们代代传承，颠扑不灭。任何以点带面的批判都是不客观的，可以说，在专制的社会，儒家的"仁者爱人"思想给法律体系的建设，多少还是注入了些许光亮。

非淡泊无以明志　非宁静无以致远

邵方教授很有学术天赋，在读硕士期间发表的论文就受到费孝通先生的赞许，并且被《人大复印报刊资料》转载。但当年的她并没有因为自己的论文被学术界认可而兴奋膨胀。正是因为这种不求名利的淡泊之心，她在学术之路上走得很远。早在大学期间，邵方就有志于成为一名学者，她选择踏踏实实读书，甘于清贫，甘于坐冷板凳。只论耕耘不论名利的她告诉我们，做学问要有感而发，非有兴趣者不能为之，她还特意引用北京大学校长王恩哥的讲话："兴趣和事业要一致，是特别幸福的一件事。"

说到做学问，邵方教授强调："做学问的人，一定要内心特别安静，离物质的东西越远越好。当然，该关注时尚还是关注，但不能被其左右，内心方向要永远不变。并且持之以恒，每天不能中断，使之成为习惯，成为生活的一部分。此外，要抓住自己的兴趣爱好，博览群书，读一切好书，多读经典，才能够进行多角度、跨学科的学术研究，这里面哲学、文学的学习是必要的，学术研究要有文采，要有思辨能力和抽象概括的能力。最后，还要有一颗不变的童心，拥有一颗童心是人生最昂贵的奢侈品。"

说到自己的生活和对法大学子的建议，邵方教授笑着透露了一个"养生秘诀"："少看甚至不看负面的东西。因为坏的东西会影响心情，人生苦短，为什么不多多接受美好的东西？人要时刻给自己创造条件认真生活，在屋子里也可以给自己营造'运动场'和'图书馆'。健康的体魄和充实的知识是人生最重要的两个内容。对于男生，要有责任心和阳刚之气。对于女生，首先要思想纯正，心地善良，保持身材，锻炼身体，提升气质，还一定要有智慧，这样就有自信走向世界，所向披靡。"

令公桃李满天下　何用堂前更种花

在采访的最后，邵方教授热情地给我们看了学生的作业和学生对她课程的评价，在学生的字里行间，我们感受到了学生对她无限的感恩和热爱。在邵方幸福的笑容里，我们看到了她对学生的真诚和关心。她的学生这样写道："照片载着我们前往了美国，诗词的飞鸿传出了墨香，畅谈理想让我们心在飞翔。""每周四的夜晚，变成了一周沉闷学习生活中的一缕阳光，成为七天中最闲适的时光。看一看同学们的展示，听一听老师的叙述，两个小时太快，又太美好。"而邵方也会把学生期末考试优秀作业和发送邮件都复制保存下来，永远地珍藏。邵方说，每当读到学生给她发来的感人之语，常会情不自禁地潸然泪下。邵方在生活中就是这样一个真性情的大气之人，时刻传递着感动和对生活的热忱。

一个半小时的采访结束后，邵方又转身埋头书海。古来学问无遗力，少壮功夫老始成。办公室的门渐渐掩上，邵方教授又开始勤奋工作，准备即将赴加拿大的学术访问……

于中华：朴实生华　气质如兰[*]

文/李叶

> 于中华，中国政法大学外国语学院教师。2004年毕业于北京外国语大学英语学院，获文学硕士学位，后进入法大工作。开设课程有"现代大学英语·精读"，被评为院级精品课程。

今年恰值中国政法大学外国语学院建院20周年暨第十届外语文化节成功举办。在廿载风雨历程中，外国语学院孕育了一代代芬芳桃李，也涌现出一位位优秀教师。而当记者提出希望外国语学院师生们推荐一位可以代表学院精神的采访对象时，他们竟不约而同地提到了这个名字：于中华。

在中国政法大学校园里，同学们时常可以看到一位穿着朴素，笑起来温暖如春，举手投足间散发着白玉兰般自然清新气质的女老师。她，就是被学生们亲切地称为"中华姐姐"的外国语学院英语系教师于中华。而她之所以在学生心中留下了朴实生华、气质如兰的温暖印象，原因还要从她的为师之道说起。

奋发图强　迂回圆梦

中学时代的于中华一直期盼着考入中国政法大学，但由于家庭原因，她于1997年进入辽宁师范大学。大学期间，她一直在学习之余勤工俭学。尽管不得不花大量的时间赚钱补贴生活，于中华仍在2001年以全年级第一名的成绩被保送到北京外国语大学继续深造。2004年，在北京各大高校招聘门槛步步提高的情况下，她凭借自身过硬的素质被中国政法大学录

---

[*] 本文于2014年12月9日发布于《法大新闻网》。

用,也圆了自己学生时代的梦想。目前她已经进入博士阶段的学习。她常对学生们说:"学习会伴随我终生,因为要想带着同学们稳步前进,自己就必须永不停歇,这就是古人所说的学无止境。"

脚踏实地　勤恳为师

从站在中国政法大学英语系讲台的那一刻起,于中华便开始了她勤恳努力的为师生涯。童年的生活环境使她养成了坚毅的性格,工作后她忠于职守,脚踏实地,从不因事缺课,工作敬业勤勉,十年如一日。

2008年怀孕期间,尽管身体多有不便,但于中华却始终坚守在工作岗位上。临近预产期时,因为下班后追赶公交车摔倒,导致生产比预产期提前一个月。尽管这段经历如今听上去仍"惊心动魄",但于中华在向记者提及时却一直带着淡然的微笑,"现在我的孩子很健康,她长大了肯定也会理解妈妈的"。

于中华一直以来教授的"现代大学英语·精读"是外国语学院精品课程,并没有可以现成使用的教案与课件。4册书64个单元的课程,将近千页的教案和课件都是于中华自己亲自整理制作的。内容囊括了历史背景、作者介绍、文化注释、语言理解、思辨讨论、测试习题等诸多方面。

寓教于乐　深化提高

"于老师很注重对英美文学、文化背景的介绍,每次上课她总是通过穿插引用一些我们比较熟悉的英美文学、电影作品来提升我们学习的兴趣。"2013级英语系学生张智婷这样描述自己对于中华课程的感受。

与该课传统的对词汇、语法进行千篇一律式的讲解方式不同,于中华的"现代大学英语·精读"课程更加注重对历史背景的导入和外延式的思考。通过将每篇文章首先置身于当时独特的历史和文化背景之中,作家和读者在当时与现代的文化认识与文化冲突中赤膊相见,学生们的学习兴趣被极大激发。与此同时,外延式课堂讨论的方式令学生们在阐述自己的观点和彼此的共同讨论中,思辨、主张、扬弃,更进一步加深对相关问题的批判式思考。

张智婷对于中华讲授《十二怒汉》时的生动情景至今仍记忆犹新。

《十二怒汉》是一部探讨美国陪审员制度和法律正义的经典作品,虽然课文仅仅以一个很短的故事结束,但是于中华每次在讲授该课时,总是会提前让同学们观看相关的影片,并跟同学们详细地介绍这部作品的写作年代、写作背景和美国陪审团制度的渊源。通过背景导入和诸如"十二人,甚至是完全不懂法律的十二个人坐在一起,决定犯罪嫌疑人的命运是否合理?"等一系列问题的层层推进,于中华不仅细致地剖析了文章中的词语、修辞、语法,还让学生对由此涉及的一系列法律问题、社会道德问题等进行讨论,激发彼此之间思维的火花,加深学生对文章的理解与运用。

而在每上完一单元的课程后,于中华还会安排一次总结练习,通过随堂测验的方式帮助同学们巩固一周的学习成果。"于老师的随堂测验是分题型、分版块的,比如第一部分是单词、第二部分是选择、第三部分是重点句型翻译等,而且每周都测验一次。刚开始我们都觉得特别麻烦,加重了学习负担。"张智婷这样向记者坦言道,"但是到期末考试时我们终于明白,实际上于老师是在给我们的期末复习提前减压。因为她给我们的随堂测验都是对每一单元重点内容的总结,并且题型都非常实用。这样我们期末复习的任务就大大减轻了。于老师真的是用心良苦。"

爱生如子　雨露滋润

在课堂教学中于中华一直坚信鼓励的力量。在她看来,针对国内学生口语普遍较为薄弱的现象,作为一名教师,最重要的就是要给予学生充分的肯定,积极帮助学生提升"开口"的勇气。

2011级英语系学生孟荣感叹,初入校园时自己是一个非常腼腆的南方姑娘,"每每上课的时候,心中奔腾着无数的想法,却苦于自己的口音问题和英语表达的缺陷,看着别人口若悬河,自己只能呆呆看着"。关注到这一点的于中华,在此后的课堂上,便常常主动点名让她回答问题,在不断对她进行肯定、帮助她纠正发音的同时还鼓励她多写一些书评和感想。渐渐地,孟荣发现自己在泛读课、口语课和听力课堂上都取得了长足的进步,并最终在学年末结束时获得国家励志奖学金。

而在日常生活中,于中华"就像一杯温温的白开水淌进每个学生的心间,充满安定心神的作用,有股熨帖人心的力量"。孟荣告诉记者,大二时自己曾因发烧到42度足足住了一个月的医院，大病初愈的她刚回到学校时满是不适应，觉得跟不上同学们学习的进度。"于是我尝试着给于老师写信，倾吐自己的苦恼。"而在长达近1500字的邮件回复中，于中华这样鼓励她："我的家庭背景和你比较像，相对穷困，童年和少年时期都生活在拮据中，但这并没有阻止我成长的步伐，所以我将过去的苦难都当成一种财富……有话随时跟我说，多沟通，多交流，别憋在心里。"正因为于中华的贴心开导，最终孟荣放下了忧虑和担心，恢复到正常的学习和生活轨道上来。"虽然现在于老师已经不教我了，但我还是常常找于老师聊天。"

而2011级英语系学生王倩云至今还记得在复习英语专四考试时，于中华在那段难熬的时光中曾给予他们的关心与帮助。"当时专四考试大家压力都比较大。于老师会每隔三四天就给我们班每位准备考试的同学发短信，关心我们的复习时间和复习效果。她总是贴心地叮嘱我们要提高复习效率，不要熬夜看书伤害身体。特别是针对专四复习中我们不懂的问题，她总是十分热心地帮助我们联系外教来帮忙解答，以防止文化上的差异带来问题解答上的偏差。"

十年如一　爱院爱校

回想自己十年前毕业入校，如今恰逢外国语学院院庆二十周年，于中华在感慨自身年龄增长、经历日渐丰富的同时，对于能够亲历外国语学院和中国政法大学这十年来的改革历程，更是觉得幸运有余、憧憬不断。她在心里"不禁计划着如何才能在接下来的十年里努力学习和工作，带着学生们，奔向下一个里程碑，为培育出祖国的栋梁贡献出自己的一份力量"。

目前，于中华已在其于2012年参与的教育部、北京市重点研究基地项目《北京国际化大都市建设专业人才外语能力培养模式研究——英语专业"精英明法"人才培养模式研究》的基础上，逐步探索充分发挥英语语言媒介作用、结合学校法学专业特长的人才培养方式，相信这必将有力地促进学校"精英明法"复合型人才的培育。

十年树木，百年树人，教育在于提升人的境界，范仲淹"先天下之忧而忧，后天下之乐而乐"中的"忧""乐"二字尽见其学识存养，而今民族复兴的伟大使命使我们国家源源不断地涌现出道德高尚、学识精深、心存仁爱的好老师。而朴实、博学、仁爱、敬业的"中华姐姐"于中华无疑是这些好老师中的一员。

赵天红：负责良师　暖心益友*

文/罗雨荔

赵天红，中国政法大学刑事司法学院刑法研究所所长，教授，刑法学博士，硕士生导师，兼职律师，美国加州大学伯克利分校访问学者。北京市律师协会职务犯罪预防与辩护专业委员会副主任。1990年开始在中国政法大学工作，教授"刑法""刑法总论""刑法分论"等课程。

接下任务　就把它做好

点开中国政法大学网站首页《第六届北京市大学生模拟法庭竞赛圆满落幕　我校代表队喜获一等奖》《我校荣获第十二届"理律杯"全国高校模拟法庭竞赛冠军》的新闻，大家看到的是法大代表队的选手们在镁光灯前西装革履、笑意盎然的欣喜瞬间。然而，在这光鲜背后，是无数的汗水与辛勤。

"这次带队参加北京市大学生模拟法庭竞赛，可算是临危受命吧。"从正式接受带队任务到正式开始第一轮比赛，仅仅用了不到一个月的时间，其中还包括在全校范围内选拔队员组队的时间。尽管法大已经参加了五届北京市大学生模拟法庭竞赛，但这届的队员却是没有任何比赛经验的全新队员，没有"以老带新"的传承，没有上届比赛的经验，在如此被动的情况下，赵天红却凭借着不懈的努力带领同学们一路过关斩将，上演了一出"逆袭"的神话，一举夺下冠军。

谈及当时等待成绩揭晓时的心情，赵天红风轻云淡地说："我倒是一

---

* 本文于2015年1月16日发布于《法大新闻网》。

直蛮淡定的，夺冠，也算是意料之中的吧。"这种由努力而生出的自信，也许来源于对天道酬勤的信仰。在讲述中她还反复强调着一个词：团队。作为领队老师，给学生知识上的指导固然重要，但更重要的是成为一个队员们可以依赖、可以引领方向和给同学们情绪上的安抚的朋友。

同时作为两个重要赛事的指导老师，比赛和准备时间几乎重叠，每周四次本科生和研究生的课程，如此繁重的工作，对于一般人来说似乎是难以完成的任务。赵天红在回忆指导这两个比赛的两个多月的经历时说，"这是我人生中最辛苦但也是最快乐的一段时光"，两个月有将近一半的时间住在昌平，几乎所有课余时间都用在了比赛上，明法楼模拟法庭训练教室的灯光经常在晚上十点以后才熄灭……

为了使上场选手能够睡眠充足，其他同学挑灯夜战；在等待成绩的忐忑时间里，大家一起手牵着手……回忆起比赛中的种种细节，赵天红三言两语便勾勒出一幅所有人携手并肩，为着共同的目标不断战斗的景象。她毫不避讳地说，这么多年与模拟法庭各种亲密接触中，这一次的经历最为深刻。

"这个任务，既然我接了，就应该认真地准备，把它做好。"世上无难事，只要肯登攀。对于结果，所要做的只是问心无愧后的从容。从赵天红老师不经意的话语间不难体会到，在这次的比赛中，正是这种执着与淡定支撑着大家一路高歌前行，直至巅峰。

"不如由我去承担"

很难想象，这样一位为指导学生参与比赛辛勤付出的老师，同时连续几年都承担着每年360课时以上的授课任务。这样多出学校要求三四倍的工作量，让所有听到的人脑海中都不约而同地会问三个字：不累吗？

"累是肯定的，但是每个学期要上的课总有那么多，既然总要有人来做，不如就由我来好了。"她顿了顿，补充道，"就像这次接到通知说要加开刑法案例课，虽然我的课已经很多了，但为了学生们能够有所收获，为了顺利完成刑法研究所的授课任务，我还是选择开课"。

无论身处何职，有所追求的人大概都难得闲暇。这样不顾疲惫地接下新的工作对于赵天红来说并非第一次。当初学校决定要建立"刑法诊所"

时，赵天红也是同样地不辞辛劳。她认为，法科教学应将法学实践教学放在很重要的位置，空谈法学理论而不对学生进行有针对性的法学实践教育，学生参加工作后将很难适应司法实务部门的需要。诊所课正是实现这一目标的极好方式。利用自己从事律师工作了解司法实务工作之所长，培养应用型法律人才的信仰，赵天红担起了"刑法诊所"的重任并且逐渐将"刑法诊所"课程上成了非常受学生欢迎的课程。

从她的身上，我们看到的是梁任公先生所讲述的，最苦中的最乐。在赵天红眼里，责任是教师这个行业最重要的品质，对学生，对学术，对同仁，都要尽自己最大的能力对他们负责，这样才无愧于站在讲台上的每分每秒，无愧于自己的职业。

最好的东西　给他们

"赵天红老师的刑法案例课一瞬间就没有了！"

"我都抢了两学期她的课了，还是没有抢到！唉唉唉唉！"——从同学们的一片"哀嚎"声中，透露出的是赵天红老师超高的口碑与人气。是什么使她赢得了同学们这般的好评与爱戴？也许，正是她对教师这一职业的热爱与敬畏。

赵天红这样描述让她选择从全职律师回归教师岗位的原因："现在的社会法治风气有待逐渐改进，如果我们仅仅一味地摇旗呐喊，或者通过几个甚至几十个、几百个律师的努力，可能收效甚微。而做一个负责任的老师，在授课中培养学生积极向上、公平正义的法治理念，让一批批毕业生们带着他们的理想和信念融入将来的法学实践工作，并逐渐影响周围的法律人，这将是一个净化法治环境的很好的途径，虽然这可能需要很长时间的积淀，但我相信总会有所收获。所以我很荣幸我能够成为一名法学教师，能够在讲台上通过我的努力为我国的法治建设尽微薄之力。"

教给学生们知识，而自己也从学生们的干净与纯粹中得到给养。赵天红享受着这种教学相长的过程，享受着和学生在一起的时光。

同时，因为父母双方都是教师的缘故，赵天红比常人更深刻地明白作为一名教育工作者的责任。"老师的一言一行对学生的影响可能是一辈子的，有时候真的很害怕因为自己做得不够好，而对不起自己的学生们。"

她说:"知识谁都可以教,但我希望,在教授知识的同时,也能把知识以外的最好的东西给他们。"

带着这样一份对学生、对教师职业的爱,赵天红成了许多学生依赖和信任的对象。很多学生都乐于将自己的喜怒哀乐与她分享,无论是悲伤,还是快乐,都在微信上同她倾诉。这份真挚的爱意或许也是上天对辛劳付出的她的最好的回报。

说到对学生的期望,赵天红说:"我希望我的学生们,能成为有责任心、正直、善良、健康、快乐的人!"我们也衷心希望,时时将责任与正义放在心中的她,能够在忙碌的工作里,时时开心快乐。

张中：怀揣质朴　追寻坦然[*]

文/杨钰

> 张中，法学博士，社会学博士后，中国政法大学证据科学研究院（证据科学教育部重点实验室）副教授，硕士研究生导师。主要研究方向为证据法学、刑事诉讼法学。主要著作有《检察制度原理》《证据法学》《弱势群体的法律救助》等。曾获北京市第十届哲学社会科学优秀成果奖二等奖、中国政法大学优秀教师奖等奖项。2014年，担任学校中国司法文明指数项目组副组长。

2015年，3月2日，《中国司法文明指数报告2014》新闻发布会在法大召开，这份报告为我国法治建设提供了一种量化评估工具，也为司法文明建设提供了一面"镜子"，同时还体现了人民群众对司法工作的满意程度，是学校中国司法文明指数项目组倾尽心血与努力之作。作为项目组副组长的张中坦言，从个人感情上，他很珍惜这份报告，也很期待它发出之后的反响与反馈。

常言，谦谦君子，温润如玉。张中老师便是如此，言语中透着温和的态度与厚重的气质。他置身书海，刻苦钻研，却只求无愧于心；他亦师亦友，诲人不倦，却笑称互教互学；他精于学术，成果颇丰，却自谦不敢妄居"学者"二字。他秉持最本真纯粹的初衷，以一颗平常心，不断探索，默默耕耘。

简单朴素的愿景

有人说，梦想可以远一些，可以五彩斑斓，甚至可以天马行空，这

---

[*] 本文于2015年3月20日发布于《法大新闻网》。

样,即使日后没有得以实现,也至少曾经有过美好的想象。然而中学时代的张中,却并没有那般虚无缥缈的幻想,"当时人的观念比较朴素,只是觉得警察、法官、检察官这些人可以扬善除恶,所以想要选择法学"。在彼时的张中眼里,将不法之人绳之以法便是他所期待的未来。

在与法学相识相交相伴四年之后,张中对法学兴趣愈浓愈深,也对法学尤其是刑事诉讼法学有了更深的理解和领会。曾经以为刑事诉讼法只是程式性规则性制度的他,在日渐深入的学习与老师的讲授中,发现看似冷酷规整的规则背后有很多典故和故事。张中认为,这些规则背后的故事,既是规则本身规范意义的体现,又反映了人们对法律的一种期待。从此,张中便与实践性强、与生活贴近度高的诉讼法结下了不解之缘。

"正义不仅要实现,而且要以一种看得见的方式实现。"对这句法律格言有着强烈认同感的张中,在继续自己刑事诉讼法研究的同时也开展了对证据法的探索。在他看来,证据是连接刑法与刑事诉讼法的轴轮,离开了证据法的刑法、刑事诉讼法便都成了一纸空文。"证据是法治的基石,亦是实现司法公正的基石。"

问心无愧的耕耘

治学研究在常人眼里是一件极为枯燥繁琐的事,在青灯下与大量文献相伴,只怕再火热的激情也会被消磨成平静。而张中却对这种看似乏味的探索乐在其中,在兴趣与求知欲的驱动下,他在学术研究的道路上越走越远。"其实,研究越深发现自己越无知。"张中谦逊地说:"我的研究习惯主要是捕捉当前的热点问题,然后确定一个研究专题,围绕专题去找书面材料,实时关注日常生活及网络上有关的案件。"对问题与争议穷根问底的习惯,促使张中研究的不断深入。

困境是每个人的必经之路,没有坎坷曲折的人生也会少几分回想的滋味。在张中刚刚步入职场生涯之初,曾怀抱满腔热情和期待投入于事业。然而,在倾注一番心血的研究之后,却发现有些努力在他人眼中是一场空。"后来发现你所研究的东西可能不被别人接受,甚至你认为是对的,别人也认为是对的,但是你拿到社会上去用的时候,并没有发挥其应有的效果。"张中坦言:"有时候,学术无用论的思想也会影响到自己。"

为了解开心中的郁结,张中也时常与自己的导师及同事聊天、交流。他在研究所中组织"集体备课"的活动,选择一个研究所里的老师们均有空闲的时间段,将大家聚在一起,分享各自新的研究心得和发现。期间,大家一起对焦点问题进行探讨和评论,同时也会倾诉各自研究时的困惑与瓶颈。在交谈之中,每个人都有了新的体悟和感受。

曲折的弯路,终究需要自己才能走出坦途。在几番挣扎和深思之后,张中逐步转变了自己的思想和期待,不再盲目期待自己的研究成果可以在当下便发挥巨大的作用,而是希望能在若干年后,逐渐为人所接受。即使不被接受,这番探索也是对自己认知欲、求知欲的满足,至少不辜负自己最初的坚持。

从充满幻想,到坦然相待;从希冀收获,到只问耕耘。成长是心态的转变,而成熟则是心境的平和。

教研相长的快乐

为学,因心底不灭的兴致与渴望;为师,便是传道授业解惑。作为教师,张中认为,仅仅传播知识是不够的,通过课堂教学,培养学生们法学的思维习惯与问题意识,培养他们的自主学习能力更为关键。

为了能够让学生真正做到学以致用,而非在校园象牙塔中纸上谈兵,张中在授课过程中不断积累教学方法和经验,不断丰富讲课内容。他坦言,一节四十五分钟的课,在课下至少要准备两至三个小时。他力求每年的教案中都有不同的内容,在备课过程中,会把过去一年或半年,新近发生的或在网络与媒体上比较有争议的案件,用PPT、照片、视频等方式展现给学生,并引导学生探讨和辨析。

同时,张中提到,纵然学术与教学在很多人眼里存在时间精力的冲突,但事实上,在他的学术研究中也会把课堂上学生的一些观点纳入学术论文。学生在讨论过程中有许多闪光的思想,而他通过自己的学术研究将学生的观点加以梳理、补充和修缮,介绍给自己的同行,对学术也是一种促进。

曾经在一节关于伪证罪的课堂上,学生们关于伪证的使用问题展开了激烈的讨论,在激烈的头脑风暴中,涌现出很多新鲜的想法和观点。"有些学生说到了我过去没想到的地方,给人耳目一新的感觉,很有启发。"张中回忆道。

对于学子们而言,课堂的意义,在于知识技能的获取与智慧的增长;对于张中而言,课堂还意味着教研相长的收获与喜悦。

心怀远方的前行

2015年3月2日发布的《中国司法文明指数报告2014》分别对律师、公检法等司法行政人员等法律职业人员和公众两类群体进行了问卷调查,横跨我国9个省,每省发放800余份问卷。司法文明指标体系由4个领域、10个维度(一级指标)、50个命题(二级指标)、97道问卷题目,在5套问卷中形成190个变量。然而,在制作报告与研讨过程中,项目组亦有过碰壁窘困之时。在某地法律实务部门发放问卷时,该处领导一开始很积极配合,但之后忽然叫停了问卷的发放和填写,并要求对问卷题目进行审核。在经过对题目的逐个逐句审查以及与项目组成员的耐心解释之后,该部门才继续配合调查和访问。

其实,除阻力问题之外,项目组对该项目的持续性等亦有顾虑。因是评估,其后必然有排名,他们担心排名落后的地区可能会因项目的继续开展有压力。"人民网、《人民日报》《光明日报》《法制日报》《科技日报》等十几家媒体都对司法文明指数报告进行了报道,不过目前为止,大家的反响都是积极正面的,排名靠后的一些地区也表示了对指标的重视,说明大家都能接受。"张中语气里透出一丝欣慰。

司法文明指数报告会持续发布,张中的脚步亦不会停歇。他表示,今后的规划很大程度还会与司法文明指数有关。"今年我们的研究要扩大到20个省,工作量会很大。我们计划通过十年连续性评估研究,勾画出中国整体司法文明发展轨迹,为我国司法文明的发展找到方向。"

他专注,认真,对学术一丝不苟,对教学甘于耕耘,可他却不敢自称学者:"学者是一个令人非常敬重的词,我认为学者不仅需要拥有渊博的学识和过人的才干,还需要有独立的人格和道德品质。距离学者,我还有很长的路要走。"

他用质朴的心追逐,用赤子的心期待,用平和的心接纳,用谦逊的心审视。张中,对世事常怀包容,严于律己,不求光鲜,只愿坦然,不用色彩斑斓修饰梦想,孜孜不倦投入耕耘。

冯晓青：因热爱衍生信念　将知识产权谨记于心*

文/方悦　赵丹

> 冯晓青，中国知识产权法学研究会副会长，中国政法大学教授、博士生导师，知识产权法研究所所长，知识产权法国家重点学科学术带头人。

2014年度"国家百千万人才工程"教育部直属高校和直属机构入选名单于2015年3月10日正式发布，共有51个单位60名专家入选，其中一个熟悉的名字赫然在列。民商经济法学院冯晓青教授成为继黄进、马怀德之后，法大获此殊荣的第三人。冯晓青从事知识产权法的教学研究及相关实务二十余年，获得了"有突出贡献中青年专家"、首届北京知识产权十大影响人物、第二届"全国十大杰出中青年法学家"提名奖、"首批全国知识产权领军人才"等称号，一路创新一路探索，见证了中国知识产权法领域由20世纪90年代的起步，发展到现在体系架构逐渐完善，也将见证其更加光明的未来。

踏上知识产权之路

"说起我那个时候选择去人大知识产权双学位班学习，也带有一定的偶然性。"冯晓青坐在沙发上侧身对着笔者，回忆起那个影响了他一生的重大决定。1987年，在世界知识产权组织和中国专利局的推动下，中国人民大学建立起了国内最早的知识产权专业（知识产权双学士学位班），旨在培养中国第一批知识产权法律高级人才。1988年，该校开始招收第二批双学位班学生。那个时候的冯晓青大学即将毕业，面临着继续深造还

---

* 本文于2015年4月24日发布于《法大新闻网》。

是先行工作的选择,"正巧得知人大在招收双学位生,有国际关系、新闻学、知识产权等几个专业,知识产权那个时候确实不懂,就想着知识怎么还有产权啊,感觉特别新奇,觉得这个东西以后说不定会很有意义",冯晓青笑着说,"于是就报了志愿,进了人大"。带着潜意识里对专业的直觉和预测,冯晓青踏上了今后为之奉献二十几年光阴的知识产权法之路。可以说,没有1988年那个看似偶然的决定,也许就没有后来影响中国知识产权法学科发展的几部力作——《知识产权法哲学》《企业知识产权战略》《知识产权法利益平衡理论》,没有现在作为知识产权法著名专家的冯晓青教授。

耐人寻味的是,从中国人民大学知识产权双学位班毕业时,冯晓青正好赶上文凭急剧贬值的1990年代,就连北京大学法学院的博士生招收名额都超过了申报名额。大背景之下冯晓青没有选择继续读下去,而是回到家乡湖南做了一名大学法学院教师。在那个相对平静、缺少外部诱惑的内地省份全国重点高校,冯晓青潜心教学研究,先后在28岁和32岁破格晋升为副教授和教授,成为当时法学界最年轻的法学副教授、教授之一。到了1998年,随着国家经济的发展和政策的重视,知识的力量和价值开始逐渐凸显,已经被破格晋升为教授的冯晓青萌发了重新成为一名学生以提升自己的念头。在湘潭大学教学的生活平静又闲适,但是冯晓青并没有因此放松对自己的要求。也正是这几年来学术上的不断追求,使得他在2000年北京大学法治研究中心聘请高级访问学者时,于全国多名竞争者中脱颖而出,成为首批2名高级访问学者之一。冯晓青语重心长地说:"我感觉这也是一种机遇,但是机遇也需要你去把握,慢慢地持续地去积累,机会对每个人都是公平的。但是有人把握了,有人没有把握。"

有准备的人总是能得到机会的垂青,在做访问学者时,冯晓青教授结识了后来他在北京大学法学院攻读博士学位的导师、著名的知识产权法专家郑胜利教授,开启了一段在北京大学攻读博士的时光,"圆了一直以来的北大梦"。谈及为什么当了教授以后还去大学继续读书,冯晓青说:"每个人都有梦,但真正能有机会去实现的并不多。重要的是,在国内一流学府学习的时光里,我能够进一步地增强自己的专业能力,我自己真正得到了提升,接触到了这个领域很多前沿性的东西。"在燕园的那几年,冯晓青踏踏实实地学习,每天都泡在图书馆里,不为外界的求职热潮所动。博士毕业后,冯晓青可谓"一不做二不休",接着申请在中国人民大学博士后流动站从事博士后研究,这是他第二次踏入中国人民大学进行系统学习和研究。"我几本关键的书是在那几年写出来的,每一本都是用时间堆出来的。在学术领域,尤其是在这种开放性的领域,你没有投入足够的时间是肯定不行的。"冯晓青的脸上不掩骄傲的神色。前述几部倾注冯晓青在北大、哥大(加拿大不列颠哥伦比亚大学)、人大、法大六年思考的著作,不仅是冯晓青教授的骄傲,也引领了新世纪中国知识产权法学科的发展,成为中国知识产权学界的重要财富。

完善国家法治建设是法律人义不容辞的责任

百度上搜索"冯晓青"三个字,一个词条吸引了笔者的注意——"冯晓青知识产权网"。网站自2005年创立以来,由冯晓青苦心经营至今。冯晓青一向擅长使用各种网络媒介,个人网站、QQ、微博、微信等,这些公众平台上都有他活跃的身影。显然,这些平台已经成为冯晓青学术交流的阵地。当谈到是不是出于职业需要时,冯晓青的表情严肃起来:"我向来有这么一种观点:作为我们知识分子,尤其是法律方面的人士,有一种义不容辞的责任,那就是完善国家的法治建设,这不是单位或者机关的要求,而是个人的使命感所在。"

因为心中这份沉甸甸的责任感和使命感,冯晓青教授不愿只专注于一张书桌、一方笔墨,而是积极地参与国家立法、司法、普法等各个方面,担任了国家知识产权战略专家库专家、国家知识产权专家库专家、最高人民法院案例指导工作专家委员会委员、最高人民法院知识产权司法保护研究中心研究员、中国知识产权法学研究会副会长、中国知识产权研究会学术顾问委员会委员等职务,为国家的立法及司法保护提供了许多宝贵的意见。此外,冯晓青在普法方面也付出了许多心血。中国法制音像出版社受国家相关部门委托录制一批法制教育材料,冯晓青接到邀请,录制了2张DVD,"口述内容整理出来有几万字,印成了一本薄薄的书"。说起那个知识产权的网站,冯晓青教授如此解释:"现在是信息网络社会,网络为个人与公众社会的交流提供了一个平台,这个平台是一个很有效力、很有价值的舞台。我的网站创办了十年了,浏览量已经过百万。一方面这是服务社会的一种方式，可以为普法做出一点贡献。另一方面，从某种意义上，这也是我自己表述学习观点的途径，是对社会热点事件案件的一种探讨，一种动态交流的方式。"

冯晓青身兼数职，一面承担繁重的教学和学术研究工作（指导在校博士后、博士、硕士生，并承担了本科多门课教学任务），一面参与法律实务工作（担任北京天驰君泰律师事务所律师，中欧仲裁中心仲裁员，北京、深圳、南京仲裁委员会仲裁员，北京盈科律师事务所等大型律师事务所专家顾问），并且是澳大利亚麦道克大学法律、信息技术与商业学院，哈尔滨工程大学、华南师范大学的兼职教授或客座教授，还抽出时间免费解答网民的法律咨询。在如此忙碌的情形下，他仍然保持笔耕不辍。"真的不是有功利性的东西在，而是出于对专业本身的热爱。"三句话离不开知识产权的冯晓青抬起头，一副若有所思的样子，"这种热爱其实是可以慢慢培养出来的，现在国家越来越重视知识产权法，这个领域在国际和国内的地位急剧提升。现在之所以还在坚持搞课题（目前正主持一个国家社科基金重大项目，去年刚结题一项国家社科基金项目），写论文等，是因为我感觉研究这门学问是有意义的，对国家和社会是有价值的。"正是有这样一种心态，冯晓青虽然事务繁忙，却仍然没有放下手中的笔，静心踏实地做着学问著着文章。

知识产权是毕生事业

时光荏苒，二十几年的时间，中国的学术环境、社会环境、教育环境都发生了翻天覆地的变化。"那个时候图书馆里涉及知识产权专业的书就那么几本，案例也极少，连北大、人大这种学校都没有系统的法律数据库可用。"冯晓青谈起这些年的变化，不无感慨地说，"现在中国的知识产权法水平基本可以和国外持平了，可查可用的资料越来越多"。社会环境也在变，现在的中国，无论是国家社会还是企业、个人，对知识产权越来越重视。水涨船高，相关的就业前景也越来越广阔。随着知识产权专业的公司和律师事务所数量的不断增加，对知识产权法人才的需求量也在增加，冯晓青笑着说："可谓前途无量啊！"

时代发展，对知识产权法学子的要求随之提升。冯晓青提到，学习知识产权法首先要做到的一点就是热爱,"所谓干一行爱一行,你有一种热爱,就会产生一种信念,就会把这个当作毕生的事业"。据冯晓青所言,每当硕士生、博士生刚开始跟着他做研究时,他总会提出八个字的要求:"责任,质量,效率,悟性。""责任摆在第一位,悟性是其中最难达到的",冯晓青顿了顿,又说道,"这八个字看似简单,真正能做到却绝非易事"。

冯晓青还是教育部新世纪优秀人才支持计划和法大首届优秀中青年教师培养支持计划入选学者。冯晓青的入选感言是:"创新和法治是国家未来的希望。"是的,知识产权法作为一个极具创新性的领域,其体系和架构的不断完善,正代表着国家法治的不断进步,不断发展。有冯晓青教授这样一大批为未来不停奋斗着的学者,我们有理由相信,在我国全面推进依法治国的新形势下,那个未来,是光明的。

杨鹤皋：鹤鸣于皋声长传　情系后生德永馨*

文/葛莹　罗雨荔

杨鹤皋，1927年8月生，湖南长沙人。1947年考入长沙明德中学高中部学习，在校期间，同时参加中共华中局城工部工作，参与领导学生运动，后任长沙市北区学联主席，长沙学联副主席、组织部长，长沙市青联副主席。1950年夏考入北京大学法学院学习，院系调整时并入北京政法学院，毕业后留校任教。历任中国政法大学教授，校学术委员，南开大学法学研究所兼职研究员及法律史研究室主任，中国人民公安大学兼职教授，东吴比较法研究所客座研究员，中国法律史学会常务理事兼秘书长，中国法律思想史研究会副会长、顾问等职。

在那个新中国刚刚诞生、风云变幻的1950年夏，一位初出茅庐的长沙小伙背起行囊，奔向自己心驰神往的北京大学法学院。彼时的人们还并不知晓，这个看似普通的少年，会在未来的日子里，度过随新中国法治的盛衰而波澜起伏的半生，艰难险阻历尽，成为我国法律史学界的元老，桃李天下。这位少年名为——杨鹤皋。

半生法大缘

1952年，新中国成立初期，我国全面学习苏联，在高等教育方面，进行了院系调整，建立了许多单科性学校。其中，由北京大学、清华大学、燕京大学、辅仁大学四校的法学、政治学、社会学等学科组合而成的

---

* 本文于2015年5月15日发布于《法大新闻网》。

北京政法学院也由此成立。就是在这样的历史背景下，1950年夏考入北京大学法学院的杨鹤皋，同其他三所学校的许多同学一起，成为新建北京政法学院的第一批学生，首度在如今法大学院路校区的地盘上安营扎寨。

在那个师资力量匮乏的年代，院领导为了培养青年教师，从学生中选拔了十人边学习边工作，从事类似于助教的工作，在完成自身学业的同时，也对同龄的学生进行辅导，杨鹤皋便是他们中的一员。基于这样的经历，1953年，作为北京政法学院第一届毕业生的杨鹤皋理所当然地走上了他在法大的从教之路。在当年的青年教师中，他是第一个站上讲台的人，并且，第一次授课的他所面对的，便是近五百人的大课堂。据杨鹤皋回忆，当时虽然课堂的规模很大，但讲课效果却出奇的好，同学们学习的热情都很高涨。他还告诉我们，那个时候，学校实行的是大课堂授课、小课堂研讨的教学方式。其中，每个小课堂只有二十余名同学，由一位老师带领，既要进行提前准备好的命题发言，也会有相关的即兴讨论，保证了同学们的充分参与。至于考试，则让同学们在众多试题中抽题回答，并接受老师的临场抽问。杨鹤皋说，这样的办法，对学一门课程非常有效，那一批的学生，都打下了相当扎实的基础。

1978年，停办了八年的北京政法学院终于得以在如今的学院路校区复办。提及这段时光，他颇为感慨地讲述道，在师生的共同努力下，在简陋的工棚里，在没有一支笔、一张纸的艰苦条件下，北京政法学院一步步走过来，才有了如今的中国政法大学。

可以说，杨鹤皋的大半生与中国法律史学科紧密相连。自他1979年重回北京政法学院开始，至今已有36个年头，[1]他以一人之力单枪匹马开设中国法律思想史课程，为法大学科的恢复与重建立下了汗马功劳。中国政法大学法律史有今天的发展，其中包含着杨鹤皋老先生的筚路蓝缕之功。

熬过了22年辛酸的杨鹤皋，伴随着社会主义法制的恢复和发展，在51岁才终于迎来了人生的转折点，一步一步走向其学术事业的巅峰。1983年，杨鹤皋主持创建中国法律思想史硕士点，招收并培养出了一批批优秀的研究生。1992年，他功成身退，开始了其老骥伏枥、笔耕不辍

---

〔1〕 自1979年至采访之时，已有36个年头。——编者注

的离休生活。

由史及法的不断摸索

虽然杨鹤皋是北大法学院、北京政法学院的学生，最大的成就也在于其对中国法律思想史这一空白领域的摸索与研究，然而，他的学术之路，却并非一开始就与法相关，而是先在史学中厚积，尔后才薄发于法学。

1957年夏，党支部组织委员约刚工作不久的杨鹤皋谈话，告诉他有希望加入中国共产党的好消息，并鼓励他积极参与党的整风运动。可是一心想要入党报国的杨鹤皋还没来得及好好高兴一番，便紧接着因一篇发表在校刊上的《反正权在手，其奈我何哉？》被划为极"右"分子。这样一番大起大落对于一个深受"修身、齐家、治国、平天下"影响的中国传统知识分子来说，打击无疑是巨大的。

塞翁失马，焉知非福。这一场政治风波虽然让杨鹤皋暂时远离了学校工作，但也为他开启了学术之门。被安排至校图书馆从事整理工作的杨鹤皋，面对着书架上卷帙浩繁的书籍，一颗求知的心被再次唤醒，"立言、著书"成了杨鹤皋发奋进取的目标。于是，杨鹤皋一头扎进了对经史子集的研究。这一段时光，被他自己戏称为"地下研究"。因为当时并不允许"摘帽右派"从事学术研究，他只能暗地里偷偷进行一切的工作。幸运的是，当时的校领导明理识才，他们虽无力帮杨鹤皋摆脱窘境，却也从来没有因为他的身份就对其加以歧视与侮辱。正是这样，杨鹤皋得以有了一段相对而言静心学术的时光，接触到许多历史资料，为后来从事中国法律思想史的研究积累了一定基础。

物质上的艰辛当然也曾让杨鹤皋感到过痛苦与煎熬。可每每松懈，他便以司马迁身受宫刑仍发奋著《史记》的故事自勉，告诉自己"文王拘而演周易，仲尼厄而作春秋"，这所有的磨砺，都只因"天将降大任于斯人也"。而杨先生的爱人方慧对家事的周到打点，也让杨鹤皋可以心无旁骛地专心于历史研究。当年，杨鹤皋的工资在维生之外并没有盈余，其爱人在《教师报》任见习编辑，工资很低，又刚刚生完孩子。即便家境艰难如此，杨先生的爱人方慧也始终站在他的背后，给他以理解与支持。

公道自在人心，学术上的成就不会说谎。当停办了八年的北京政法学院于 1978 年复办时, 得以正名、重新受到重视的杨鹤皋由历史学入法学, 单枪匹马地开始了"中国法律思想史"这一学科的建设。他日以继夜地收集、整合资料, 撰写了近十万字的《中国法律思想史》讲稿。紧随其后, 又编纂出复办后第一部法律史教学参考书籍——《古代政法文选（上下册）》, 近 40 万字的书稿全凭手写。凭借着这种对司马迁著书精神的不断追逐, 此后, 杨鹤皋新作不断。时至今日, 杨鹤皋老先生已是著作等身, 真正实现了他著书、立说的人生理想。

热爱是一切动力的源泉。杨老年轻时就近视, 到了晚年, 近视就更加严重。在读书与写作的时候, 他透过厚厚的框架镜片, 几乎要将眼睛贴在书本、稿纸上。就这样, 杨老仍旧漫游在浩瀚无际的国故黄卷中; 就这样, 杨老在一笔一画下书写出了学术和人生的高度。为了节省眼力, 他从来不看电视, 更遑论使用电脑了, 其百万字的著述都是用手写完成。当谈及自己治学有成的原因时, 他这样概括: "心中的力量来自司马迁所树立的榜样, 而生活上则感激妻子的支持, 让我没有后顾之忧。"看着厚重的手抄稿本, 杨老深情地说, "这里也凝聚了爱人方慧女士的心血"。

提携后进, 宽厚待人

三尺讲台, 诲人不倦。谈及对于教师这一职业的感情, 杨鹤皋引用了韩愈《师说》里那句"师者, 传道授业解惑者也"。老先生拿出老师站讲台的气场, 颇为认真地解释说, 他认为, "传道"之"道"不仅是一般的道理, 还包含"为人之道", 即为师者还应该教给学生做人的道理。在他心里, 教师是一个崇高的职业, 而传道授业解惑, 则是人间最美好的事业之一。

他说, 在他从事教学工作的岁月里, 他与学生的关系, 大概可以用一句"师徒如父子"来概括。学业上, 他不仅毫无保留地将自己的知识尽可能多地传授给学生, 甚至, 连其作业里文句不通顺的地方, 都会亲自指导学生修改, 并督促他们阅读类似的范文, 希望能通过这种方式, 使其文笔得到提升。而课堂教学之外, 杨鹤皋还会每隔一两个星期便亲自到学生寝室里去探查, 以期能及时了解学生的情况。对他来说, 学生, 就如同自己的儿女一般。他是真心实意地希望每一个学生都能学业有成。

2002 年，在建校 50 周年之际，法大授予杨鹤皋"元老教师"称号，谈到此处，杨老用"倍感欣慰"来形容当时的心情。的确，在教学岗位上奉献毕生的老师，为法大的发展所付出的，其实远不止"元老"二字所能完全包含。而这样一位将教学视为"最美好事业"的老师，也着实带出了一大批优秀的后辈，高浣月、舒国滢、姜晓敏、李雪梅……这些在如今的本科生中备受欢迎的老师们，在他们的学生时代，都或多或少地师承杨鹤皋老先生，受到过老先生的栽培或提携。

从严治学，质朴生活。在学术路径与方法上，杨鹤皋老先生对学生的提点更是秉持他一贯脚踏实地的质朴之风。他认为，治中国法律思想史，就是要把中国几千年来有关法律问题的思想理论挖掘梳理清楚，总结其规律和特征。浩如烟海的文献、千头万绪的理论、无人问津的学术空白，都在等待法律思想史的学人去攻克。只有安心学问、甘于寂寞、着力于古籍文献，旁通目录、版本、金石、音韵、训诂之学，才能真正学有所成，不能动辄"推翻学科体系搞革命"。中南财经政法大学教授范忠信对杨老这一态度有着切身体会："这些年，我没有侈谈方法论，没有追赶哈贝马斯之类的新方法，可能就是当年服药（范教授将杨老的教诲看作是治疗他当年热衷于学科方法革命的良药）的余威犹在之故。如果说这些年因为不赶时潮而有一点点研究成果的话，就是因为杨老师给我早早服药之力所致。"

然而，三十余载间，杨鹤皋老先生经历了法律史学科由"傲视群雄"的显学变成"少有人问津"的隐学，也无奈地接受了"中国法律思想史"由必修课改为选修课的现实，但他对这一学科的钟情与热爱并没有减损。如今，88 岁高龄的杨鹤皋早已不再参与学校的教学工作，对学校的发展与变化也鲜能抽出精力去了解。然而，当接到学生记者的采访邀请，知晓其希望他能讲述一些自己与法大的故事的意图之时，老先生不仅欣然接受，还在学生记者们到来之前便准备好了各种相关材料。老先生双手颤抖，连拿东西都很困难，却亲笔书写了一整页对学校教学改革方面的诚挚建议：希望让所有法学类的学生都有机会了解一些中国传统法律文化方面的知识。他认为，只有了解中国文化传统，立足历代中国的法治思想，才能让我们的法治建设真正称得上有中国特色。透过那一横一竖都不甚工整，却一笔一画都力透纸背的墨迹，大家仿佛看到老先生伏案写作时的艰难模样,也看到老先生仍心系后生、心系法治、心系中国的关切。

采访结束时,老先生还执意要送两位学生记者下楼,即使百般婉拒,老先生仍选择了在北京清晨的微寒里,一直目送记者走上电梯。

对于杨鹤皋老先生之"传道"和对于学生的爱,在姜晓敏老师《提携后进,宽厚待人——记我的"编外导师"杨鹤皋》一文中有这样的表述:"总之,虽然我今生无缘成为杨老师门下的研究生,但是十几年来,我却有幸得到他这位'编外'导师默默给予的最珍贵的关心和帮助,没有名分,没有酬劳。从中我深切感受到的,不仅是他对我个人,对一个学界后辈细致入微的关怀,而且是他对整个学科、对本门专业那种深沉的热爱,对学术薪火传承强烈的责任感和使命感。"亦师亦慈父,杨鹤皋老先生赢得了后生晚辈们的广泛爱戴。时至今日,他当年的学生们都时不时登门拜访,用行动来表达对老先生浓浓的敬意。

采访手记

提着杨老先生赠予校报编辑部的两册《中国法律思想通史》走在返程的路上,感觉自己手中沉甸甸的,似乎拿着的不是书,而是老先生对后辈们的无尽关怀。握紧这一捧温暖的重量,我们诚挚地祝愿,杨鹤皋老先生能够身体健康,寿比南山;也祝愿杨老先生身上这一份中国法律人的风骨,能够在如今的法大,靠如今置身其中的师生们,薪火相传。

司青峰：胜利不忘抗战难*

文/李叶

司青峰，1927年6月生，河北赵县人。1943年参加抗日，1945年加入中国共产党。新中国成立后经中组部调到司法部所属北京政法学院、中国政法大学从事教学、科研及党务行政管理工作40年。离休后又在北京民族大学担任教务长兼美术学院院长、党总支书记15年。中共中央国务院中央军委授予其"抗日纪念勋章"，中央司法部授予其行政管理"一级勋章"，中国政法大学党委授予其"老有所为先进个人"荣誉称号。

1945年，伴随着中国取得抗日战争的伟大胜利，一位18岁的少年光荣地加入了中国共产党。

司青峰于1927年6月出生于河北省赵县。提及小时候在赵县的生活，即便已过去这么多年，他依旧记忆犹新。"我四五岁时就知道是日本占领了东三省，十岁那年发生了卢沟桥事变，随后1937年10月5日日军5架飞机轰炸赵县县城，8日占领了赵县，那时候城里几乎处于无政府状态，城里是日本鬼子，城外是土匪，随处可见老百姓的尸体。老百姓叫苦连天，更别说好好生活了，而我们也没法再继续念书。"

那时候的司青峰虽然年纪尚小，但亲眼看见发生在自己周遭的日军暴行，心底对日本侵略者产生了深深的仇恨。谈及为什么参加抗战，司青峰说主要是因为两部分原因。"从外部来说，我从小就恨日本，侵略中国、卢沟桥事变、占领县城、让我们没法受教育；从内部来说，我的老师和母亲都是党员，从小接受的就是爱国主义教育，长大以后救中国、为人民服

* 本文于2015年9月18日发布于《法大新闻网》。

务就是我的理想。"司青峰告诉记者,那时他的老师是中共地下党员、赵县县委书记于庆来,上课时他常常教学生们唱革命歌曲,并告诫学生们要好好学习,长大后报效祖国。"那时候于老师还会跟我们介绍共产主义、社会主义,并组织高年级学生偷偷散发传单。"

1942年,八路军从赵县经过。看着这些穿灰色衣裳的八路军,15岁的司青峰跃跃欲试。"我告诉母亲我要去参加八路军,可是我母亲还有我们村里的地下工作者都劝我,你才十几岁,根本不够参加正规军的岁数。你跟得上队伍吗?扛得动武器吗?在地方上同样可以抗日,为国家作贡献。"最终,由于年纪达不到要求,司青峰的当兵梦未能实现。

虽然没能穿正式军装、扛大枪,司青峰还是怀着满腔革命热血,加入了当地的民兵武装,穿便衣、带手枪,到处张贴"日本必败,中国必胜,国共两党共同抗日"的标语,甚至有时候还跟日军面对面打仗。"那时候我们从这村去那村,手枪子弹上膛,一直别在裤腰带上,手也一直勾着手榴弹的引线,随时准备应战。记得有一次,我们还在赵县百户庄的公路上劫了一辆运输面粉的日本车,杀了一个日本鬼子和两个伪军,把面粉都发给附近的老百姓了。"

1943年,司青峰成为赵县第四区青年抗日救国会主任,并担任锄奸组组长。小小年纪的他,身上的任务更重了。"一是抬担架、埋地雷,配合军队作战;二是做向导、搞运输,积极执行抗战勤务;三是爱护抗日军人,保护伤病员;四是拥军优属,保障抗日工作无后顾之忧。"70多年过去了,司青峰至今仍清晰地记得当时青年抗日救国会的任务,如数家珍。"那时候八路军每次深更半夜开会都会通知我们过去,白天基本上不给我们安排任务,都是夜间活动比较多。"而谈到挖地道,他更是满脸自豪。"那时候挖地道都是很讲究的,下去以后要还能上来,上来后要还可以运用隐蔽的枪眼射击敌人。地道都是顺着有井的地方过去,要设置通气眼,这样敌人若往地道里灌水,水就可以流到井里去而不会淹没地道。我们那时候的地道能打能防,村联村户联户,是一座地下长城。"

然而,司青峰并不敢告诉家里人他抗战的实情,一是怕暴露,二是怕连累家人。"那时候锄奸工作很惊险。我们掏汉奸,汉奸也掏我们。我连晚上睡觉头底下都枕着枪,手榴弹的引信直接从院子里树上通到我的屋里。"司青峰告诉记者,"有一次暗杀团真的来抓我了,都到我家院子里了,不过当时因为我确实不在家,所以他们没能成功"。

经过全国军民的英勇奋战,1945 年,抗日战争终于以中国的胜利宣告结束,而赵县也于 8 月 30 日获得解放。解放后,司青峰先后在区、县、冀中区青委、青年团河北省委工作多年,新中国成立后,1950 年,时任青年团河北省委组织部副部长的司青峰被调至中央党校学习,并于 1955 年经中组部调至司法部所属北京政法学院(现中国政法大学)从事教学、科研及党务行政管理工作。

"那时候司法部说要办政法学院,于是就把我派去培养政法人才。一开始我是在法律理论教研室,后来学校发现我青年工作经验比较丰富,就让我主管学生工作,那年一下招了 500 个学生。后来 1978 年学校复办的时候还叫我参加了校委会,作为院务委员之一。"就这样,司青峰在中国政法大学一待就是 40 年,勤勤恳恳、兢兢业业,在 60 岁办理离休手续后,又与中央民族大学的老同志们一道创办了民族大学,担任教务长兼美术学院院长、党总支书记 15 年,真正地实现了桃李满天下。中共中央国务院中央军委、中央司法部分别授予其"抗日纪念勋章"、行政管理"一级勋章",中国政法大学党委亦授予其"老有所为先进个人"的荣誉称号。

如今,司青峰虽不再忙于这些工作事务,每天的生活亦安排得井井有条、多姿多彩。"我的生活其实很简单,就是看书看报,种花种菜。我一般上午起来先去美术馆、展览馆活动活动,中午吃完饭睡了午觉,起来后阅读《中国老年报》和《参考消息》,四点左右阅读当日的《北京晚报》。而且我种了很多花和菜,邻居们都羡慕说特别美。"并且,中国书画函授大学毕业的司青峰还非常热衷于创作诗歌与绘画。其离休后参加全国"纪念抗日战争胜利 60 周年书画展""纪念西安事变 70 周年中华书画艺术展""世界和平国际鹰联杯书画展""纪念建党 80 周年书画展""建军 80 周年书画展",均获得一等奖,而其诗歌《赞牡丹》《赞梅花》《一个真实的抗日英雄故事》《盼祖国统一》等也已入选《中华颂:全国文学艺术精品集》及《感动人生》两书,并获得"中华爱国艺术家"等称号,其为纪念中国共产党建党九十周年而作的《伟大光荣的中国共产党万岁》也入选刊登于《中华诗词范例宝典》一书。

而谈到对现在年轻人的嘱托,司青峰希望,"要不忘历史,加强学习,增强国防力量,建设好我们的国家"。

侯佳儒：佳士博学多才钟爱山水
儒者传道授业心怀祖国[*]

文/赵丹阳

> 侯佳儒，中国政法大学副教授。北京市昌平区第五届政协委员，中国国民党革命委员会中央社会与法制委员会委员，最高人民法院环境资源司法理论研究基地研究员。

2015年10月，中达环境法论坛在北京举行，学校教师侯佳儒副教授因在环境法研究领域的杰出贡献被授予"中达环境法青年学者奖"。"中达环境法学者计划"始于2011年，由台达环境与教育基金会设立，目的是奖励中国大陆及台湾地区环境法学科中有突出成绩和创新思维的教学与研究杰出人才，支持他们耕耘讲坛，潜心学术，为中国环境法治建设的跨越式发展做出更大贡献。该奖每年从中国大陆和台湾地区的环境法学者中评选出一位环境法学者和两位青年环境法学者。

在百度上搜索"侯佳儒"，出现频率最高的便是"环境法"三个字。这个把生命和山水，和法治紧紧相连的学者，如他的名字一般，学识广博，儒雅睿智。在与笔者交流的过程中，侯佳儒三句不离"环境法"，从中国环境法现状讲开去，中美对比，问题措施，侃侃而谈。一幅中国环境法的发展蓝图早已绘于其心中，如此才能从容自若，信手拈来。

想要尽己所能去保护这份美好

人生是一个奇妙的过程，有些东西不期而遇，却可能成为你终生的事

---

[*] 本文于2015年11月6日发布于《法大新闻网》。

业，成为让你为之奋斗热爱的事情。环境法研究对于侯佳儒来说就是如此，在中国人民大学主攻经济法学的他，毕业后带着一股子拼劲儿来到法大。"学校给分配的任务是环境法方面的教学，也正是这个机会让我开始更加深入地了解环境法"，侯佳儒在谈到教学初期时笑着说，"其实也没有什么困难的，环境法原是经济法的一个分支，法学的各个学科虽然看起来差异很大，但是基本原理和基本思维都相通，并不难懂"。

2008年秋天，得到王灿发教授的提携和推荐，带着一颗他山之石可以攻玉的心，侯佳儒得以到美国佛蒙特法学院深造。这所环境法研究数年排名榜首的法学院给他留下了深刻的印象，柏林顿市风景宜人，佛蒙特更是以有着宽阔土地、苍翠繁茂的森林及清澈河流的绿色山脉之州著称。"一年四季，每一个时间，每一个角度都可以拍出很漂亮的照片来。"侯佳儒感慨道："时常得以和大自然亲密接触，感受它的美好，所以更想要尽自己所能去保护这份美好，使它能够持久地存在下去。"此外，比青山秀水更让他着迷的，是佛蒙特法学院浓厚的学习氛围和丰富繁多的学习资料。"大约在2008年的时候，国内关于气象变化的法学资料仅仅两三本书，而我在佛蒙特发现了整整三大书架。而且世界上有关环境法的新理论会源源不断地补充到学院的图书资源里，让你能时刻了解到这个领域最前沿最先进的动态。"仅仅一门环境法学就开了40多门课，侯佳儒在佛蒙特法学院的研究学习使其进入环境法领域的内核之中。

也正是这段经历，让侯佳儒深深地感受到了我国与其他国家环境法研究水平之差距，"我们国家环境法起步不算晚，但相比之下还有一定的差距。"除去经济发展水平相对较高、人们的环保意识较强外，他认为最重要的原因还是在于法律教育和法律文化。美国进行法律职业化教育，以培养职业的律师为自己的目标。课程设置和学习体系都与中国有所不同。"中国的法学类学校是一好都好，美国则不同，每个法学院都有自己的优势和特长，像佛蒙特法学院，它就把自己最大的精力最好的资源都放在环境法的研究上，把优势练成一把利剑。在美国，可能在一个很不出名的学院里，就有一位某个领域特别著名的教授学者。"

始终把自己当作一个环境法学者

2009年，侯佳儒获得去美国环保署实习的机会，在短短的两个月中，他深切地感受到了这个机构的权力之大，效率之高。踏进宾夕法尼亚大街二号，侯佳儒开始一天的工作。资料分析，电话会议，紧张而有序的生活对于侯佳儒来说又是一次自我的完善和提高。"要多经历，多出去走走，所谓见多识广。在这个过程中你会遇到很多优秀的人，会体验很多东西，从而对自己和国家的认识也会更加完善。"

和侯佳儒交谈，时常会对他丰富的经验和阅历感到惊奇。从中国政法大学环境资源法研究和服务中心的志愿者，到中国环境与资源法学研究会环境教育专业委员会秘书长，从美国环保署的实习生到近年来多次参加联合国附属机构的环境会议，"人生多经历一些没有什么不好，在这些工作中你会不断地遇到实际问题，这些问题逼着你去反省，去思考自己的理论，然后对其进行更新和完善"。就像侯佳儒自己所说，无论是身为一名志愿者，还是一位理事，无论是解决实际环境法案件还是参加国际前沿的研讨会议，他始终都牢记自己是一名环境法学者，是一位为学生传道解惑的环境法教授，从这个角度去思考，把所学所得吸收为自己的东西，然后运用到教学和研究之中。如法大 BBS 上一位 2012 级的同学所说："侯老师不仅人好，而且上他的课能学到真东西，还能听到很多有趣的小例子，不仅对于环境法，对于其他课的学习也很有帮助。"

"实践和学术并不冲突，但我建议你们不要太急于进入到实践工作中。"身在三尺讲台，侯佳儒时时刻刻关注着学生成长中遇到的问题，他提到现在的大学生往往选择过早的实习，这对于法学学习并无大用，有时候反而会起到相反的效果。"在你们这个阶段，打好基础，扎实地做学问比什么都重要。"侯佳儒还经常和学生谈起学习方法的问题。在他眼里，学会一种思考方式远远比学会具体的知识重要。

给环境法一个光明的未来

在长时间的实务工作和研究学习的过程中，侯佳儒对中国环境法发展的困境也有了更深刻的认识。中国的环境立法相对来说比较完善，但是在实施过程中却遇到了很多问题。"这不仅仅是环境法的问题，也不仅仅是法律和法学的问题，而是整个社会的问题，它有深层次的文化原因、历史原因。"在社会转型的过程中，新的规则不断替代更新着旧的规则，法律的权威没有完全地确立，各方面的矛盾比较突出，无论是体制机制还是人才培养，"中国的环境法发展，还有很长的路要走。"

"在课堂上，我时常感觉有一种使命在肩，祖国的山水是和每个法律人联系在一起的，也是和每个中国人联系在一起的。"一位民商经济法学院的同学谈到侯佳儒主讲的环境法，和笔者说起了这样的感受。

"我们，你们，每一个学法的人都要有一种责任感，要在关键时刻敢于站出来为祖国、为民族发言。"身为法大环境法青年学术创新团队带头人和环境法国际暑期学校负责人，聊起和他朝夕相处的同学们，侯佳儒也有说不完的话。我国环境法的人才储备较其他法学学科来说先天不足，后天发展也比较弱，这些问题都让他很担忧，但同时侯佳儒表示，"环境法的地位逐渐受到重视，一辈辈法学人不断传承，不断提高，总体在向好的方向发展。"把环境法放在大的社会背景下，时刻关注着环境法的发展动态，学好民法、行政法、国际法，利用传统法学的基础，侯佳儒认为只有这样，才能把环境法做好做深。侯佳儒对学生的要求很高，但他相信那些在法学之路上勇敢前行的青年们，一定会给环境法一个光明的未来。

2015年10月，被授予"中达环境法青年学者奖"的消息传来，侯佳儒很高兴，但他更多的还是保持着一贯的平静和从容。"人生很多事情，并不是奖能够衡量的，得奖不能说明什么，同样不得奖也不见得你不好。"面对很多大学生急功近利，盲目地参加各种比赛的现状，他很是担心，不论是在课堂上还是日常生活中，侯佳儒时时提醒学生要把关注的重点放在自己的成长上，"就像跑步一样，你想跑步和想拿第一完全是两个感觉，只想跑步的人全身心都在身体的律动上，一心想拿第一的人还要注意别人的速度和状态。人想做好一件事只能关注自己，你要全身心地放到自己的进步上，而不能过多地计较别人的态度和看法。"他顿了顿又说："有时候跑第一不是进步，自己的成长才是最重要的。"

彭博：与乒乓有关*

文/罗雨荔

彭博，中国政法大学体育教学部教师，乒乓球高水平运动队教练。1994年加入河北省乒乓球队，后于2007年、2009年先后任乌克兰和新加坡乒乓球国家队教练。

"从1994年进入专业队至今，我的工龄已经21年了。按照国家标准，再干9年，就可以退休了。"说起与乒乓球的缘分，彭博这样调侃道。从1986年第一次接触乒乓球开始，彭博人生的每一步都与乒乓球结下了不解之缘。他的故事，始终与乒乓球有关。

一路上有你——我与乒乓

对于年幼时的记忆，人们常用一句"朦胧而美好"来形容。然而至今，彭博都还清晰地记得他在河北张家口体校第一次接触乒乓球的日子——1986年2月14日——即便那时，他还不满五岁。

"那是我从事一项事业的开端，当然印象深刻。"他如是说道。

在彭博之前，张家口还没有人进入过省队。也因为如此，最初的时候，小彭博和他的父母都未曾想过将竞技体育作为他人生的主线，只不过抱着"锻炼身体""男孩子学点体育项目有好处"的单纯念头将他送入张家口体校进行训练。甚至连选择"乒乓球"这一项目的理由，也仅仅是"足球太危险，而乒乓球相对安全"。

命运总是不可预料，正是这样一个颇有些随性的决定，却将彭博之后的人生都和这塑料小球绑在了一起。四年之后的1990年，在一次河北省

---

* 本文于2015年11月20日发布于《法大新闻网》。

队组织的"少年儿童苗子集训"中，彭博以选拔时第一名的成绩顺利入选。不到十岁的他就此离开张家口来到石家庄，远离了书本与校园，而与乒乓球、与专业队靠得更近。又一个四年过去，彭博于 1994 年正式成为河北省省队的一员，开启了他在乒乓球专业队的生活——自此，乒乓球于他，便是彻彻底底从爱好走向责任，从业余走向专业，成为会给他"发工资""算工龄"的一项事业。

  时光流转，转瞬之间，那个挥着乒乓球拍的稚嫩少年渐渐走向成人。然而成长除了欣喜，也带"残忍"。尤其对于竞技体育的运动员来说，18 岁还未进国家队，便可谓前路茫茫。思量过出国、辗转在乒乓球俱乐部当过教练，本着"竞技体育不是一辈子"的念头，彭博最终选择了重返校园，通过读书来完成对自身的充实，以文化知识来给自己的未来铺路。仍旧放不下体育的他，那一年以专业第一的成绩考入了北京体育大学运动训练与教学专业，开始了从一个高水平运动员到乒乓球教练员的逐步摸索。2002 年是彭博作为运动员转型教练员的重要阶段，当年 4 月他应英国国家乒乓球队邀请，作为成年队的陪练运动员和青年队的教练员，协助英国乒乓球男队主教练刘佳诒先生备战英联邦运动会。彭博坦言，在英国的一年中，刘佳诒先生言传身教，他学到了如何成为一名优秀的教练员。他说刘先生带过许多的世界冠军，陈新华和陈子荷都是他带出来的得意门生，在刘先生身边工作确实是终身受益。也正是在刘先生身边一年多的时间里，奠定了彭博一生从事乒乓球事业的决心。

  2006 年，彭博初次走进了法大的校园，担任体育教学工作。经历过 2007 年攻读北京体育大学在职研究生，同年前往乌克兰国家队担任教练；2009 年前往新加坡国家女队担任教练后几度短暂离开，这位曾在竞技体育赛场上挥洒过汗与泪的球员、教练，终于在法大的岗位上安定下来，成为一名在他看来颇有几分神圣的"大学老师"，和法大、法大学子们朝夕相伴。

我心安处——法大普体课教学

  即使已经进入研究生阶段的学习，回忆起本科阶段上过的彭老师的乒乓球课，郭同学还是忍不住半开玩笑地这样说道："彭老师人很好，对同学们都十分照顾。除专业知识强、动作要领讲授清楚外,自己示范起来也是真的够帅。"换上普体课老师这一身份的彭博,给同学们留下的印象是和蔼而帅气。

从赛场的风云激变走向法大体育基础课的平平淡淡,彭博并没有觉得不适应。彭博在本科与研究生阶段学习的专业就与体育教学直接相关,也在读书之余带过乒乓球的选修课。能够以"大学老师"的身份在高校校园传播、推广乒乓球这项自己深爱的运动,彭博始终激情满满。

他坦言,法大这样一所一流高校,在少年时代不曾有过学校学习经历的他眼中,绝对算得上神圣。而能到这里从事体育教学工作,遇见有热情、高素质、学习态度端正刻苦的一届届法大的学子们,彭博仍觉幸运。

他也告诉我们,在教学实践中,的确有一些同学会因为小学、中学阶段受到的体育训练缺乏科学性,导致自身的协调性、灵活性等都较差,较难跟上课程进度,是同学们眼中"没有什么运动细胞"的家伙。每每遇到这种情况,彭博都会选择对其不断鼓励、引导,和他们一起积极开发其身上的运动潜能。通常来说,在老师和同学的共同努力下,学期末的时候,存在这种情况的同学即使球技仍未达到班级平均水准,其在运动场上的表现较之于最初也会有很大的提升。在给分之时,本着一视同仁的原则,彭博并不会在意班级同学最后达到的技术水平,而是以每个人进步的多少作为衡量的标准,让每一份付出都有其应得的回报。他笑言,打得再好的同学,在他眼中也不过马马虎虎罢了,他所珍视的,是同学们在课程中展现出的认真态度。

"也真是奇怪呀,我也不知道为什么,过了这么多年了,自己教起普体课还是那么有热情……"端着杯子的彭博说这话时,不自觉地抓了抓头发。他一半玩笑一半认真的话语间,流露出的是对自己当初选择的满意与从教学工作中获得的满足。不止一次地拥有过离开法大、去往更接近专业队职位的机会的他,之所以仍留在这里,大抵便是源于对这个小小校园的归属感。从热爱乒乓球开始,爱屋及乌,彭博就这样热爱着他的乒乓球教学与传播工作,并且乐在其中。

陪伴是最长情的告白——乒乓球队的年华

自 2010 年中国政法大学乒乓球高水平运动队建队开始,彭博的工作重心逐渐由普体课教学转移到带队上来。5年来，在乒乓球队工作过的三位教练中，只有他从头到尾一路见证——从第一批队员的选拔、低谷期的煎熬，到如今以前无古人的成绩换回无数鲜花与掌声，每一步，彭博都和乒乓球队一起走过。

他回忆道，2012年是乒乓球队短短5年历程中最黑暗的时光：队员们在训练中拼尽了全力，教练们也为寻觅更加科学的训练方法绞尽了脑汁，可即便这样，一场场比赛打下来，成绩却不理想。

明明已经建立起了完善的训练机制、训练的强度也足够，为何始终不得突破？队员们的信心一次又一次受到冲击的同时，彭博自身的坚定信念也有过动摇。在这样的疑惑里，如何实现当初自己为队员们定下的"来了就要拿全国冠军"的宏伟目标，成了彭博的一个心结。和竞技体育打了不是一年两年的交道，也并非没在专业队、多个国外国家队执教过，彭博向来都知晓一支优秀球队的建立不可能一蹴而就。可即使懂得了这道理，当真真实实地和队员们一起摸爬滚打在不知何时会有黎明的黑暗中时，他也仍无法做到坦然和轻松。百般迷惑的时候，他便向曾经的专业队队友、研究生导师等求援，问一句："队伍到底应该怎么带？"问题的答案也许没什么新意，可从中，彭博得到的是他们的支持和鼓励，是和队员们一起咬牙向前的决心。

不鸣则已，一鸣惊人。从2013年起，法大乒乓球队屡创辉煌。所有的黑暗好像都被抛在了身后，辛苦还是一样的辛苦，心情却是不一样的心情。有了希望，有了信心，再苦再累都是阳光明媚。

然而，即便如此，彭博的工作却并没有因之而变得轻松。每一次出征，他仍是那个忙前忙后的全能"保姆"。因不愿让队员们于训练中分心，来回火车票的预定、装备服装的购置，甚至连每个同学习惯用的球板、胶皮、胶水的准备，彭博都替他们一手包办。真正来到赛场、进入到比赛的紧张气氛中，彭博不仅要做他们的陪练、替他们组织战术、分析优劣，还要做好每个人的思想工作，排除其心里的恐惧与紧张，确保大家尽可能完美地发挥出自己应有的水平。每个赛季的中午，彭博都只喝酸奶、吃水果，用午餐的时间来思考总结上午的赛情，并对下午的战术如何安排有所思量。每晚躺在床上，彭博也都会和另一位带队的教练讨论比赛中的诸事，常常是聊着、研究着，过于疲倦的两人便于不知不觉中入了梦乡。

彭博这样说："作为教练，压力再大，你都必须先把控好自己的情绪，进而调节好整个队伍的状态。"比赛中压力大的时候，"顶不住"了，彭博就会和同为专业乒乓球运动员的妻子打打电话，带着她的建议与安抚，重新投入比赛的带队工作。

带队以来，彭博的时间基本都奉献给了学校，一周六天出现在体育馆，寒暑假也难得休整。曾经属于自己的阅读时间、走亲访友的时间少了不说，自己练球的机会也少了。他说，做教练虽然不可避免地会让自身的球技不断退步，但是看着同学们的水平越来越高，他也觉得欣慰与满足。

有着与乒乓球有关的过往，从事着与乒乓球有关的职业，也未曾有过离开乒乓的打算，对于"乒乓球人"这样一个称呼，彭博觉得自己当得起。把乒乓球作为生活的一部分、作为自己一生的事业，彭博与乒乓有关的故事，在过去，在现在，亦在未来。

夏吟兰：兰心蕙质讲台立　花中君子更护花*

文/罗雨荔

> 夏吟兰，中国政法大学教授，博士生导师。全国妇联第九届、第十届执委，北京市妇联第十届、第十一届副主席，国际家庭法协会常务理事。

2016年2月29日，在全国妇联举行的纪念"三八"国际妇女节暨全国三八红旗手（集体）表彰大会上，夏吟兰教授被授予"全国三八红旗手"荣誉称号。获奖词中"几十年如一日为保护妇女儿童、推动妇女权益运动无私奉献"一句，是对她多年来工作的中肯评价。

半生法大，半生婚姻家庭法

拿起一份夏吟兰的简历，你会发现这样的描述：本科，中国政法大学；硕士研究生，中国政法大学；博士研究生，中国政法大学；工作经历，中国政法大学……借用一句她本人常在课堂上自我介绍的话：是法大培养了她，而她也为法大奉献了半生。

这一份改变夏吟兰人生走向的"法大缘""法学缘"始于1979年的夏天，仿佛冥冥之中有一只看不见的大手，将她的命运与法大相纠缠。

进入法大之前，夏吟兰是一名服装厂流水线上负责踩缝纫机的女工。因为青少年时期未曾接受过系统完整的学校教育，所以重拾学业准备高考的时候，理科知识薄弱的她选择了文科的学习。

虽然出生于知识分子家庭，但夏吟兰的父母却都以工科见长，而对文科不甚了解，便在填志愿时由着女儿自己来做决定。这位生产线上的

---

* 本文于2016年3月7日发布于《法大新闻网》。

"文艺女青年",在第一志愿填完她所喜好的北京大学文学系之后,又因友人一句"法学与文学更接近,都注重对人的关怀",而将北京政法学院填写为第二志愿。不知法为何物的她,就这样开启了她的学法之路。

夏吟兰并未因被调剂至第二志愿而兴味索然,一进入学校她便一头扎进法学学习之中,全心全意地学习专业知识,成为一名踏踏实实的"学霸"。对从服装生产线上走来的她来说,踏进大学的校门就是进入了自由与学术的天堂,有书可读便是梦想对现实的照亮,便是来自命运的莫大恩赐。

在夏吟兰读书的 20 世纪 80 年代初,法大的办学规模还较小,因为学生较少,老师在课堂教学之余也有较多的精力,一个个"兴趣小组"就成了法大校园文化的一部分——老师们自发组织起与自己研究领域相关的"兴趣小组",让对该领域有兴趣的同学自由地加入,通过讲座、理论知识传授与案例研习等丰富多彩的形式,让小组中的成员能够有所收获。

被婚姻法所展现出的人文关怀、人文主义吸引,又和所有这个年龄女孩子一样为小说里爱情的浪漫所吸引,夏吟兰选择了加入巫昌祯老师组织的婚姻法兴趣小组,开始了对婚姻法的学习与研究。而小组的学习中,巫老师举手投足间展现出的优雅、授课时候的娓娓道来,更是满足了她对女学者应有模样的全部想象。

在兴趣与老师个人魅力的双重吸引下,夏吟兰报考了巫老师的研究生,在婚姻家庭法的教学研究之路上,一走就是三十几个春秋。如今的她亦传承着巫老师的兰心蕙质,将曾经迷醉她的那份优雅与动人,在自己的课堂上播撒给更多的法大学子。

三尺讲台,醉心教学薪火传

夏吟兰最初走上教学岗位,是来自于巫昌祯老师的建议。当时法大的婚姻家庭法方面的教师资源匮乏,研究面临着断档的困境——从巫老师到夏吟兰及其同辈,两代婚姻法研究者间隔了近三十年的空档期。看中夏吟兰良好的学术能力与表达能力,巫老师对她提出了希望其留校任教的期许。而这恰恰与她从小对教师这个职业的喜好与尊崇相契合,让她顺理成章地走上了三尺讲台。

多年的教学工作中，夏吟兰从最初的忐忑走向了如今的谈吐自如。时间流逝，经验积累，她渐渐形成了属于自己的讲课风格，与学生们也建立起了更好的交流。上过夏吟兰课的同学都知道，夏老师讲课声音洪亮、有激情，PPT内容简明、结构清晰。"夏吟兰老师案例丰富有趣的婚姻家庭法课程"，甚至成了许多届法大人的共同回忆。直到现在，每每选课，夏吟兰老师所开的"民法学原理四：亲属法与继承法"也总是一课难求；上课的教室里，你总能看见慕名而来，哪怕搬着小板凳坐在教室最后也要一睹夏老师风采的同学们；在法大"最受本科生欢迎的十位老师"评选中，亦可以寻见夏吟兰的身影。

对于夏吟兰自己而言，教师这个职业让她热爱也让她骄傲。作为改革开放后的第一代法律人，年轻时代的夏吟兰在选择了留校之余，其实还有许多的机会可以去做其他看起来更加有名有利的工作。可就是因为喜欢这讲台，她选择了一直留在学校，留在学生们身边。站上讲台，是让她觉得有激情的事儿。看着教室里那一双双求知若渴的眼睛、看着同学们认真记笔记的模样，夏吟兰觉得受到了莫大的认可。

曾经有一位男同学在课堂上提出了对案例分析的不同意见，讨论过后，夏吟兰虚心地接受了他的指正，并肯定地表扬了他。这原本无心的一举，却给了这位男同学以信心和鼓励，让他更加热爱思考、敢于表达自己。毕业后找到更广阔天地的男同学用书信向夏吟兰表达了满腔的感激，"您是使我信念坚定的人"，感谢夏老师带给他的这份最初的勇气。这信件，夏吟兰收藏至今。

婚姻家庭观念总会随着时代不断发展。在和同学们的讨论交流中，夏吟兰始终接触着年轻的声音、年轻的思想，也因之而保持着较为年轻的身心状态，让自己的思想能够始终跟上时代的脉搏。

曾有同学这样评价："上过夏吟兰老师的婚姻家庭法，你就很难不萌生考她研究生的想法。"事实也确实如此，很多同学正是因为本科阶段与夏吟兰的"一课之缘"，便选择了考取她的研究生，将亲属继承法、妇女人权的研究工作薪火相传。

象牙塔外，不忘护花亦护家

古人云，兰为花中君子，出世而典雅。而夏吟兰这一位"花中君子",却选择了入世,在教学研究工作之外,也积极地参加着各类社会工作,尽己之力,为妇女儿童权益奔走疾呼。除开亲属继承法方向外,夏吟兰还招收妇女人权方向的博士生——这恰好反映着夏吟兰教学科研工作的另一个重心:妇女儿童等弱势群体保护的社会公益工作。

多年来,夏吟兰参与过《妇女权益保障法》《婚姻法》《未成年人保护法》《残疾人保障法》《老年人权益保障法》以及《反家庭暴力法》等多部法律的起草或修改工作。她期望着通过立法来推动现有社会观念的改变,从而实现对弱势人群的保护。同时,她也曾从事中国法学会反家暴网站的志愿者工作,为受家暴女性提供法律援助。一次次的接触中,夏吟兰看到的是那些受家暴女性眼睛里的无助与不自信。帮助她们走出胆怯,让她们能够在第一时间阻止家暴的发生,是夏吟兰努力尝试着的事情。在从事社会公益工作中,和不同专业的学者及社会工作者接触,在不同思想的碰撞里为着同一件事共同奋斗,给了她莫大的快乐。

如今的夏吟兰,不仅是法大的教授与博导,更身兼着中国法学会婚姻家庭研究会会长、中国婚姻家庭研究会副会长、北京市妇女法学研究会会长,最高人民法院案例指导工作专家委员会委员,北京市妇联第十届、第十一届副主席,全国妇联第九届、第十届执委,国际家庭法协会常务理事等多种职务。

作为一名女性,夏吟兰亲身体会着传统文化影响下的现代社会里,女性不仅需要做好社会工作,也需要兼顾家庭的辛苦。然而,这份"双肩挑"的劳累对她来说并不是负担。多年的研究中,夏吟兰深深地领悟到,婚姻家庭的意义绝不仅仅是"搭伙过日子",而在于分享与分担。背后一个家,一份柴米油盐的琐碎,让她劳累的同时,也给了她更多的幸福。"要给自己的女儿做好榜样"这样朴素的念头,也是激励着她一路前行的重要因素。忙归忙,忙碌之余的夏吟兰还是热爱着旅行,喜欢着电影和小说。在她看来,能够合理地分配管理自己的时间相当重要,计划中的事情及时完成,不拖沓,是她对自己的基本要求。

人到中年,不再如年轻人般有那么多对未来的追求与设想,过好每一天,做好每件事,保持身心健康快乐,就是夏吟兰对如今工作、生活的最大期许。学术研究上,完善学科发展的进程还路途遥遥;社会工作上,民法典的起草也正在如火如荼地进行中。对身兼多职的她来说,未来的日子里,这些不轻的任务,都还等待着她一如既往地投入与用心。

结 语

夏吟兰说,这一生最大的幸事之一,就是可以跟从自己的兴趣选择自己的工作,也因为这份兴趣,可以永远热情,永远投入,不求回报。

2016年3月1日,《反家庭暴力法》正式施行,又在婚姻家庭法与弱势群体人权保护领域留下新的一笔印记。在这个生机蓬勃的春日里,夏吟兰也和所有致力于此方面工作的人们一起,期待着更好的未来,也希冀着有更多对这方面有兴趣的法大学子,能够投入相关的研究工作,能够青出于蓝,共创辉煌与美好。

陈兆恺：不负獬豸　不忘杏坛*

文/程重

陈兆恺（The Hon Mr Justice CHAN），香港特别行政区终审法院非常任法官，中国政法大学特聘教授、香港法研究中心主任。

在法大的教师名录中，有这样一位大法官，平静祥和，却对教育事业充满了热情。他积极往来我国内地与香港地区之间，心系祖国的法治发展，一点点地尽自己的能力，一点点地推进法治建设。他就是香港终审法院非常任法官陈兆恺。

在试图了解陈先生之前，似乎他已经被贴上了太多的标签，如十八名非常任法官中唯一一名华人，唯一一名完全接受本土教育的大法官，香港地区双语审判改革第一人等。在采访陈先生前，他还在回复学生的电子邮件，而一口流利的普通话更让人觉得陈先生十分亲切，也十分勤勉。似乎除了法官这个职业本身，陈兆恺背后还承载着更多的故事，更多的使命。

为了法治的一生

1974年，从香港大学毕业后，经过一年专业深造，两年实习，陈兆恺就将其全部的精力投入法律。作为最早一批本土法律人才，陈兆恺本着心中的信念，首先选择成为大律师（barrister），在十年的大律师生涯中，陈兆恺积累了丰富的法律经验，选择成为一名法官。1997年，香港回归祖国后，香港地区原最高法院改为高等法院，并成立了香港地区终审法院，香港地区的司法终审权也由英国枢密院移交至香港地区终审法院。而陈兆恺则为第一任香港地区高等法院首席法官。2000年，他出任终审法

---

* 本文于2016年5月6日发布于《法大新闻网》。

院常任法官,直至 2013 年退休。现今,他作为非常任法官在终审法院任职。

陈兆恺任职期间致力于香港地区的法治建设,推动了很多改革,也做出了有名的案例判决,并推动基本法在香港地区终审法院的适用。而推动双语审判改革则贯穿陈兆恺整个法官生涯。

20 世纪 90 年代,从事法官职业不久的他就被委任要职,以主导香港地区的双语审判改革。由于普通法语言基础为英语,且当时的香港地区治权归属英国,因此下至初等法院,上至最高法院(即现在的高等法院)绝大部分均为单语审判,即英语审判。

法庭虽设有翻译,但是对于大多数市民而言英语审判显然为一大障碍。并且,初等法院需要在事实层面进行充分审查,单语审判显然成为可能影响司法公正的一个障碍,这也是陈兆恺决心推动双语审判改革的原因。1997 年香港回归祖国,双语审判的改革得到更进一步的发展。

使用其他语言应用普通法,这在全世界普通法系国家或地区尚属首例。"语言只是工具,审判的最终目的是实现正义。"陈兆恺谈及此问题时多次强调。现在香港地区初等法院大多数实现了双语审判,区法院及高等法院双语审判比例相对较小,终审法院为单语审判。

"虽然要推进双语审判改革,但是并不能完全实行全中文审判,毕竟普通法的语言基础是英语,我们不能与普通法体系脱轨,同时终审法院与高等法院上诉庭更多面临的是法律适用与法律解释问题,英语相对而言更为方便,所以改革也要把握好一个度",陈兆恺如是说,"语言仅是工具,不能过分追求中文审判而颠倒了改革的原本目的。"时至今日,双语审判改革仍在进行中。

心系教育　结缘法大

自踏入法律圣殿的大门后,陈兆恺就树立了培育本地法律人才的目标。而日后的法律职业经历更是让他坚定了法律教育对于人的重要性。

"不仅仅是法学专业的需要接受法律教育",陈兆恺说道。陈兆恺认为法律教育至少有三方面意义:首先,对于法学专业的学生,推动法学教育以推动法学学术的发展,培养本地法学人才本身很重要;其次,对于非法学专业学生,将来走上了工作岗位,如果不懂法律,会困难重重,尤其是公务人员,要着重提高其法律素养;最后,推而广之,对于一般民众的法律教育则是推进法治建设的必经之路。

"我是港大的第三届毕业生,我们那个时候学习法学专业很重要的一个目标就是培养本地的法律人才。"陈兆恺如是说。陈兆恺曾在多个教育类公益社团服务,荏苒时光,他仍在为法学教育尽自己的一份力,现在他经常在香港地区的大学授课。

在推动法学教育过程中,与法大的无心插柳的邂逅则是一场"美妙"的缘分。

2012年,法大代表团访问香港地区时,校党委书记石亚军邀请陈兆恺参加学校的校庆活动;2013年,校长黄进率团赴港交流时,专门会见了陈兆恺,邀请他赴内地讲学,出于对法学教育事业的热衷,陈兆恺答应了黄进的邀请。

2013年,由于法大于9月开学,而香港地区法官的退休时间为11月,为照顾好本职工作,陈兆恺先前往法大香港法研究中心从事研究工作,并适时为学生开展讲座活动。

而自2012年始,陈兆恺就计划为内地学子量身打造一本普通法原理教材,与法大的邂逅使他更加坚定了这个决心。2014年,带着亲手编订的《普通法一般原理》教材,陈兆恺第一次在法大开始给法大学子授课。

每年的四月份与十月份,每次两个星期,陈兆恺从香港地区飞往内地,来到法大进行授课。每次赴法大的两个星期里,陈兆恺每天都经八达岭高速从市区到昌平,每天都认真批改学生功课。在问及他为何如此勤奋时,他很有自信地说,虽然他不算年轻,但年纪也不算太大,还可以尽自己的力量做自己力所能及的事情。

"我只想让中国的法治建设得更好",陈兆恺深情地说道。

一切为了学生

虽然每年只有四个星期待在法大,但是躬耕于法律之中,践行于教育之业,陈兆恺凡事亲力亲为,一切为了学生。

记者在采访前,陈兆恺法官还在回复学生的邮件,准备之后的课程。

而在前一段时间，法大同学朋友圈疯传一条消息，即陈兆恺大法官本学期要在法大开设"普通法一般原理"课程，除了新颖的授课内容，高额奖学金外，陈兆恺的个人魅力更是吸引了无数同学前往报名选课。

由于普通法语言基础为英文，因此"普通法一般原理"课程采用全英文授课。为了保证授课质量，陈兆恺亲自面试报名选课的学生。除此之外，陈兆恺还设立了"陈兆恺奖助学金"，一方面为了鼓励修读此门课程且成绩优异的同学继续上进，另一方面为了资助就读法大的经济条件相对较为困难的优秀学子。

在谈及为何要在本校开设"普通法一般原理"这门课程时，陈兆恺介绍道，两大法系的借鉴与融合是趋势，大陆法系的法学生也需要了解普通法，比如他自己也尝试了解大陆法系的一些制度。民商经济法学院2012级本科生、第一届陈兆恺奖学金获得者纪东也介绍说，陈老师上课时如遇到相关制度问题也会询问同学们对于大陆相关制度的看法。

除学术上的目的外，陈兆恺说，考虑到很多同学会到英美国家留学或者交流，但是由于大陆法系的惯性思维，出国留学、交流的学习过程中可能会有障碍，而此门课程也是为了给有赴普通法系国家学习的同学一个铺垫过程。

为了让学生们更快地适应普通法国家授课习惯，陈老师授课也是以香港地区法学院教育模式进行授课——第一周讲述理论，第二周则采用 tutorials（导师指导式讨论教学）模式进行教学。因为身处内地时间有限，陈兆恺授课压力很大，每天都要进行两个小时的授课，四周的授课时间为48小时——甚至超过了法大很多专业必修课的学时（多数专业必修课为54学时，约合40小时）。

纪东说，陈老师上课学术性很强，虽然上课不涉及具体的香港地区法律制度，但是每一次上课都堪称头脑风暴，尤其是tutorials模式教学，虽然难度很大但是收获也很大。陈老师上课很诙谐，风趣，理论性也很强。除上课时间外，陈老师课下也很勤勉，总是能够及时回复同学们的邮件。

在谈及授课过程时，陈兆恺也表达了一丝遗憾，学生年纪差异较大，从二年级本科生到研究生都有。而分散在春秋季学期的课程安排使得有交流、实习等安排的同学也不得不退出。

"令我很感动的是，同学们真的都很用功。"陈兆恺感慨道。

陈兆恺，这样一个"可爱的老师"（学生语），身在法庭，不负己身，不负众望，积极推动改革，建设香港地区法治；躬身一生，不忘教育，毕生无悔杏坛；耳顺之年，邂逅法大，结下最美缘分。也期盼如其所愿，中国的法治建设，中国的法治教育也会步入佳境。

采访手记

在采访陈先生过程中，我了解到陈先生在2015年动过一次眼部手术，因此上学期他在法大的课程被耽误了，而他坚持在本学期进行补课。陈先生的敬业精神令人敬仰。陈先生在退休之际获得了香港地区最高荣誉奖励——"大紫荆勋章"，当问及此事时，先生谦虚道，无需谈以前的事情，重要是当下的梦想，"尽我的能力，再一点点推动大陆的法治建设，使其更加完善，这就够了"。一生为了法律，一生为了教育，大概讲的就是先生这一类人吧。

许身健：躬耕讲坛　大道健行[*]

文/葛莹

　　许身健，中国政法大学法学院副院长，中国法学教育研究会诊所法律教育专业委员会副主任、模拟法庭专业委员会副主任、中国案例法学研究会常务理事、中国法学教育研究会理事。多年来为法大学生讲授法律诊所、法律职业伦理、法律论辩技巧、专业外语等课程。主持的新型实践教学模式改革创新在全校乃至全国具有引领和示范作用，对于培养卓越法律人才的法大模式的形成和推广具有建设性意义。

　　法心如秤，立功先在立德；载欣载奔，仁术更有仁心——这是许身健教授的理想与追求。

愿做传播光明的使者

　　2016年9月9日，在法大2016年教师节表彰大会上，法学院许身健教授荣获"励道教学杰出贡献奖"和30万元奖金。至此，经过近四个月紧锣密鼓的组织评选，首届"励道教学杰出贡献奖"评选活动圆满落幕。

　　这是一次重奖激励、激发干劲的评选活动。本次评选活动始终贯彻"把本科教学作为高校最基础、最根本的工作"的重要理念。"励道教学杰出贡献奖"奖项的设立周期为10年，每年评选1名，奖励金额30万元，就是要坚持不懈、一以贯之地重奖长期工作在本科教学一线的教师。作为学校首位获得"励道教学杰出贡献奖"的教师，许身健在获奖感言中针对"何谓好教师"和"良好师生关系"阐述了自己的想法。在他心

---

[*] 本文于2016年10月8日发布于《法大新闻网》。

中,优秀教师的四重境界是:言传、解惑、身教、传道;教育的核心原则及内驱力是教师对学生之大爱;优秀教师应相信学无止境,不断充实自我;在良好的师生关系中,教师应具有职业主义情怀,以学生为中心,了解学生需要,尊重学生,与学生密切交流。

许身健常说:"教育的本质是育人,浇花要浇根,育人要育心,法学教育为法科生负责就是为法治发展负责。"对他而言,培养学生是事业,关爱学生是责任,"一切为了学生"是其追求。

许身健积极探索法学实践教学改革创新。2007年,国内首个专门承担并组织法学实践教学的机构——法律实践教学教研室成立,他任教研室主任,白手起家,构建实践教学体系,推动公益法律服务事业发展。

实践无理论则无灵魂,理论无实践则无生命。许身健教书育人的历程,是教学理论与教育实践紧密结合的生动写照。为了将教学理论转化为实践,使更多学生受益,他在躬行教学事业的同时,积极与青年教师沟通,扩大教学团队,帮助青年教师尽快成长,并主持诊所法律教育委员会"骨干教师职业发展计划",将对全国100名一线骨干教师进行专项培训。正如他在获奖感言中说到的那样,他希望与法大全体教师一起,"共做光明使者,点亮法大星空"。

去地下室诊所值班室次数最多的"地下工作者"

许身健从不做教育战线上的"远程指挥官",反而多年如一日,以最饱满的精神状态投入本科教学的前沿阵地,早已桃李满天下的他,永远是教学第一线的"排头兵"。

许身健的教学工作非常繁重,[1]行政事务繁忙。他曾经在一学期内讲授课程超过200学时,此外还安排大量的时间指导学生在主楼地下室的诊所值班室接待当事人,学生们称他为去地下室次数最多的"地下工作者"。

正是因为他把对学生的关爱当成了生命中重要的一项责任,他不会允许自己只停留于课堂上与学生进行交流,学生在课余时间的邀请和要求,他几乎有求必应。即便有时间冲突,他也尽量压缩和牺牲个人时间来协

---

[1] 许身健2016年时任法学院副院长。——编者注

调。为了参加学生活动,他有时宁愿一天往返两校区数次,有人感叹他的辛苦,他却还是那句话:"这是做老师的本分和责任。"

走进办公楼地下室的法学院法律诊所,逼仄的空间里光线并不充足,几张桌子,一部电话,许身健在这里带领学生为来来往往的当事人排疑解难。同学们心中的许身健是"春风化雨一般的老师",亲切而严谨。能成为学生心中亦师亦友的存在,许身健最大的特点是会主动关心学生。虽然繁忙的行政工作占据着他大量的时间,但是他仍然能记得诊所里上课的每位同学,哪怕在课程结束后,还会关心他们的学习、论文情况。

曾经有一名学生初来法律诊所时,直言不讳地说,选修法律诊所,是因为它可以替代实习,可以节约时间,还能拿学分。这样的想法,让许身健感觉她不像一个愿意把时间和精力用到当事人身上的学生。但许身健并没有直接指出学生的不对,而是希望学生在真正接触当事人后,通过自身的体悟,实现观念的转变。当这个学生在第一次接待完当事人后,她深受触动,认识到了法律诊所在帮助法律弱势群体方面的重要作用。法学院曾选修过法学院法律诊所的陈同学说:"接待当事人、提供法律咨询,许老师在看似琐碎的工作中教会了我们很多法律人的情怀——讲法理、通人情,让每位当事人都能得到尽量大的帮助。"

法律诊所成立以来,为群众代写各种法律文书 1000 余份,完成对信件、来访和电话的法律咨询 5000 余次,出庭代理各种民事、行政案件 100 余件。建立了法律诊所网站,访问流量达到 167 万。许身健始终相信,学生在帮助他人中实现自身价值,这一点体现了法律职业公共主义的本质,能培养出有公益心而非利己主义导向的法律人,这是诊所教师的责任所在。

推进公益法律服务——法律人的"美丽心灵"

作为中国法学教育研究会诊所法律教育专业委员会副主任,许身健要负责全国院校诊所的发展和考察,同时也负责"全国公益法律服务志愿者项目"。在许身健的努力倡导下,七年来,全国众多法科生参与其中,最近几期志愿者以中国政法大学法学实验班同学为主体,奔赴全国各地法律援助机构从事公益法律服务。仅 2013—2015 年这一期的 10 位志愿者就解答了 9433 件法律咨询，办理法律援助案件 411 件，出庭 198 次，参与重大事项 167 次，为当地的法律援助事业做出了贡献。

"全国公益法律服务志愿者项目"的每一次会议上，许身健都会向各高校老师、律师、政府官员们强调法律实践教育的重要性和公益法律服务的重要性。如今，该项目受到越来越多的关注，被多家媒体报道，正在形成燎原之势。正是在"好律师若良医""德才兼备法律人"理念的指引下，志愿者们努力为当事人解答法律纠纷，践行着法律人的职业精神。2013—2015 年公益法律服务志愿者文江才说："在项目启动时，许老师就对我们说：'大家现在的一小步将是中国法律公益法律服务的一大步'。"

许身健自身也一直践行着"待当事人如亲人、践行以委托人为中心"的代理原则。有一次，一位贫困的当事人突然头晕昏倒，收容站拒绝接收，情急之下许身健亲自送该当事人去昌平中医院做 CT、心电图等检查与治疗，并帮其支付医药费。许老师的这一行为不仅感动了当事人，也使学生内心受到触动。

正如许身健认为的，教师要做好传、帮、带。他在对学生的鼓励中寄语了自己的心声："为弱势群体免费代理功德无量，你选择了正确的道路，我会为你的信心和勇气骄傲，祝你德才兼备，拥有法科生的美丽心灵。"

躬耕讲坛　大道健行

学为人师，行为世范。许身健不仅注重在法律诊所中培养学生的法律职业伦理，而且他积极投身于公益法律服务，带领法律诊所的学生为当事人提供法律援助。同时，他积极参与国际交流，三次在国外法学院校作为访问教授用英语为法科生授课，数十次应邀在国际会议做主题发言；应联合国开发署邀请，作为专家为越南等国家培训法律诊所教师。为了响应"培养国际化卓越法律人才"的号召，许身健积极促成"华沙—北京大学生论坛"。2016 年 5 月 19 日，波兰总统安杰伊·杜达在总统府接见了参加第三届"华沙—北京大学生论坛"的法大师生。这是法大国际化交流成果，也是民间外交的范例。

编书译作，笔耕不辍。许身健为国内的法律职业伦理教育主编了国内第一本实践教学连续出版物、编写了实践教学系列教材并翻译出版国外法学教育名著。他于 2015 年翻译出版的关于美国公益律师斯特恩撰写的《正义永不决堤：水牛湾惨案》，被评为法律出版社 2015 年十大好书之一。

躬耕讲坛，大道健行。许身健多年如一日地执着于法学一线教育，只为点亮法大学子的那片星河。

廉希圣：希世德才修律法　圣哲琴瑟共和鸣[*]

文/黄雨薇

廉希圣，1932年生，中国政法大学宪法学教授，博士生导师。曾任中国政法大学法律系教研室主任、研究生院导师组组长，中国法学会宪法学研究会秘书长、副会长，北京市宪法学会副会长，中国香港法律研究会理事，中国政法大学比较法研究所所长兼港澳台法研究室主任，《比较法研究》主编，法大学术、学位委员会委员、兼职律师等。1992年起，获国务院颁发的政府特殊津贴（终身）。

1932年出生的廉希圣，童年目睹过动荡年代的战火烽烟，也经历过社会主义改造、改革开放等不同历史时期的磨砺。1954年从中国人民大学法律系毕业后，他来到了北京政法学院任教，从此开始了一生的学术研究和教学生涯。

如今已年过80的廉老，谈起自己丰富的人生经历，仍然精神矍铄地娓娓道来，在这个万物复苏的春日里让我们如饮甘霖……

特殊使命　新中国第一代律师

"人生如逆旅，我亦是行人。"在廉老六十多年教学科研的生涯中，他始终执着地追寻真理，曾在特殊的历史时刻被赋予过特殊的使命，那些具有非凡意义的经历在他生命中永远地闪耀。

1956年，24岁的廉希圣作为新中国的第一代律师，受司法部律师司指派到沈阳特别军事法庭为日本战犯做辩护人。随后的半年里，他和一共20多人的律师团在香山卧佛寺附近一处安静的小院内开始了集中工作。

---

[*] 本文于2017年3月21日发布于《法大新闻网》。

选取在小院里工作一是为了脱离干扰,二是便于保密。事实证明,这不是一项轻松的任务,摆在他们面前的一个巨大难题就是如何为这些罪行深重的战犯做出合理的辩护,这项工作也曾让年纪轻轻的廉希圣陷入纠结的情绪:一方面因为当时律师行业还未兴起,老百姓不理解,认为他们是在帮坏人说话;另一方面检察机关有大量人证、物证,推不翻也驳不倒。但身为律师团的成员,如果他们不站出来为战犯作辩护,可能就会使国家的辩护制度形同虚设,所以必须要做好这项工作。

据廉老回忆,当年沈阳法庭一共审判了三十多名日本战犯,他参与撰写辩护词的有好几位,其中包括替日本操纵伪满政权的武部六藏,还有日军的总务长官。廉希圣说:"其中大多数战犯在审判过程中都受到感化,有些人回国后还为中日友好工作做了一些贡献。"

每当回忆起60年前的那场审判,廉老总是满怀感慨,前些日子他还特意去了一趟沈阳,回到当年的审判法庭看了看,"法庭还是按照原来的模样陈设,但是物件已然面目全非"。后来,他把当年国家为他们定制的西装连同一些其他文件一并捐赠给了沈阳"九·一八"纪念馆。廉老就是这样一个人,在垂暮之年仍有一颗拳拳之心,把源源不断的热忱投入他一生最热爱的事业。

学界权威　参与起草三大基本法

廉老是中国宪法界德高望重的历史亲历者和学界权威,他先后参与了1982年《宪法》起草和两次宪法修订工作;还全程参加了《香港特别行政区基本法》《澳门特别行政区基本法》的起草和制定工作。

作为1982年《宪法》起草工作的亲历者,廉希圣评价说,"1982年《宪法》从总体上看,还是一部比较好的宪法,之所以加上'比较'二字,因为它还有完善的余地"。

1980年至1982年,廉希圣从学校被抽调去全国人大参与国家修宪工作。他回想当时的日常工作都是在人民大会堂的秘书处完成,他所着手的任务主要是资料整理以及汇集各方面意见,要求是尽量做到细致详尽。在廉希圣的记忆中,他曾接到全国各地人民打来的电话,都是提出关于修宪的建议,包括班禅的夫人及一些部委的工作人员,还有一些宪法修改的建议直接来自于老百姓。后来四次修改宪法，廉希圣参加了两次在中央的讨论，对一些不足之处进行了修订和弥补，也为《宪法》适应市场经济的需要增加了必要的内容。

"那两年的工作期间，我的收获蛮多。虽然是'打工'，但是做了很多具体的工作，也切实地参与了讨论，接触到很多实际的内容。"每当谈起那段工作经历，廉老的态度总是很谦逊。

起草港澳基本法时，廉希圣以法律专家的身份参加了全过程。当时虽没有完全脱产，但他几乎是随叫随到。廉老对这项工作总结为一个字"难"，他感叹道："参加这项工作对于我了解港澳的情况有着非常大的帮助，但是在起草的过程中也遇到不少困难。其中最主要的一点是制定一部符合'一国两制'的基本法，在世界上没有先例可以参照，所以邓小平同志评价我们是'摸着石头过河，走一步说一步'。"两部法律的起草历时七八年，国家投入大量人力、物力和精力，据廉希圣描述，香港基本法可谓"一字千金"。而他也用自己迎难而上的工作精神，见证了这部具有极高价值的法律的诞生。

追求无限　治学执教立足本土

廉老一生在法律学术上的成就令许多年轻学者难以望其项背，当问及对治学执教的感言，他笑谈道："对'学者'这个词，我一直释义为'我是学习者'。"

他的经验是，"做一个好的教员，首先必须要做一个好的资料员"。廉老至今还保持着剪报和记笔记的习惯，他认为通过这样的方法把知识积累起来，必然会受益终身。

廉老多年来一直秉持的治学格言是：积累、探索、消化，在工作中凸显"个色"，补足稀缺的资源，在学术的发展道路上追求无限。他告诫年轻学者要注重研究问题的路向，应基于我国国情重点研究"中国问题"，所有的研究最终都要落根于本土。同时，在研究过程中应具有问题意识和批判精神，廉希圣始终坚持的原则就是"没有问题就无法前进，没有批判就无法发展"。其中，他所说的批判精神指的不是要推翻现有的制度，而是要通过正确的渠道提出自己的意见，同时也应培养创新精神。创新精神也不是标新立异，而是真正地从理论和制度上进行创新，没有创新精神，我们的学科便没有进步。

廉老还鼓励年轻学者以学术为己任，用系统的专业知识，客观地、符合规律地分析问题。他认为"宪法学"的政治性很强，涉及学术和政治的双重领域，学者应对政治的发展有自己的判断，坚持学术独立的立场。作为中国法学会宪法学研究会首任秘书长，廉老在中国法学会宪法学研究会30周年年会上提出，希望后继学者可以立足本土，研究具有中国特色的宪法学问题。他认为这项研究是有战略意义的，它可以为我国宪法学发展指明方向，并且有助于促进理论联系实际的学风，还可以作为评价一项研究成果的标志。

伉俪情深　法大结一世情缘

谈起自己这一生与法大的情缘，廉老脸上露出温情的笑容。在中国人民大学读书时，廉老就结识了他携手相伴至今的爱人，当我们问起廉老谁是对他一生影响最大的人，廉老说："这个人就是在学术上有创新、生活中有品位并且富有人格魅力、在生活和事业上与我相濡以沫50多年的爱妻——张辉老师。"

张辉老师是法大犯罪心理学专业的副教授，与廉老都毕业于中国人民大学法律系，当年二人住在同一栋宿舍楼，在共同学习的日子里，两人渐渐相熟相知，从此携手相伴。在学生时代，张老师喜欢跳舞，廉老作为张老师的舞伴，每个星期都会陪她去参加学校组织的舞会。毕业后，廉老先被分配到法大，张老师放弃到北京大学任教的机会，毅然决然地来到法大教书。时光荏苒，两人在法大同为教授，琴瑟和鸣一晃就是50余载。

"我们夫妻俩恩恩爱爱一辈子，有两个儿子和一个女儿。张老师跟着我吃了不少苦，'文革'的时候我们轮流被下放，参加各种运动，她没享过多少福，我很对不起她。"他们的第三个孩子出生后，张老师的健康状况每况愈下，"当年一个人几十块钱的工资，养活几个孩子日子过得很艰难。等到条件稍有好转后，她的身体却不行了……"讲到这里，廉老有些哽咽，眼中噙满了泪花。如今，张辉老师卧床不起，生活不能自理已经有六七年，但是廉老和子女尽一切的努力照顾张辉老师，用最大的努力延长她的生命。

子女们有时不在身边，左邻右舍都觉得廉老一个人很不容易，但廉老认为自己照顾老伴儿责无旁贷。"现在我是急流勇退，能不参加的社会活动尽量都不参加，我要用余生照顾好她，好好过我们的日子。"廉老时刻珍惜和紧握着他与张辉老师的一世情缘，风雨相伴，不离不弃，真实地演绎着一段伉俪情深的法大佳话。

著作等身的廉老，一生慎思笃行；严谨治学，回忆起人生过往，多违尘世的感慨。风云跌宕中，他与法大结缘，伉俪一世情深，默默耕耘讲坛，在生命的耄耋之年，依然追求学术"无限"，不忘提携晚辈。这就是廉老一生的坚持，"谋实"与"谋道"并重，以其昭昭使人昭昭。春风化雨，泽沐后人！

白晟：岁月淘金者　循历史而发声*

文/郭佳蓉

白晟，中国政法大学法学院副教授。2011 年起，先后在《比较法研究》《政法论坛》等刊物发表《潘汉典比较法思想初探》《不该遗忘的法科学人费青》《敬畏学术——潘汉典译博登海默 1940 年版〈法理学〉访谈录》等文，并编撰出版《东吴法学先贤文丛：潘汉典法学文集》《费青文集》。

2016 年 11 月 25 日，在中国政法大学研究生院法理学硕士生的课堂上，白晟提问学生。问及潘汉典，尚有几位学生知道；但当问及费青时，没有一人知道，一如他在法理学研究生入学见面会上得到的结果。学生们对于法科先贤吴恩裕和王名扬略有所知，但对于法理学先贤则一无所知。有感于此，在之前学生的建议下，白晟将授课内容临时由"法理学前沿问题"改为非"前沿"的"冷门"问题——中国政法大学法理学研究所的历史，讲授内容包括组织机构的名称演变、人员等，重点是学人和学术作品。这份教案最终形成了一份逾一万五千字的研究所历史的个人阅读笔记，文中涉及大量学术先贤，所收集资料来自几十年前的刊物、专著、校史等，并一一标明了出处。

而这份笔记，只是白晟庞大校史考据工作中的一个小插曲，如他自己所言"仅仅是发布在朋友圈的一份课堂资料"。

缘起："言出有据，老师就是这么训练的"

2008 年，白晟考取了潘汉典老师的博士生，成为潘老师的弟子。恰

---

* 本文于 2017 年 4 月 13 日发布于《法大新闻网》。

逢《东吴法学先贤文丛》主编、苏州大学法学院艾永明教授为列入《东吴法学先贤文丛》的《潘汉典法学文集》，专程来京与潘先生商量此事，潘先生表示因自己的老师均比自己优秀许多，极力谢绝。在艾永明教授和李卫海博士（获苏州大学法学博士学位）的再三劝说下，潘先生才勉强同意。正师从潘先生读比较法学博士学位的白晟便主动请缨，负责帮助老师整理这部文集，这也是白晟历史考据生涯的起笔，从而开启了漫漫溯寻之路。

潘汉典老师学术作品汗牛充栋，而且部分作品时间久远，有些文章、译作还采取了化名，收集起来并不容易。为了收集资料，白晟主要采取了采访当事人、查阅档案、寻访知情人的方式，但仍与一些珍贵文献失之交臂。为了寻访潘汉典老师就读东吴法学院时的学士学位论文《苏维埃刑法和劳动改造法》和硕士学位论文《中国有限公司论——比较法的研究》，白晟曾与苏州大学档案室、华东政法大学图书馆和档案室、上海社会科学院图书馆以及上海市档案室联系，"一度听说有东吴法学院历届毕业生的学位论文，万分欣喜，请在华东政法大学工作的董春华博士代为查找，结果只有8篇论文，而且潘先生的两篇都不在其中"。此类经历数不胜数，最终，在三年的努力下，白晟一人奔走，成功整理完成超过167万字的《潘汉典法学文集》。

在《潘汉典法学文集》的最后，有一份潘老师个人年表，记录了潘老师求学任教中的大事，几乎每年都有涉及。白晟为这份年表倾注了大量心力，这份严谨源自潘老师的言传身教。年逾九十的潘汉典老师在文集出版之前每天花十个小时亲自审定，表示"既然出版就要为读者负责"，甚至住院期间也手不释卷。同时，潘老师曾担任《法学译丛》主编，经常用"言出有据"教育弟子，在生活中连给学生写推荐信都会花上一个小时。而作为编者的白晟，也正以对老师负责任为动力，做到"每一个字都有出处"，力求严谨。

在谈及学术严谨的重要性时，白晟举了这样一个例子。在整理潘汉典老师所著文章时，他发现了一本手译稿，译自博登海默所著《法理学》。潘汉典老师1945年开始翻译，1947年1月完成，但因未校正而一直未出版。原著如今已经成为法理学必读书目，而当今法学师生所持版本大都是华夏出版社1987年版邓正来、姬敬武译本，译为《法理学——法哲学及其方法》。虽然译者功不可没，但书中却未交代翻译缘起。因为博登海默当时在美国虽然学术水平很高，但也并非名声显赫，反而较为默默无闻，作为国内第一版译著，当时为何选择博登海默的这本书，这一因素的省略在学术上其实是非常不严谨的。为了寻求这一"选择"的缘由，白晟寻访了北京大学的诸多校友，最终得知该书1987年译本的伯乐是译者姬敬武的导师、北京大学教授沈宗灵先生。

这样的考据过程，一方面让白晟对法理学在国内的引进脉络有了清晰的掌握，另一方面，沈宗灵老师在1982年以前即慧眼识珠选定这本教材，而潘汉典老师在1945年就已经开始动手翻译此书，如今博登海默的这本书已经成为法学院学生的入门教材，其内容为世人肯定，前辈们的高瞻远瞩深深打动了白晟，而与此同时，如今的学者即便像邓正来这样著作等身，也会出现这种小遗漏，让白晟颇觉惋惜，他将这段经历记录在2015年校正出版的潘汉典老师译本《博登海默法理学》前言部分（题名为"敬畏学术：潘译《法理学》访谈录"）和"代后记"（题名为"关于美国'综合法学'的几点思考"）里。

"真相"的宝贵价值促生了这股"寻求真相"的劲头，而这股劲头，成为白晟考据工作的核心动力。

"编撰这些书只是希望图书馆能有一本，学生感兴趣、想了解就可以去看看"

1981年，白晟以本科生的身份踏入法大校园。当时的法大，教学工作刚刚恢复正常，百废待兴。但老师们的教学状态都很好，精彩的课堂如今依然历历在目。教授民法的张佩霖老师就多次以学校复课不易勉励学生好好学习，张老师讲课既投入又生动，白晟至今难忘老师的"幽默"开场："张作霖的'张'和'霖'加上'吴佩孚'的'佩'就是'本名'，但确实与两位军阀毫无瓜葛。"（大意）张佩霖老师的动情之声更是言犹在耳："政法有今天实属不易，同学们应该珍惜！"

本科毕业后白晟留校担任行政工作，与老师们有了较多接触，特别是近距离接触过一些老先生，这些老先生们的为学为人给他留下了非常深刻的印象，也让他了解到一些历史的真相，而这些真相往往为世人所忽略。

白晟后来考取了北京大学的法理学研究生，读研期间接触了沈宗灵教授（白晟"心目中的学者"）。2008年拜入潘汉典老师门下，白晟在老师的影响下，通过对老师生平的考据发现这些著名学者之间往往渊源颇深，或者是师出同门，或者是以文会友，对中国法学事业做出了杰出贡献，但却不为人所知。这里面有政治原因导致的文化断层，也有学术界对于学术历史的淡漠。比如潘汉典老师，其精通六国外语，学养深厚，这样的学者当时在国内凤毛麟角，但即便是当时在教务处工作的白晟，对潘老师的事迹也并不清楚。对于这种情况，白晟深感学校和师生应该对这样的人有更多的尊重和了解，于是更坚定了整理这些老先生文集的想法。

"学者是靠作品说话的"，白晟拍了拍《潘汉典法学文集》的封面说道，"这样的一部作品，一方面能够让读者领略到学者的学术水平，另一方面也是对学者的最好记录"。白晟先后以一己之力整理了《潘汉典法学文集》《费青文集》，合作编辑的《楼邦彦法政文集》也于2016年出版。当被问到"是否想以老先生们的故事感染当今师生"时，白晟的回答却非常简单，他并没有想得这么远，只是因为这些工作目前没有人做，像费青、潘汉典这种老先生也不该被遗忘，编纂这些书只是希望图书馆能有一本，学生如果感兴趣，想了解，就可以去看看。

在这个方面，白晟一直都颇觉遗憾。法大底蕴极其深厚，前身为北京大学、清华大学、燕京大学、辅仁大学四所大学法律系、政治系、社会学系合并，即使复办以后也只有个别老师重回北京大学，大多数都留在法大，底蕴如此深厚，师生却不甚了解。事实上这种遗憾不止出现在法大，北京大学在整理百年法学院史时也写错了费青先生的出生年月，《清华法学》里的《旧文新识》栏目重新刊登了费青先生的一篇文章，出生年月也写错了。更有甚者，苏州大学一位法制史老师写作《松陵门第旧高华——费青记事》，文中有多处"硬伤"。"这种历史也是学术，可以不做，不能胡做。"对老先生们的追溯，一方面是还原历史，另一方面也是作为学术榜样，费青先生大三时在校刊上发表的国际法、法理学两篇论文均被收录到《民国法学论文精粹》，时隔近九十年，依然熠熠生辉，仍是公认的名篇。学者的作品，需要时间来检验。

2015年，法大审议通过了《中国政法大学章程》，白晟敏锐地发现，该章程中的学校目标除培养学生、科学研究和服务社会外，还增加了文化传承一项。之后，身为法学院教师代表的白晟便在教代会上说明了师生对于"老先生"知之甚少的情况，呼吁改善。

在整理校史的过程中，白晟得到过很多校友和学校领导、老师的帮助，以及很多法大老先生们的肯定。比如研究法制史出身的法大校党委副书记高浣月，曾主动提供帮助。学校人事处也连续两年邀请白晟在入职教师培训会上开展专门讲座，"这是一个很好的平台，我也愿意去，我讲的不一定全面，但因为亲身接触肯定比别人知道得多一点"。法大青年教师施鹏鹏就曾在讲座后发微博感慨："我电脑里有不少经典作品的初译稿，总不太愿意按出版标准进行逐字逐句地审校。前段时间，我有幸聆听了白晟教授关于潘汉典先生的事迹，决定将一些译作逐渐审校出版，接受指正。"

"补锅匠嘛，既然知道了，就应该去搞清楚"

在整理《费青文集》时，白晟对费青的弟弟费孝通也有了较多的了解。费孝通晚年曾提起对自己影响最大的六位老师，三位中国的，三位外国的，并表示，对于老师，一定要近距离接触，这样才能不仅知道他们写出来的作品，还能知道他们是怎样写出来的。对此，白晟深以为然。为了还原历史，保证整理工作的准确性，白晟曾遍访诸位法学前辈，在寻访过程中，也深深震撼于这些老先生的为学为人和前辈们之间深厚的师生情谊。

白晟曾通过北京大学校友会以及当时读书时的系主任等找到了费青弟子袁文的女公子袁朝晖老师，并专程前往兰州袁文先生旧居寻访资料。正是在旧居的露天阳台上堆放的大量杂物里发现了袁文先生的部分日记，内容非常感人，提到袁文先生曾在半夜因怀念老师痛哭。北京大学法律系1945—1959年仅招的其他三名硕士研究生程筱鹤、张尚鹜和郭寿康也无一例外地都留下了怀念恩师费青的文字。

潘汉典老师自己也曾在去访问东吴大学之前写过，当年直接从德文翻译恩格斯的《英吉利宪法》和《英格兰状况》等文，发表在《新建设》杂志上，主编和校者就是费青，想到此潸然泪下并写下了"费青和潘汉典是终身师徒"的感人文字。谈及这些故事，白晟说道："这些事我知道啊，由此也就更加了解费青先生其人。"白晟还在 2015 年去苏州寻访费青出生地，到达吴江同里镇，成功验证，还拍了照片，采访了当时的相关人，"对很多人而言，可能不是什么大事，但既然自己有能力，就尽可能地搞清楚。这样的寻访会离历史更近，更是对费青先生的一种尊重"。

白晟还曾拜访中国政法大学老教师王康、陈光中、张文镇、林道濂、杨鹤皋、苏炳坤、吴昭明等先生，也曾远赴东吴大学考察，校史馆、各类档案馆更是去了无数次，南来北往，大多是独自前行，每次跟老先生们接触都让白晟感触良多，而能与这些老先生们顺利接洽，也缘自白晟每次采访前的认真准备，"对他们要像对潘老师这样了解，才能对他们的学术地位有敏感性"。

在访问王康老师时，王康老师年事已高，交流也不太方便，访问过程主要由其子王建宇代劳，王康老师坐旁边，时而点一下头。白晟在博客记下了这段采访："先生突然问道：'樊弘还好吗？'我知道先生是问曾任北京大学法学院经济学系主任的樊弘先生，赶紧答道'已经去世了'。没隔多长时间，先生又问：'小妹怎么样？'这一次笔者有点蒙，忙问建宇兄'小妹'何所指，建宇兄说是问费孝通女公子费宗惠。笔者告诉先生，'小妹'很好。"

在武汉访问当年"北京大学法律系编译组"的主要成员也是唯一健在的成员梁西先生时，梁西先生看到白晟带去的《楼邦彦法政文集》十分欣喜，交流之时"十分高兴，脸色通红"，甚至在第二次去拜访时得知老先生因为见面太兴奋，甚至影响睡眠。在离开时，"先生突然主动拥抱，低声自语'好像认识了很多年'"。这次对梁西先生的访问也源自白晟的近期发现。在研究文献时，白晟发现沈宗灵先生与楼邦彦先生不仅在翻译凯尔森的著作时有合作，还以"北京大学法律系编译组"的名义翻译了尼克松的《六次危机》、希思的《旧世界　新前景》等（成员至少有王铁崖、楼邦彦、芮沐、沈宗灵、龚祥瑞、梁西等），"这是另一段被中国现代法学界遗忘的故事"。法学前辈们因政治原因被迫离开，但在国家面临国际合作亟须翻译大量外文文献时毅然接受祖国调遣，从牛棚返回书案，在 1971—1978 年间翻译完成了十余本作品，翻译界评价极高，均是政治学法学的精品。最后这些作品都以集体署名，学术界也似乎就此将这段历史略过。白晟戏称自己为"补锅匠"，"研究历史的人应该很敏感，这段历史虽然因为政治出现断层，但学术以史料为寄托，并不是空白，如果梁西先生也去世的话，这件事就真成为疑案了"。"我既然知道了，有条件就去搞一搞，搞清楚才能说清楚，大的倒没想那么多，只是想历史不应该这样，现有的作品也不应该这样，愿意去做一做，将来想写就可以写一写。"

"我离他们越近，就越能感受到一种文化自觉"

白晟将这些寻访收获都记在自己的博客里，文章中除了文字材料，还补充了大量自己拍摄的原物图片，并一直保持着较高频率更新，博客目录既包括对这些老先生的考据，还有对法大图书馆的考据、研院旧址的考据、法大老建筑的考据、法大旧事整理、文献读书笔记……越热爱脚下的土地，就越愿意去探寻它的古往今来。

考据工作大多是一人完成，投入大量财力时间，但白晟却丝毫未觉得有负担。在他看来，与历史交谈的价值远超过物质投入，而在考据过程中的所见所闻，也让他对这种付出有了更深刻的理解。"比如《元照英美法词典》的编纂过程，十几位耄耋之年的老先生，吃着盒饭，不求名不图利，没人让他们做，日本到现在没编出这么好的书，这是很难理解的。"白晟感慨："我离他们越来越近，就越能感觉到这是一种文化自觉，就像鲁迅先生所说的'永远有一批埋头苦干的人'，潘老师担任《元照英美法词典》总审定，恰恰是潘老师从法大退休以后，完全民间力量，没用国家一分钱，九十岁的老人。"

"费孝通晚年回忆自己老师时曾觉得自己同老师差了很多，老先生称晚年重读老师作品叫补课，他在《在人生的天平上——纪念吴泽霖先生》一文中引用了吴先生自己在答谢同人们庆贺他九十大寿时说的话：我们每一个人的人生好像躺在一架天平上，天平的一头是我们的父母、老师、社会为培养我们放进去的砝码，天平的那一头是我们应当给社会所做的事，所做的贡献。我们每一个人要对得起人民，对得起国家，对得起父母，最低限度应当使天平的两头取得平衡。吴泽霖老师觉得自己欠了债。费孝通更认为自己不如老师。他们自己要求自己太严，中国文化，西方比不了，印度文化中断了，两河流域的文化也中断了。中国没有中断是因为历代都有这样的人,就像潘老师,无名无利,无职无权,无党无派,甚至还自己搭钱。"

在最后,白晟补充道:"(这些故事)原来不知道,现在就可以看看。"

如今,白晟已经步入退休行列,教学工作逐渐减少,但考据事业却不会"退休"。"退休之后也有很多事可以做,比如之前没整理完的文献,以及一些阅读时的新发现。"校史长河悠悠不尽,这位岁月的淘金者,将"提速"前行,继续建设法大师生"共同的精神家园"。

赵晶：种树类培佳子弟　拥书权拜小诸侯*

文/米莉

赵晶，2002年考入中国政法大学，先后在学校取得学士、硕士、博士学位。现为中国政法大学法律古籍整理研究所副教授，2017年，所著《〈天圣令〉与唐宋法制考论》获得第四届中国政法大学青年教师优秀科研成果奖一等奖。

在我国台湾地区担任客座教授一年回来，赵晶就从学校科研处那里确认了这个消息，他的专著《〈天圣令〉与唐宋法制考论》获得了第四届中国政法大学青年教师优秀科研成果奖一等奖。

该奖项根据2009年10月颁布的《中国政法大学青年教师优秀科研成果奖励办法》设立，面向全校40周岁以下教师，每两年评选一次，评审完全按照钱端升奖的程序操作，委托高校社会科学研究评价中心组织校外专家进行评审，现场评审则由学校学术委员会项目及成果评定委员会负责。作为目前学校面向教师设立的第一个也是唯一一个优秀科研成果校级奖励，在校内具有极高的权威性和公信力。

面对自己所获奖项，赵晶很有感触，但他感慨的倒不是自己获奖这件事情本身，而是由于自己从事着中国法制史这个并不算热门的研究，在与极具实用价值的成果处于同一平台进行评选时并未受到"冷遇"，他为此感到高兴。

至于该书之所以能够获奖，赵晶不无谦虚地表示，它只是自己初入学术领域之后部分习作的集结而已，主要是前辈学者奖掖后学，在当下相对疏阔的学风环境中，鼓励一种踏实认真的态度。

---

* 本文于2017年7月7日发布于《法大新闻网》。

而科研处在组织成果评审的时候，终审专家对本书给出了相当高的评价：此书结构严谨、考证详赡，在对既往研究予以细密回顾的基础上，辨析文献、推演法理，从而得出一家新言。既不废历史学的史料功夫，又展现法学的思维逻辑，是一部展现跨学科交融风格的佳作。

学有渊源　教外别传

从环境法硕士考上法制史的博士生，赵晶不是科班出身。虽然一直怀抱着从小就筑成的"文史梦"，但赵晶依然觉得自己只是半路出家，因此只能采取见缝插针的方式开展自己的研究。在博士研究生入学的2009年，他便选择了这一部在1999年披露，2006年全文公布的《天圣令》作为博士论文的研究对象。而恰好，《天圣令》又是在他老家宁波的天一阁发现的，这一切的因缘际会，促成了他日后对这样一个"窄、偏、专"方向的全力钻研。

1983年出生的赵晶始终认为，在自己目前的年纪，以相对浅薄的知识积累，只能做些力所能及的事情，所以比起要做一个宏观图景式的论述，他更愿意从一种文献出发，以此为核心的主轴，去做自己有把握的研究。在《〈天圣令〉与唐宋法制考论》结集出版的时候，他在每一篇分论结尾的地方进行总结，本来希望对相关论断有所升华，然而最后呈现出来的依旧是本文具体解决了哪几个明确的问题。

对于自己的每一句话，每一个论断，赵晶都非常谨慎小心，这是他为人处世的原则，甚至有人曾经评价他是一个极为爱惜羽毛的人，害怕犯错误，有时候显得非常保守。他愿意接受这样的评价，并且直言不讳地表示，他从来都是要有七八分把握，才会去做一件事情。这种习惯从他发表第一篇论文时就已经形成。中国社会科学院历史研究所的黄正建先生曾经对他说过：发表第一篇文章对年轻人而言非常重要，这是你在学界的第一次亮相，而第一印象会决定前辈学者很多年对你评价的倾向。现在的论文很多，可能没有人会看过你所有的文章，因此看一篇文章留下的印象会保存很久，如何能不谨慎地对待你的每一篇文章呢？

赵晶从此便把这话牢牢地记在心里，直到现在，在每篇文章发表前，他都会请前辈、同侪帮自己提意见，大到内容框架，小到注释标点。他还记得中国人民大学历史学院包伟民先生在帮他修改论文时，曾经对他排列《续资治通鉴长编》和《宋史》关于同一史实记载的引文顺序提出意见，这其实是在提醒他要注意史源学的基本训练。而中国社会科学院历史研究所的吴丽娱先生、上海师范大学古籍研究所的戴建国先生等也都曾经耐心地回答他的问题，还对他的文章从选题立意、史料运用、分析理路等方面给予细致的提点，这些难得的经历都让赵晶极为珍视，他会从每一个意见、每一处修改中汲取营养、认真体悟，不断加强自己的学术训练。

师道传承在赵晶的治学过程中起到了极为重要的作用。赵晶的导师徐世虹教授主要研究领域为秦汉法制史、出土法律文献，而赵晶选择的方向是唐宋法律史，因此导师对于学生的影响主要在于"气质浸染、方法引导"。赵晶回忆道，初识徐世虹老师，是在研一入学不久，经朋友介绍，去参加徐老师开设有年的中国法制史基础史料读书班。当时读书班已经读完了张家山汉简《二年律令》《晋书·刑法志》，正在研读《唐律疏议》。赵晶此后的研究方向，或许早在那一刻就被确定了。

在赵晶一路走来的过程中，还有更多的在唐宋断代学方面有专长的学者在提携和引领着这名年轻学人的成长，对此，赵晶心存感激。到2017年11月，他加入中国社会科学院历史研究所《天圣令》读书班就将满8个年头了，读书班师友总是会给他无私的帮助；多年来，许多未曾谋面的前辈学者，都曾接受过他的邮件求教；而日本学界的师友，也会在他遇到困难时伸出援手，代为寻觅日文资料、协助翻译发表、提供访学机会等。对于这些先生们毫无保留地给予后学的各种指教，赵晶非常动情地说："有时候，一名学人的成长不仅仅受惠于师门、学缘，学界很多前辈也给予了无私提携和帮助。不仅仅是对论著加以肯定或是提供发表和展示的机会，更是在你从爬着前行到摇摇晃晃走路的成长过程中，在不同的阶段为你提供可以依靠的助力，而你却跟他们没有名分上的师承关系。这让人感恩。"

而他回报的方式，便是要继续认真对待自己的每一篇论文，当自己在未来成为前辈时，也会仿效老先生们的做法，提携后进，耐心给予建议。

不做"男神"，只做自己

在法大校园里，赵晶始终是一名"男神"，虽然他自己对这一称呼不以为然，然而他的迷弟迷妹们却早已遍布整个校园。这个学期每周三有他的"中国法制史"和"中国法律史研讨"课，每次课后都会有学生在朋友圈里表达各种对赵晶的崇拜和喜爱之情。

在最近学校官方微信推送的一篇有关学生最喜欢的课堂的文章里，赵晶的课堂排在首位，他授课的方式内容，他的气质涵养，他的古风雅韵都让人为之"倾倒"。

然而在赵晶那里，这一切却始终波澜不惊。他坦言，因为很少加学生的微信，所以看不到各种"溢美"之辞。如果大家赞赏的是外表，他很高兴，因为这是在肯定父母先天的赐予，但相对来说，他更加在意学生在教学评估问卷中对这门课程的不足之处提出的意见。如果要问他，除了论文和教学，他还在乎什么，他的答案起码有三个。

他在乎的是自己能不能悠闲自在地阅读，他对于书籍的热爱超越了很多东西。年纪轻轻的赵晶在前不久的身体检查中发现脊柱出现了问题，需要进行长时间的理疗。而谈起病症产生的原因，赵晶说与书有一定关系。4年前在一次搬家时，因为自己不愿意找搬家公司来搬八十多箱藏书，生怕书会在搬运途中被损坏或者丢失，于是赵晶就一个人将书逐一装箱，一箱箱搬下三楼，装在从军都服务楼借来的三轮车上，运到新住处的楼下，再搬上三楼，逐一开箱上架，循环往复地弯腰、负重，便是病因之一。他房间里的藏书已经布满了四壁，而未来的生活，无论是涉及买房还是装修，首先要考虑的都是这些书的存放问题。

他在乎每一个学生的论文，甚至于自己会因此反省，是不是太过无差别地严格要求每一个学生，即使是对本科生的论文指导和研讨课中的讨论，他都会提出过高甚至有些不切实际的标准，以至于自己要花非常多的时间、非常大的工夫去逐字逐句地进行修改。他希望每一篇论文都能达到自己要求的水准。

他在乎自己所在的法大与古籍所的形象和声誉。从2002年来到法大，到今年（2017年）已经有15年了，他对法大非常熟悉。对于学校，他自称立场就是在岗敬业，"一荣俱荣，一损俱损"。赵晶是一个非常喜欢提意见的人，针对学校的科研经费管理、房产分配、文化建设、思想宣传、人事政策，事无巨细，他都直言不讳地表达自己的看法。他认为，"爱之深，责之切"，如果问题能在内部的批评中得到解决，那么就不会让外界有对学校的负面评价。他会每天浏览学校的主页新闻，定期阅读校园内宣传窗中更新的通知报道，熟读学校大部分的规章制度，观察校园各个角落的设施变化，小到文稿的遣词用语，大到规范的冲突漏洞，他都会以写信的方式或抓住任何发言的机会，向主管部门提出意见。而他本人更是不断检视自己在外的言行举止，因为他认同"凡我在处，便是法大"，所以"凡我在处，亦便是古籍所"。

这样的赵晶，以独立洒脱的姿态行走在法大校园里，以"种树类培佳子弟，拥书权拜小诸侯"为人生目标，心无旁骛地追寻着那份属于自己的悠闲自在。

李立：最长情的告白*

文/米莉

> 李立，中国政法大学外国语学院教授。1983年进入法大成为一名英语教师，1997年担任外语系副主任（1994年法大外语系创办）。2002年学校院系调整，外语系更名为外国语学院，担任外国语学院副院长（主持工作），2005年担任院长至今。

时光潺潺流过34年，在这个时代，34年能在同一个地方做同样一件事，这本身就已经足够让人肃然起敬了。

荣获"法大诺贝尔奖"，很高兴，也更有压力了

2017年学校的教师节表彰大会上，李立荣获了学校第二届"励道教学杰出贡献奖"。领奖台上的李立高挑优雅，一米八的个头在学校女教师里并不多见。拿外国语学院杜冰子的话来说，就是"我们院长雷厉风行，气场强大"。气场强大的李立在发言时说："法大执教的34年中，我亲历并见证了法大外语教学的发展、改革和跨越式前进，亲历并见证了学校复合型、应用型和创新型国际化人才培养的历程。陪伴是最长情的告白。"和以往一贯的风格一样，李立的发言内容务实纯粹，始终围绕的都是法大外语教学的发展进程，说到学术英语，说到实践教学理念，说到英语写作中心，唯独没有说自己究竟是怎么一心扑在工作上，怎么花费大量的时间精力在学院的建设中。

"励道教学杰出贡献奖"是学校在2016年设立，用以表彰本科教学

---

* 本文于2017年9月22日发布于《法大新闻网》，特别感谢赵云鹏、叶洪等多位老师对此文的支持与协助。

效果显著、关心关爱学生成长、教学工作贡献突出的教师，每年只评选1名。其评选要考察包括师德师风、课堂教学、课堂外教学、教学改革、教学基本建设等多项内容，具体的评选条件也可谓苛刻，其中既有明确的"从事本科教学工作10年以上"的时间要求，也有"近五年本科课堂教学质量评价平均得分不低于90分"的硬性要求，其他的如对所获奖项、考核情况等各项指标的要求均非常严格，所以每年能参评的老师都是寥寥可数，因此也有人称之为"法大诺贝尔奖"。

而作为这项被称为"法大诺贝尔奖"的获奖者，李立坦言，获评此奖，自己非常高兴，因为这是对法大外语教学的肯定，是对学院工作的褒奖，自己三十余年参与其中，奋斗在教学一线，只是与有荣焉。但是，压力是自己的，带着这份很高的荣誉，大家都会对自己有更高的期待，意味着决不能懈怠，要更加努力和精心地设置自己的课，从而不负众望。

三十四年，精心准备每堂课

对于教学，李立从来都不曾懈怠，即使已经在法大的英语教学讲台上站过了30年的时光，现在的她依然会精心地准备每堂课。就像她的儿子杨益航曾经在一篇文章中提起：母亲总是一心扑在工作上，几十年的教龄按说早已将教材和教学方法烂熟于胸，但她却经常备课到深夜，不断地改进教学方法、提高教学水平、改善教学条件以及其他种种。

对于儿子这些话，李立爽朗一笑，一方面为儿子对自己的理解感到欣喜，另一方面也为自己对于教学始终如一的认真和专注感到欣慰。

就拿近五年来说，李立年均授课时数达到460节，本科生的授课时数为303节。在她的英语语音课上，她会给学生逐一校音；还有各种课堂上的小组研讨、辩论演讲以及课后论文的反复审定、学生创新项目的指导，她都会尽心尽责，为学生的培养创造学习平台，帮助他们完成学习任务、解决学习问题，而她最希望的就是能在自己的陪伴下，让学生们感受到语言文化的魅力，感知自己的成长和能力的提升。

2002年起，李立就开始负责外国语学院的管理工作。从2002年学校院系调整，到现在15年过去了，其他学院领导基本上都已经换了人，而李立却依然作为外国语学院的"掌门人"，还在为学院的建设和发展殚精竭虑。作为一院之长,李立每天都要面对大量的事务性工作,同时还要面对众多的学生。她需要大量的时间,更需要高效而现代的工作方式。每天五小时睡眠已经成为惯例,外国语学院的老师们发现,李立给大家发邮件经常是在凌晨时分。即使在数年来往返的班车上,李立也从来不会借这个时间打个盹。她可能会拿出手机来,往自己多个学生群、同事群里推送各类她最新获取的新闻资讯、学习资料,也可能是在修改学生的论文,或者查看各种课程信息,科研资讯。

勇于创新,致力改革,发展才是硬道理

如今已经年过五十的李立,却有着始终旺盛的求知与创新精神,这让很多人自叹弗如。学院叶洪老师对此深有感触。她说,论年龄,李院长在学院算年长,但对新信息新科技的掌握和转化能力,只怕很少有人能超过她。李立一直是学院微信群里最活跃的一员,大部分的科研和教育新动向,都是她第一个发现然后发给大家。至于会议培训、招聘实习等通知,也往往是她告知并敦促大家参与。而且她总是以身作则,率先垂范,做第一个接受和传播新鲜事物的人。很多有关于教学的培训班,比如论文写作和发表、翻译软件的应用等,李立都会报名,在她看来,时代在不断发展,外语教师必须不断地接受新思维、新技术、新能力,如此才能跟上现代教学的要求,才能具备培养新一代学生所需的专业素养和能力。就在刚刚过去的这个暑假,李立还在克服身体不适的情况下,参加完一个专业学习的培训班。

而这种创新和探索意识,不仅对她的个人教学大有裨益,更是对外国语学院的建设发展产生了重要影响。

"改革是大势所趋,现在不改革,早晚也得改革。晚改不如早改。"李立对于大学英语教学改革曾这样说道。于是,2003年大学英语四级、六级考试成绩与学位脱钩,2004年"基于计算机和网络"为核心的大学英语教学改革,2009年第二轮大学英语教学改革,以及2014年完成的英语专业改造,每一次,都是外国语学院对时代潮流与学校总体发展目标的顺应。而从积极推进大学英语教学改革,率先在国内开展学术英语课程,到加强实践教学,创建法律外语人才培养创新实践基地,再到创新教学方

式,建立法大英语写作中心,每一次改革,都凝聚着李立对大学外语教学的思考和心血,每一项举措,都体现着李立对教育教学改革的魄力和担当。

将"学术英语课程"推进课堂的过程中,遇到过教师因为教材、教学模式等的频繁变更,对于教学工作中的要求不断提高而产生的抗拒和阻力,李立就组织教师外出培训,让他们率先学习先进的教学理念和模式,形成"星星之火"再回头影响院里其他的教师;新成立的英语写作中心的每项活动,她都率先参加,每当中心取得了点滴进步,她都会第一个点赞。而在安排论文写作系列讲座时,她会说:大家先挑选自己擅长的话题,最后剩下的就归我。结果往往工作最繁忙的她领的讲座任务最多。当写作教师排班"出诊",为学生指导作文时,李立也总是积极地冲在前面。

不是超人,只是有超越常人的认真

周围的同事们和李立接触的时间越多,就越是对李立充满好奇。叶洪说,有时不禁感到纳闷,院长那么多事情,怎么会有这么饱满的热情和这么旺盛的精力,事事都亲力亲为呢?下班了,当大家纷纷往家走时,院长拖着疲惫的步伐跟同事们招招手,又回到了办公室。其实,她也不是超人,到底是何等的事业心和责任感在支撑着她呢?

"我是一个非常认真的人,如果开始做一件事,就一定要做好。"这句异常简单的话成了李立最好的回答。回首过往时光,无论是作为一名英语老师,还是担任外国语学院院长,李立一直倾心竭力,躬身力行。如今,谈起外国语学院的发展和变化,她脸上会露出格外欣喜的笑容,她说,看到学院现在的发展,就会觉得无愧于心,觉得自己的付出都是值得的。

李立担任院长的15年,外国语学院实现了从单一语种向多语种发展;学科建设从无到有,实现了质的飞越;学院定位由教学型向教学科研型发展;在师资队伍建设中,积极引进人才,并为青年教师的发展搭建了涵盖学术期刊、国内外研讨等多样化的培养平台。

李立就是靠着这份认真和务实,长情地陪伴着外国语学院的发展,也书写着自己的过往年华。她的老搭档，从 2002 年开始担任学院党总支副书记、现为学院分党委书记的赵云鹏这样评价李立：高度爱岗敬业，有责任心有担当，乐于助人，为人谦虚平和，始终不忘初心。而无论是一起工作了数年的老搭档赵云鹏，还是刚入职两年的新教师毛中婉，抑或是曾经的学生如今也已经走上了工作岗位的曲欣，都会被李立院长始终热爱教书育人，始终关爱学生同事，始终心系学院发展而感动满怀。

外国语学院"大家长"，不忘初心，倾心育家园

对于外国语学院，李立有着深深的情感。2014 年，学院建院 20 周年的时候，在她的组织倡议下，外国语学院编辑制作了《印象青春 爱在外院》纪念文集，200 多页的册子里，征集了老一辈外院人、学术骨干、青年教师、学生校友还有家属的百余篇文章。采访时，李立拿起这本册子，用手轻轻地摩挲着，对外国语学院过往的历史，对学院的每一个人如数家珍。她会说起第一代外国语学院人马改秀、李荣甫、俞海燕老师是如何艰辛创业、开拓创新，又是如何在建院之初就以院为家，创建起温馨和睦的学院氛围；她会说起始终保有学习热情、坚持创新进取的黄道秀老师对自己的积极影响；她还会一一说起学院里的各位老师们的学术特长、性格特点、兴趣爱好……

这是一本饱含着情感、凝聚着爱的纪念册，字里行间流露而出的"家"的温暖，紧紧地维系着这个大家庭的每一个人。作为"大家长"的李立会关心学院里每个人，事无巨细。哪位老师家住得远，她会张罗着帮助找房子；哪位老师生病了，她立刻给安排调课；离退休教师的微信交流群被命名为"外院老宝贝群"，她牵挂着每一位"老宝贝"的身心健康；青年教师需要的发展空间她竭尽全力去创造；而学生们的成长成才更是她所致力的方向，她也因此被学生们视为自己的"青春引路人"。

在工作进入第 35 个年头的时候，李立心里依然坚守着一个三句话的人生信条，那就是：对工作脚踏实地、真抓实干；对学生真情实感，富有爱心；对社会真诚奉献、不计名利。虽然这一路走来，她也有遗憾，比如没有花更多的时间陪伴儿子的成长，比如因为必须要全力投入到教学和学院管理中而错失了自己深造的机会，但所有的遗憾到今天，都已经被满天下的桃李，被蓬勃发展的学院风貌所填补。短短三句话的人生信条，简单纯粹，正如她对待工作的那份热爱一样，数十年如一日，不浮夸，不喧嚣，而是用一天天的真抓实干，用教出来的学生，用学院看得见的发展在一一印证。

教书育人三十四载，心系外院风雨同舟。李立以陪伴长情告白于学院，以热情无私奉献于岗位，并将自己优秀的品质都充分地发挥在外国语学院的建设之中。做此一事，尽己一生。李立说："即使我不在这个岗位上了，对工作的热爱，尽职尽责，勇于创新，都将是我永远不变的追求。"

刘丹：辽阔边疆　生命的绽放[*]

文/温新格

> 刘丹，中国政法大学民商经济法学院硕士生导师。2018年8月与张东老师远赴位于西北内陆的中国石油大学（北京）克拉玛依校区进行为期一年的援疆支教。

四月，当祖国大部分地区的草木已经逐渐被春风唤醒了绿色，西北的克拉玛依却依然是"北风卷地白草折"的景象。就在不久之前，这里还是一片银装素裹的世界。

然而在这辽阔之中稍显荒凉的城市边缘，却耸立着一排排现代化的教学高楼——中国石油大学（北京）克拉玛依校区。克拉玛依这个蕴含丰富油气资源的聚宝盆，就是在这里，孕育着这个城市最宝贵的一笔财富：学校、学生、人才。

2015年12月10日，中国石油大学（北京）克拉玛依校区揭牌仪式在乌鲁木齐举行。该校既是克拉玛依市的首所本科院校，也是首所落地新疆的疆外教育部直属211高校。在教育部的号召之下，来自中国政法大学、中央财经大学、北京外国语大学、上海财经大学等十六所高校的数十名优秀教师主动离开北京、上海等城市，奔赴遥远的西北重镇，助力打造克拉玛依校区高素质、高水平的人才队伍。

在这之中，中国政法大学的刘丹老师，也正和其他援疆的老师一道，为边疆高校的建设贡献着自己的力量。

良师益友　立德树人

北京时间2019年4月12日下午两点，对于中国石油大学（北京）克

---

[*] 本文于2019年5月14日发布于《法大新闻网》。

拉玛依校区来说正是师生们吃午饭的时间。此时的刘丹，刚刚给中国石油大学（北京）克拉玛依校区本科生上完课。现年52岁的刘丹，已经在这个西北城市度过了8个月的时光。

2015年开始，习近平总书记提出的"一带一路"倡议已经成为中国的"新名片"。而新疆的克拉玛依作为连接中亚的重要城市，战略地位更是不言而喻。当教育部选拔一批优秀教师，尤其是法学教师援疆的消息传到法大之时，刘丹心中一种支援边疆的责任感油然而生，又考虑到院里的其他很多年轻老师刚刚在北京扎根，作为一名已经有着数十年教龄的教师她更觉责无旁贷。为此，在新学期之前的暑假里，在法大主讲经济法的刘丹便开始为中国石油大学（北京）克拉玛依校区制定、编写"经济法""竞争法""证券法"教学大纲和教学日志。2018年8月26日，刘丹正式赴中国石油大学（北京）克拉玛依校区报到。

尽管事先做了充足的准备，当正式在新学校开始工作之后，刘丹还是感慨良多。由于并没有单独的法学专业，因此刘丹在克拉玛依校区是在经济系为同学们教授经济法课程，这就意味着课程培养方案的重新调整。根据学校课程设置的安排，大一、大二的同学修读她的课程，刘丹也经常需要在讲授经济法的过程中为同学们补充其他部门法的法学概念，并且有针对性地修改课件。

在学生的生活方面，刘丹不仅担负起授业解惑的重任，也在点滴小事中注重培养学生的三观，从而实际上承担起"传道"的"立德树人"职责。出于加深和学生交流的考虑，原本住在校外的刘丹搬到校内，每个晚自习都会准时出现在学生自习的教室里。从8:30分一直到23:00晚自习结束，都会看到刘丹解答学生疑惑的身影。现今，克拉玛依校区共有学生两千多人，而学校的教师、行政人员却只有一百多人，因而很大程度上要依靠外校来援助的老师。在这里，从教经验较为丰富的刘丹还承担起了相当一部分的行政工作，并负责年轻师资的招聘、培养、打分评价等事项。

从术业有专攻的"经济法专家"，到授课、德育、行政的"多面手"，这是刘丹实际工作的转变，更是她对待工作一丝不苟的真实写照。而在正式的课堂之外，刘丹也抓住了每一个机会，践行着"传道、授业、解惑"的工作理念。

2018年11月2日周五晚，中国石油大学（北京）克拉玛依校区J2

国际交流中心报告厅迎来了学校建校以来最大规模的一次学术讲座。数百人在此聆听刘丹主讲的讲座——"股权大战背后的公司法热点问题"。在讲座之中，刘丹结合相关案例，着重讲解股权结构、公司收购等一系列的问题，生动的语言一次次将讲座引向高潮。经过一星期的紧张学习，周五晚上正是学生们准备放松的时间，但莘莘学子却毫无倦态，争先恐后地向刘丹提出各类疑惑。原定于23：00结束的讲座在刘丹的坚持下一再延长，"虽然我已经讲了两个多小时，但他们那一双双渴求知识的眼睛，总能激发出我的精神动力来回答他们的问题"。时隔数月，刘丹回想起那次讲座的盛况，依然感慨不已。

2019年3月15日，应学生们邀请，刘丹再次主讲了一次以消费维权为主题的讲座。在教授学生依法维权的过程中，她着重强调了理性维权中的规则意识和法律意识。不仅有学术知识的介绍，还穿插了对学生在社会生活方面价值的指引。

桃李不言，下自成蹊。在学生眼中，她是良师，亦是生活上的益友。在学校组织的评教中，刘丹的两门"经济法"课程一门被学生评为满分95分，一门为94.44分；她所主讲的讲座被总结为院长工作报告里的重要成就；作为法大教师代表，刘丹也多次被中国石油大学盛赞有强烈的大局意识、高度的政治觉悟，具备过硬的专业素养和敬业精神……2018年10月18日，中国政法大学国内合作处处长刘建、民商经济法学院党委书记王洪松等一行到访中国石油大学（北京）克拉玛依校区，交流对口援建工作并代表学校向法大援疆的老师表示慰问，在两校领导的交流中，刘丹更是被校区管委会副主任肖磊誉为中国政法大学和中国石油大学"两校交流合作的重要桥梁和纽带"。

风沙艰苦　不改初衷

在学校里，由于刘丹在学习生活上无微不至的关怀，很多远离家乡的学生都把她当作自己母亲一般的亲人，她在假期离开学校返乡之时总是会收到学生如儿女般的问候。而实际上，刘丹老师也在一直牵挂着自己家中的老人、牵挂着中国政法大学和中国石油大学两地的学生。

在刘丹决定离开北京前往克拉玛依之时，她最为放心不下的不是未来即将面临的诸多不习惯,而是她家中的两位老人——母亲和婆婆已经分别是 79 岁和 84 岁高龄。而母亲为了支持她的决定,便回到了老家由姐姐照顾。而一开始持保留意见的爱人在经过深思熟虑之后,也转而支持了她的决定。在寒假期间,刘丹也往返奔波于山西、吉林、北京数地,用短暂的假期弥补不能在老人膝前尽孝的遗憾。

作为法大民商经济法学院经济法专业的硕士生导师,从 2018 年 9 月至 2019 年 7 月这短短 1 年的时间里,刘丹先后指导的法大同学的硕士学位论文就有 16 篇,这使得她几乎随时随地都在看学生的论文。由于北京和新疆两地相隔遥远,她便经常通过视频、语音通话聊天指导、关爱北京的学生——甚至比在北京时更加严格地要求学生。因为长期在手机上阅读论文,导致刘丹出现了眼压高等症状,但这却从未影响到她对学生学习生活的指导和关怀。

事实上,由于学校建在克拉玛依戈壁荒漠之中,空气的干燥程度是长期生活在北京、上海的人无法想象的。初来乍到的刘丹经常流鼻血,经常是讲课不一会儿就会口干舌燥;此外,夜里动辄十级十二级的大风经常会将电线杆、行道树吹倒,楼外墙的墙砖也经常是散落一地。刘丹回忆起她住在八层楼房时的一次经历时依然心有余悸,"北风呼啸着发出的声音让所有人都不敢入睡,白天的时候老师们都不敢单独在宿舍待着"。

除此以外,购物的不方便一直是困扰师生的"老大难"问题,而学校偏西北风味多咸、多油辣的食堂饭菜,对于刚到西北地区的老师们而言也是一个考验。尤其加上干燥多风的气候,老师们普遍在一开始都容易上火、生疮。提到这些时,刘丹便感慨万分:"想到这么多石油工人这么多年来都在这里铺设管道、开采油气,让东部地区能够获得稳定充足的能源。我便觉得在这里,任何困难都是能够适应的。西北的风沙是多,可还是温暖的晴天更多一些。"谈到这里,刘丹不由得望着远处,那一片片忙碌的油田。

风情边疆　大有可为的地方

克拉玛依,是多民族聚居的城市,也是临近中国边疆的重要口岸。在这里任教,刘丹便给自己定下维护民族和谐和促进边疆发展这两项重要任务。

在校园生活中，刘丹关爱学生成长，经常和学生谈心，像母亲一般关爱自己的每一个学生；作为老师，她积极参加这里的文艺演出，不只是为了与同学们一起享受表演的过程，更重要的是用自己的实际行动促进不同民族学生之间的交流互动，筑牢学生心中的中华民族共同体意识。

作为援建教师的代表，刘丹多次参加高校座谈会，为克拉玛依市地方发展战略、人才战略、城市转型献计献策。在中国石油大学（北京）克拉玛依校区援建教师欢迎会上，刘丹代表法大发言，表达了法大作为"双一流"大学对援疆工作的大力支持，以及法大在促进边疆地区发展中的责任、使命与担当。这一段充满引领性和前瞻性的发言受到与会代表广泛赞誉与高度评价。而作为经济法领域的专家，在授课之余她也经常受邀参加当地投资公司等举办的专家座谈会，就克拉玛依市国企改革、国有资本运营和公司治理提供专家法律咨询。作为一名援疆教师，刘丹眼中的克拉玛依经历过改革开放 40 多年的发展，社会经济发生的变化超乎想象，一切都充满了生机：“很难想象我是在边疆的省份，这个人口三十多万的城市市政建设非常有序；街道特别干净，信息化程度也非常高；民生保障方面，学生从幼儿园到小学、从入园到餐饮等费用全部免费。”

"这是中华民族的边疆，是一片广阔的天地，是大有可为的地方。"刘丹这样向法大的学子说道。

已过天命之年的刘丹，就是这样用她的一腔热忱和辛勤汗水，孕育着这个城市未来所必需的人才。这一片广阔的天地，正张开双臂，期待我们的到来，走向梦想中的星辰大海。

白罗米:"中国姑娘"和她的中国故事*

文/刘婧星

白罗米(Luminiţa Bălan),中国政法大学共建罗马尼亚布加勒斯特大学孔子学院外方院长,布加勒斯特大学教授,著名汉学家、翻译家。2019年9月,荣获中华人民共和国"中国政府友谊奖"。长期致力于推进中罗文化、教育、文学等方面的交流与合作。

北京时间2019年9月30日,中国政法大学共建布加勒斯特大学孔子学院外方院长白罗米教授荣获2019年度"中国政府友谊奖",受到了国务院总理李克强的亲切接见。中国政府友谊奖是由中国政府颁给外国专家的最高荣誉。

亲朋好友口中的"中国姑娘"

20世纪70年代初,罗马尼亚政府决定选几所小学进行外语试点教学,白罗米所在的小学恰好成为唯一的汉语试点学校。因此,七岁的她便开始接触汉语。从小学到中学的七年里,白罗米每周都会上一次汉语课,她并不知道这堂汉语课日后对她造成的深远影响。可以肯定的是,儿时汉语课上被激发出来的那股热情,伴随了白罗米的一生。而她,也从此成了亲朋好友口中的"中国姑娘"。

方块字里有乾坤。初学汉语的那些年,白罗米开始领会到汉语写作的魅力,以及中国美不胜收的河山和丰富多彩的传统文化:"曾读过的每一本书、翻过的每一本杂志,都将中国的方方面面呈现在我面前,全都是我视若珍宝的重要财富,隐藏着通往神奇世界的路径。"汉字的横平竖直、

---

* 本文于2019年11月9日发布于《法大新闻网》。

汉语的抑扬顿挫，无不彰显中华文化的博大精深。白罗米坦陈，她早已爱上这个古老民族的灿烂文化。

在中文系学习期间，白罗米最感兴趣的是翻译课，这门课程帮她掌握了中罗双语互译的专业知识。求学期间，她还迷上了中国古典哲学，并学习了文言文。毕业之后，她成为布加勒斯特大学中文系的一名教师，专门讲授汉语。传道授业解惑之余，她开始尝试与恩师一同翻译《庄子》。在这个过程中，白罗米惊喜地发现，除汉学家和学习汉语的人以外，还有许多罗马尼亚人对于学习中国文化也很有兴趣，想要了解更多道家和儒家等诸子百家的著作。

翻译作为中华经典之一的《庄子》，对于当时刚毕业不久的新人白罗米来说，是一项需要很大勇气和努力的工作。然而，凭借着白罗米的坚持和探索，经过 20 年的辛勤工作，包括翻译、调查研究大量概念和关键词的含义、查阅无数中西方注释，《庄子》的罗马尼亚译本终于在 2009 年由人文出版社出版。

在此过程中，白罗米曾不止一次怀疑和担心自己是否有足够的能力完成这项艰巨的任务。幸运的是，她从这个博大精深的文明中汲取灵感和智慧，并深刻认识到中国人民不畏艰难的精神。中华文化的精髓逐渐融入白罗米的生命。每当她面对困惑和担心时，那些中国历史上和文学作品中的英雄总会不断地在她眼前闪现。白罗米下定决心，成为一位在汉语作品翻译领域出色的译者。

2012 年，莫言的小说《生死疲劳》在罗马尼亚读者中引起了轰动。同年，莫言获得诺贝尔文学奖，更是吸引了世界各国人民的广泛关注。白罗米也借机与人文出版社继续合作，翻译了两本莫言的小说——《天堂蒜薹之歌》（2014）和《酒国》（2015）。译成后，这两部作品广受读者们的认可，一时之间洛阳纸贵。

观乎人文，以化成天下

身为翻译家的白罗米始终不曾停止前进的脚步。总结作为译者的经验，她清楚地认识到，中国当代文学虽然在过去几年受到罗马尼亚社会各界的欢迎，但仍面临诸多挑战。这位真诚又实干的"中国通"，不仅亲自翻译诸多汉语著述，更表白将坚定不移地继续从事翻译工作，并不遗余力地推广中国当代文学的杰出作品。

2013年，中国政法大学和布加勒斯特大学联合开办了孔子学院，白罗米担任罗方院长。她曾说过，"一个人的精力有限，我一直都很遗憾我一个人的力量无法让更多的罗马尼亚人接触汉语，让他们看到更多的中国文学作品，了解更深的中国文化内涵"。孔子学院的建立，则让更多罗马尼亚民众有了学习汉语，了解中国的机会。

孔子学院成立之后，白罗米积极投身于孔子学院的建设和汉语教学中，她非常开心地看到越来越多的来自法大的优秀的中国同事来同她一起在布加勒斯特推广汉语与中国文化，大家也共同见证了孔子学院从无到有，从有到优的进步与成就。短短的五六年，通过白罗米与来自法大的中方同事们不懈的努力，孔子学院在办学规模、办学质量和中华文化推广等各方面都取得了快速发展。现在孔子学院已经发展成为一所拥有3个孔子课堂、31个教学点，教学点遍布首都及周边主要城市，累积注册学员4000多名，现有学员1200多名的优秀孔子学院。2016年，白罗米又成功推动了汉语进入罗马尼亚国民教育体系，为汉语教学在罗马尼亚的持续发展奠定了制度基础。白罗米对此欣慰地说："这是我探索中文荆棘之路上获得的最大宝藏。"

作为布加勒斯特大学孔子学院的外方院长，白罗米不仅在汉语教学领域深耕细作，还组织了一系列以中国当代文学为主题的辩论会，促使来自各行各业的罗马尼亚群众关注中国及其当代社会。

白罗米带领布加勒斯特大学孔子学院的老师们，从积极探索文化活动工作的新途径、新办法，到最后逐渐摸索出了一条"文学特色"之路。他们积极帮助组建中罗翻译团队，翻译中国当代小说，组织中国小说罗马尼亚语版发行仪式和研讨会，邀请中国作家协会代表团、中国出版集团到访，布加勒斯特大学孔子学院成了中罗文化交流中不可替代的桥梁和纽带。白罗米深信，孔子学院能够作为中罗文学交流的桥梁不断发展，继续开拓进取，取得更多成就，从而扩大中国文化在罗马尼亚的影响力，为中罗两国文化交流做出更大的贡献。

民相亲在于心相通

在与白罗米共事过的教师们眼中，她是当之无愧的"中罗文化交流的使者"。来自法大的中方院长李立在接受采访时,回忆了一个动人的细节:当地时间 2019 年 6 月 15 日下午 3 点,中国著名诗人、散文家赵丽宏访问了布加勒斯特大学孔子学院,为孔子学院教师和布加勒斯特大学中文系的学生们带去了《我和诗歌》文学讲座。白罗米教授一直担任讲座的翻译,现场突发低血糖,大家才知道她因为当天行程太满,为了给大家提供翻译已经顾不上自己,一直没来得及吃饭。

在布加勒斯特大学孔子学院汉语教师志愿者、法大外国语学院研究生周子静眼中,"白罗米老师平易近人,她的学生都非常喜欢她"。但好相处的白罗米也有严肃的一面,有一次一位教师志愿者忘记了自己的上课时间,让学生在教室等了二十多分钟,白罗米老师得知了这件事情后,对那位教师志愿者进行了严肃的批评,并告诫了所有老师,"要牢记自己的教学时间,要尊重学生"。同为汉语教师志愿者,也是法大外国语学院研究生的崔红丽意外地在图书馆发现白罗米翻译的书,而白罗米都是谦虚地摇头,认为自己翻译得不行。白罗米几乎每晚工作到凌晨两三点钟,偶尔跟大家开玩笑,"我又变成可爱的大熊猫了"。细致的态度和随和的性格,让同事们觉得她获得"中国政府友谊奖"的殊荣,正在情理之中。

2017 年 5 月 14 日,习近平总书记在"一带一路"国际合作高峰论坛开幕式上的演讲中引用"国之交在于民相亲,民相亲在于心相通"。意即国与国友好交往关键在于人民友谊是否深厚,而建立深厚的人民友谊,重要的是民心相通。白罗米作为布加勒斯特大学孔子学院的外方院长和布加勒斯特大学中文系教授,她的翻译经历和汉语教育工作,有力地促进了中国文化在罗马尼亚地区的传播,真正做到了让罗马尼亚当地民众"足不出户,便知中国事",促进了中罗两国人民的"民心相通"。

多年来与汉语结缘的经历虽已开出绚烂的花朵,想来当初也是浸透奋斗的泪泉。白罗米始终此心不悔,笔下的回顾是她心路的真实写照:"或许我一开始确实是选择了一条满布荆棘的艰难之路,但每当看见自己的努力成果,我就知道,自己已经得到了丰厚的回报。而且我相信,每个与中国结缘的人都将从中国奉献给世界的、不可思议且无穷无尽的宝藏中获益。"

学子

德法兼修 明法笃行

陈典：与辩论谈一场永不分手的恋爱*

文/曾芳

　　陈典，中国政法大学2011级民商法专业商法方向学生，校辩论队队长。法大近年来在国内外各种辩论赛中屡获佳绩，多数都有他的参赛纪录和精彩表现。本年度世界华语辩论锦标赛法大带队教练黄东老师给他的评价是："他是法大辩论传承的标志性人物，温和，具才情而有光芒。"

　　他在法大的辩论征途从大一走到大四再到研三，从一辩打到四辩再到队长，这个过程中他经历着什么？又收获了什么？即将毕业之际，他对法大辩论有何期许？

你在法大那么红，你自己知道吗？

　　相信在法大稍微关注辩论的人，都知道有一个打辩论很厉害的人叫陈典，长得不高，五官分外清秀，理论功底、法律思维尽显缜密逻辑，打辩论的姿态帅得让人望尘莫及。

　　2014年世界华语辩论锦标赛法大获得季军的新闻在微信圈里被转发，四辩陈典也出现在新闻图片中。随后他的小粉丝在评论回复处大喊"哇！有陈典耶，求联系方式！"陈典在校内人人网的好友也早已超过添加限额。除此之外，校内重量级"天伦""论衡"辩论比赛的学生评委、决赛主席中也少不了他的出席。

　　当被问及自己在法大的认知度高不高时，陈典说自己并不算红人，只是在辩论圈里认识的人多一些。得知有校内小粉丝追捧后，陈典也只是把

---

* 本文于2014年5月30日发布于《法大新闻网》。

它当作网友们的一种戏谑方式，称这并不能代表自己就有多"牛"。他觉得大家只是因为有共同的爱好走了到一起，彼此认识。更多的是与队友、师弟师妹相互切磋、学习、共同进步的简单关系，谈不上有什么"粉丝"的喜欢和追捧。

江南才子邂逅好书，踏上辩论"不归路"

与辩论结缘还应该追溯到陈典的小学时代。20世纪90年代，大学生电视辩论节目很火热，引发了国内很长一段时间的热潮。借着热闹，这些比赛辩词的同声记录还被出版社整理出版发行。当时陈典的父母就把这套书籍买回家中，还在上小学的陈典阅读了这些书籍，因此对华语辩论有了最初的认知和向往。

他坦言当年高考后也并没有刻意因为辩论才来到中国政法大学，进入法大读书后，作为法科学生，在法学院师兄师姐的宣传下，又一次机缘巧合使得他加入了辩论队院队，由此陈典真正开始了他的辩论征程。

陈典回忆说，大学本科的四年是他辩论技术、能力成长极快的四年。但是这种成长并不是常人想象中"打遍天下无敌手"。在大一时便出师不利，校内辩论赛季的"小天伦"和"大天伦"在第一场他就被淘汰了。大一时的惨败，导致正规的赛季早早就没了，他用戏谑的话说——"这个夏天就这样结束了"。但是为了让大家保持状态，他们没有正规比赛打就私下去找别的院打友谊赛，赛季就这样被院队不屈的精神延续了整个夏天。那个赛季没有掌声和鲜花，只有执着的坚持，那时的他是如此的不知疲倦，不惧失败，面对失败越挫越勇，积累更强劲的实力只待厚积薄发的一天。

大二的一年，院队继续保持"以赛代练"的方式，辩手们训练的时间依然是每天晚上七点到九点，遇上比赛整个周末也要搭进去。同时借助大四的师兄师姐们回队反哺，才逐渐把这支队伍又带了起来。有了实力和新战术，大家更添信心和希望，战绩逐渐好转，迎来了院队成绩的高峰期，2009年、2010年、2011年，法学院拿下"大天伦"辩才赛"三连冠"的傲人成绩，其中陈典参与了2010年、2011年两届"大天伦"的比赛。在"三连冠"的那个夜晚，作为决赛四辩的陈典百感交集，他回忆说，在知道比赛最终结果的那一刹那，他感到肩上的重担终于可以卸下了，那一刻所有的努力、压力都得到了回报和释放，对自己的大学和团队也有了交代。那是他七年辩论生涯中最难忘的一次胜利。

七年传奇延续，理性与浪漫主义的集合体

在大三时陈典进入校辩论队，开始以法大校队的名义出去打比赛，逐步成为校队的核心成员，研究生阶段他主要在校队里打比赛，帮帮小忙，带起队伍，最后担任了法大校辩论队队长。

陈典回忆，后续工作中他的主要成果就是把校队的建制确定了下来，为法大校辩论队的持久延续打下了基础。作为主要负责人，他很清楚校辩论队稳定沟通的平台和配合机制是多么重要。在校方的支持和他们的积极协商下，经过两年的努力，法大校辩论队有了自己的训练教室，有了稳定的培训机制和沟通渠道，还有专门的带队老师等。作为法大校辩论队队长，在制度搭建的过程中，陈典打交道最多的部门就是参与校辩论队管理的校方组织——校会学术中心。中心负责人欧阳翔宇谈到对陈典的印象时说："陈典师兄在我们心中是一个儒雅的谦谦君子，他待人和善，对事很仔细。并且陈典师兄把校辩论的发展真正放在心上，在师兄的努力下，训练室得到保证、职责得到明确。"

陈典称，自从有了一个明确规程的校队机制后，外出打比赛的状态和成绩发生了非常显著的变化。机制搭建起来后近半年的时间，稳定的队伍有了良好的沟通和统筹机制，法大校辩论队获得了近年来最好的成绩，即在京内每场对外的大型比赛中都获得了冠军，在北京高校的辩论赛中打下了一个大满贯。

谈到辩论，陈典还向我们分享了加强辩手"内功"修炼的经验。他将辩手的"内功"总结为两点：首先是知识水平、理论功底的积累，即看书要足够多；其次是以一种他人能够接受的方式与人沟通的能力，即一个人对世界的认识。他认为对于辩手来说，有知识还不够，辩手还要注重如何将深厚的理论浅显地表达出来。

陈典说："优秀的辩手一定是个善于观察生活的人。"他谈到不仅仅是看书，而是在你生活当中每一个经历里去亲身体会，这也是一种成长，

也是一种内功,两者都很重要。书要看,读书之外还要有更多的感悟和转化。

法学院辩论队现役大三辩手邓璐婷在接受采访时说:"陈典师兄很有耐心,循循善诱,启迪式发问,思路开阔。辩论风格注重逻辑和反驳,和 Boston Legal 里的 Alan Shore 很像。"

法大辩友杨剑涛这样评价:"陈典是一个充满理性主义思维和浪漫主义情怀的辩手,前者让他成为一个优秀的辩手,后者让他坚持做了一个辩手。他总是以很低的姿态,向周围的人讲述辩论这个江湖,告诉大家江湖中有过哪些激动人心、荡气回肠的故事,他讲了七年的传奇,在他要离开这个江湖的这一刻,已经在不经意之间,变成了一个传奇。法大辩论能有这样的传承者是我们的幸运。"

坚持法大辩论的特色:深刻、强势、严肃、具法治风骨

回顾法大辩论的发展历程时,陈典也如数家珍,他介绍说法大辩论的建制从最初的松散,到如今逐渐形成了一个具有规模的"论衡"辩论文化节和校队培训机制。法大最早有由江平老师命名的"光政辩协",其最辉煌的成绩是在 2002 年时取得了央视国际大专辩论赛季军;经历过一段消沉期后,第二个发展阶段从 2005 年开始,经过"十年天伦"主要采用的院队培养的方式,以院为单位进行的校内对抗(天伦有两个赛季,"小天伦"为新生赛季,只有新生可以参加。"大天伦"为辩才赛季,大一到大四学生都可以参加)。2014 年首届"论衡"辩论文化节的成功召开也为法大辩论开启了新的发展篇章。

陈典还特别提到"论衡"辩论文化节,其作为法大 2014 年新开启的辩论模式机制,活动更加丰富,包括新生赛季、辩才赛季和校际邀请赛。除增加邀请外校来打辩论外,同时还加入老师的讲座、邀请辩论圈里的人来校进行交流宣讲等一系列活动。

陈典认为法大校内赛有着比较好的氛围和机制,校内对于辩论的认可度也较高。这主要表现为院队之间竞争激烈,高手、辩才层出不穷。他还提到,法大对辩手的培养覆盖面广,所有的新生都会覆盖到。入校新生能在院级辩论队的师兄师姐口中了解辩论,感兴趣者可报名加入,在集中训

练中大家也不懈怠，院内辩论队一直在探索辩论中的技战术策略，包括自由辩的设计、战术怎么走等，经过内部选拔和竞赛锤炼进一步升级。所有的院系都在想怎么打好比赛，都在不断开发新的技术。这也意味着院系竞争更强，比赛更精彩。

关于法大辩论的特色，陈典说："全校的辩论风气是深刻、强势且严肃的，这就是法大辩论特色的突出气质。我们除了拥有法律的专业知识，法大辩论更具有法治风骨，注重人的价值。"他认为法大学生对国家、社会发生的事件向来保持着很高的关注度，看法也更有锐气，不避谈不绕弯。从大赛辩题的设置、辩手的正面交锋、评委老师的点评再到观众的口味就可见一斑。

同时陈典也提到适应与融合的重要性。当我们出去打比赛时，要在坚持法大辩论风格的前提下，去做一些适时的变化，加入一些更有趣的东西，让深奥的法理和法治理论更有闪光点，让别人明白并且接受，才能做到吸引人，增加知识传播的趣味性。他说："切忌在孤芳自赏中埋没了我们的特色，要向外多赢多打。要在拿下好成绩的前提下，去更多地发挥法大辩论的风格，才能使传承更具有生命力。"

当被问及大学教育给他带来的影响时，陈典说："学校更多地从理念和气质上培养学生看待社会问题的角度。这使得我们的理论基础不仅厚实，而且对社会问题有自己的想法。"法大教育中，教师对学生的培养上特别注重逻辑性的培养，特别关注法治理念的培养，因此在辩论场上学生都有这样一种气质——对社会有很高的关注度、有担当有想法、有张有弛。陈典认为这一点需要坚持住，法大人勇担社会责任的精神应当代代相传。

不要那些光环，因为内心才是最真实的

陈典坦言辩论生涯中他曾有一负难以忘怀。那是2010年世界华语辩论锦标赛国内选拔赛，那场比赛中国政法大学代表队获得了"双星杯"国际大学生群英辩论会中国赛区亚军。他将失败归咎于自己的失误，对自身表现的不佳感到很内疚。说到这里，陈典稍稍低下头，沉思了一会儿。是的，他很真实——在于他敢于承认自己的失败，也有懊悔。

唯其不幸方成其心志，唯其苦难方成其异能。此时谈起过往的失败，陈典显得更释然和成熟，现在回头看那时候的失败其实对其个人和法学院来说都是一份难得的财富。他说："失败不仅仅带来了困境，更多的是带来了反思和更多的努力。"在今后更长的道路上，或许他身上的光环已不那么重要，因为内心才是最真实的。

陈典说自己并不喜欢被贴上"大神""典帝"等标签，认为"法大辩手"的称谓是比较合适的，他喜欢辩手这个称谓，并且将会携着这段珍贵的经历去走更远的路。辩论七年，在这个过程中年岁与收获共同增长，学会有个人的看法、培养理性的逻辑思维和与人良好沟通的方式成为他走入社会的宝贵财富。

虽然担任法大校辩论队队长，但陈典常说自己并不是这个圈子里代表性的人物，只是法大辩论最辉煌历程的见证者，他所见证的这段辉煌历程中有许多不为人知的人在背后默默地付出和支持。在他看来，法大辩论不是仅有四个上台辩论的人，而是一群人，所以他提出要感谢这一群人。这一群人中有辩论队的师兄师姐、师弟师妹，他们有的知名度很高，也有的可能并不为人所知晓，但是今天所取得的成绩必然少不了他们的付出和坚持。还要感谢法大校方的鼎力支持，学校的领导和老师们为学生营造了一个良好的辩论发展环境。陈典最后要感谢的还有他的父母、女友和朋友们，在七年密集的辩论赛事中，正是因为他们的陪伴、理解和支持才有了他今日的成绩。

眼前这个法大辩论队的杰出人物在接受采访后谈到，他只是希望能够通过个人的真实故事和经历，让更多的人了解辩论，给已经了解辩论并且参与辩论的人提供更多相互认识和进步的机会。希望法大辩论队能够坚持走自己的路，赢更多的比赛，把法大风格传承下去。

从邂逅那一天起，这场永不分手的恋爱就以辩论的名义延续进陈典年轻的生命经历里，或许他并非光芒万丈，但简单、务实、理性和坚持的品质是陈典这个平凡的名字下不平凡的光辉。

采访手记

他很简单，从约访到采访，全程没有客气的套话。凡提成绩都用主语"我们"，提到失败主语就是"我"。他提出从研究生院来到昌平接受我的采访，在谈话中这个传说中的光环人物一直与我保持平视，语气耐心平和，如数家珍地和记者阐述关于法大辩论的一切，没有架子和浮夸。所以，不同于高大上，我更愿意用一个务实执着和深藏功与名的笔触来描绘他。

他不仅是法大辩手，也是法大骄傲，看得出来，七年的法大辩手生活已经影响他的举止细节。他说毕业后会常回来看看，关注法大辩论发展。这里有他对法大辩论队的责任，更有无法割舍的留恋与热爱。正是他的故事和经历向我们展现了法大学生的精神面貌，突出了法大学子不一样的思辨精神。感谢陈典和整个辩论团队，正是一代代法大辩论人真实的努力和薪火传承，造就了今日法大辩论的独特实力和骄人成绩。

刘扬：乒乓起落里的岁月流淌*

文/罗雨荔　陈纤云

刘扬，中国政法大学 2011 级国际法学院学生，乒乓球高水平运动队成员。2013 年，随法大乒乓球队首次参加全国大学生乒乓球锦标赛，斩获女子团体冠军，同时还获得"精神文明运动员"称号。

若问一名高水平运动队员辗转于学习和体训之间有多痛苦，你大概会得到一大堆夸张的描述："筋疲力尽"、"压力山大"、"根本没有假期"……

而对于刘扬来说，她的回答则要轻描淡写得多："回想大学这四年，最轻松的应该是大三吧。那时候训练基本停了，终于能够专注去做一件事了，就是司法考试。"这千军万马过独木桥的司法考试，让大多数没有体训压力的普招法科学生都叫苦不迭，对刘扬来说，却成了大学生活里难得的经历。大半年早出晚归，与复习资料耳鬓厮磨，与英语教材朝夕相依。这般"轻松"，让自认基础不好、在学习上并不见得聪明的刘扬，以 409 分顺利通过了司法考试，还顺利通过了英语四级。

校园里确有这么一群人，他们在球场与教学楼之间来回奔波，挥汗如雨，静默坚守。

球场血汗，玉汝于成

刘扬第一次接触乒乓球是在六岁半。不见得热爱，没太多天赋，更没有成为专业运动员的雄心壮志。打球，只是因为家族传统：姥爷曾经怎样"逼迫"了妈妈，妈妈便怎样"逼迫"了她。进专业队是个什么概念？小

---

*本文于 2015 年 4 月 10 日发布于《法大新闻网》。

刘扬并不知晓。对那时的她来说，打乒乓球不过是一种"理所当然"。理所当然地要做好每一次的训练、理所当然地要为每一次比赛全力以赴，连她口中"奇迹般"地打进了专业队，大概也是天道酬勤的"理所当然"。

然而，专业队的日常绝不同于普通人印象中的燃情岁月。当打球变成了一份工作、一项事业，"重在参与"不再能成为逃避的借口，"输赢"才是每一个球员都面对的东西。专业水平的竞技里，没有一场比赛能够掉以轻心。想赢，只能加倍刻苦。即使到了崩溃的边缘，也只能咬牙继续向前。因为队里每个人的肩头，都已扛着重重的压力。

"在大学的团队里最幸福的就是并肩战斗的亲密。"刘扬说道，"大学肯收我们，肯给课业基础薄弱的我们机会，我们更有责任要为学校争光赢球。鞭策我们拼命训练的，是对法大的责任感与感激"。

奥林匹克精神固然感人，可真实的赛场却避免不了残酷的排名。刘扬在一场场竞技里越发懂得，比赛不可能不问结果，"努力"也并不可以让输球变得正当。"努力"搭配"赢球"，才是一个球员应该交出的合格答卷。

然而，作为一名专业运动员，在严苛的训练中，最无法避免的就是受伤。越想训练，便越不能训练——刘扬遇到的，正是这样的痛苦。手肘的受伤，让她不得不暂时与朝夕相伴的球台说声再见。

"你一打球就疼得厉害，可是不打，就看不见未来。"刘扬说着，不经意地抬起右手看了看。伤痕已被时间抚平，但当时的痛楚却跨过岁月在她身上留下了不可磨灭的影子，最终塑造了如今这个看起来远比同龄人成熟的刘扬。时至今日再回首，刘扬说，她其实对这份经历心怀感激。现在的她可以对生活中的挫折和困难泰然处之，时时要求自己不留后路、全力以赴，而不是在"失败了我该怎么办"里无谓纠缠。

刘扬的训练故事里可以说浸满了血汗。乒乓球给刘扬的，除胜利的荣誉之外，更深刻的，最深刻的，是坚强的意志品质与敢于面对挫折和困苦的精神。当被问及对乒乓球的感情时，刘扬说道："一件事想要做好，首先要让自己学会去爱，只有爱上所做的事情并沉浸其中孜孜不倦，你才可能真正做好。"

老天垂爱"笨小孩"

一度远离了校园,体训生往往不像普招的同学有中学打下的基础。至于英语,更只能从零开始。和普招生比起来,他们可以说蛮"笨"。刘扬自白,大一的英语课对她就是一种煎熬。老师叽里咕噜不知说了些什么就罢了,同学们课上的轻松自如、对答如流更让她备受打击。"大家都能做好的事,偏偏只有我做不好"——这样的念头,逼得刘扬"发了疯"。每天强迫自己背单词、背课文、听听力。新概念上的文章,每天不背完一篇,就绝对不会睡觉。一段听力材料,听不懂,就一遍又一遍地重播,直至每个句子都在头脑中清晰。同时,专业课的学习对刘扬来说也绝非易事。一件事做到最好,永远不可能只靠蛮力。乒乓球打到专业级别,本就是一件极其"烧脑"的事情。每天下午在球影起伏的轨迹里沉溺,已是绞尽脑汁;晚上却又不得不把自己钉在教室和专业课较真。"脑袋完全是蒙的。"刘扬说,没有经历过高中学习的她,天天抓着室友询问"你们高中是怎么学的"之类的问题,问到最后,身边人一听到她的发问便难言不耐。

苦心人,天不负。大一上学期的期末考试,刘扬的法理学导论出乎她意料地考了 84 分。这个分数离"学霸"水平确实尚远,却给了拿惯了球拍、远离纸笔多年的刘扬以信心与勇气:自己,并不比普招生差。不耍小聪明,不乱听信所谓重点,就"笨笨地"背完老师课上的所有知识点。那之后的几次期末考试里,刘扬的成绩都不赖。即使在忙于训练的大一大二,专业必修课也大多在 85 分上下。

"我不聪明,凡事就要早做准备。就像司法考试,别人也许可以从 6 月份才着手准备,而我 2 月份就开始了。"球队的经历告诉刘扬,有天赋、聪明,并且刻苦勤奋的人,确实可以抵达常人难以企及的云端;但天赋稍缺、也不怎么聪明的,只要"笨笨"地较真下去,也并非不可以攀上高峰。

409 分的司法考试成绩,刘扬表示她在得知时并不惊讶——因为曾经倾心付出。复习那半年里"每天第二个到文渊阁自习"的她,首先讲起的却是那位始终先她一步到自习室的同学是如何如何刻苦。不难看出,刘扬钦佩的，是那些勤奋、坚持之人。

她还笑侃自己现在真不"浪漫主义"。是个"笨小孩"，便不妨脚踏实地，一步一个脚印地，去赢得老天的垂爱。

球影里的韧劲

采访至此，刘扬忽然说："你们别把我拔太高了，写写我们的团队吧。团队里的人都是这样过来的，看着现在队里大一大二的师弟师妹们，我觉得他们是在走我走过的路。"

没有一场轰轰烈烈的恋爱，也没有一场说走就走的旅行，有的只是训练、学习，学习、训练。体训生们的大学生活，恐怕是普招生们很难想象的艰苦与压抑。他们要在失去每一个下午的情形下，用其他时间，排完和普招生一样多的课。他们的日历里也不会出现寒暑假，在其他同学拖着行李箱陆续回乡的时候，他们却要开始集训备战大学生乒乓球赛。提到当年的夏训，刘扬不无感慨：其他同学在冷气充足的教室里尚埋怨着天气的炎热；拼搏在没有空调的训练场上，一次次中暑晕倒后的他们，却不得不在缓过劲之后，立马投入新一轮的训练里。讲完这些，刘扬却又笑笑，告诉我们，人生总有取舍，她相信，想成为优秀的人也必定要承受得起痛苦和煎熬。

打球和学习、做人有很多时候都是相通的。刘扬也不过是法大乒乓人中普普通通的一个。她说，球打得最好的人，往往也是队里学习最好的人。能够顶住体训压力的队员，都有着一股不甘落后的牛劲。这落到学习上，便是无数个周末、假日的疯狂自习。对于一个优秀的人来说，放弃自己既定的目标，常常是比坚持下去更让人痛苦的事情。采访中，刘扬认真地反复强调，她觉得她的师弟师妹们，都有着较之于她有过之而无不及的拼劲，都比她更严苛地要求着自己。作为师姐的她，看着他们，也只能尽可能地用自己的经历给他们最大的安慰与指引，陪他们熬过这每个乒乓球体特生都逃不过的艰辛岁月。

而法大的乒乓人，或许也就是凭着这一份较真，一年一年渐入佳境。全国大学生比赛团体和单项冠军、北京高校乒乓球赛团体与单项冠军……一次又一次，他们用球拍为法大争得荣耀与辉煌。

时光飞逝。不多时，刘扬便要离开法大的校园了。如今她找到了一份还不错的工作，虽然专业不对口，但是她也并不担心。带着球队赠予她的坚毅品质，再大的困难，她也有信心一点一点地克服。她还表示在求职时，单位很看重她的特长，让她再一次看到，自己在乒乓球上付出的心血正一点一点给她回报。

乒乓上下跃动，球拍呼啸生风。在刘扬离开球队之后，还会有更多新人接过她肩头的担子，接下她心头的责任，带着对法大的感激，代表学校出征。只愿所有与球影为伴的同学们，都能熬过体训与学习的双重压力，绽放属于自己的美丽人生。

权度炫：文武双全悟道文化　踏实刻苦紧抓学习

文/罗雨荔

权度炫，中国政法大学韩国籍留学生，热心中国文化、武术，在2015年举行的"武动北京——留学生武林大会"上，获得男子组自选拳（自选、竞赛套路）一等奖、男子组太极拳一等奖、男子组太极器械（太极剑）一等奖的优异成绩。

韩国留学生权度炫，这个从十五岁时便离开祖国，开始了他求学、看世界的旅程的少年，在游历过日本与澳大利亚后，终于于两年半前来到了中国，开始了他对于一直向往的中华文化的体悟与探索。在一位教他汉语的老师的推荐下，对国际政治感兴趣的他选择了法大，开始了在法大的学习生活。

习中国武艺，品东亚文化

"武动北京——留学生武林大会"的大幕已于北京语言大学逸夫体育馆徐徐落下。在大家为法大代表团所取得的"优秀组织奖"欢呼雀跃的同时，韩国留学生权度炫个人的优异成绩也让众人惊叹不已。这位一举拿下自选拳一等奖、太极拳一等奖、太极剑一等奖与"功夫明星"奖四项殊荣的韩国男生，是一位实至名归的"功夫明星"。

权度炫对中国文化、中国武术的兴趣来源于他的家庭，爸爸练书法、姐姐弹古筝，而妈妈教武术，在他们的影响下，从九岁开始，权度炫便有了与南拳的接触。抱着对中华文化的景仰之心，他来到中国、来到法大，而能向中国师父学一学武术也成了他的一个愿望。

---

* 本文于2015年6月12日发布于《法大新闻网》。

多年以来，法大国际教育学院一直重视引导留学生们学习、体悟中华文化，并向他们提供了接触书法、绘画等中国传统艺术的机会。在实践和探索过程中，老师们发现，还要让留学生们能够更多地用心体悟，身体力行，才能体会其背后的文化底蕴。因此，学院开始向留学生们引入太极扇、太极剑等中国武术课程，希望借此加深留学生们对中华文化的理解。正是在这样的背景下，有了权度炫与负责该门课程的老师赵江的相识。赵江这样说起自己和权度炫的初见："见面时看他身材魁梧敦实，可是交流中举手投足都显得儒雅谦逊，第一印象非常之好。"而在之后的接触里，赵江发现权度炫对老师所发器械、服装等都格外珍惜，能看得出是带着一颗尊敬之心在修习武艺。在学习过程中，权度炫也从来没有抱怨过辛苦，总是主动地参与训练。有时他12点10分才下课，为了不耽误12点半的训练，他便将午饭打包带到训练场地，再饿也要训练完再吃。

习武在于修行。和单单习武却不了解中华武术背后承载之文化之人不同，权度炫习武，是想以此为契机来了解中华文化。他练习太极时的出众表现，是内敛静心时的水到渠成。赵江老师告诉我们，在之前的课程中，虽然也出现了博伊森、萨迪奥等热爱中国武术、学习热情很高的留学生，但没有一个人，能如权度炫一般对中国武术的一招一式有着那么深刻的理解。本次比赛中，权度炫俨然成为队伍的主心骨。他的到来让其他留学生们看到了差距并向他看齐，更刻苦地投入训练。

同时，国际教育学院的老师们也为此次比赛倾情付出，积极主动地带领他们报名，在活动过程中为他们摄影，并替汉语水平还有限的他们耐心做着翻译工作，这使得本次参赛的留学生队伍虽然来自五湖四海，有着不同国籍，却能团结一心投入比赛。而学校体育部、校团委也通过提供固定训练场地、赞助参赛费用的方式表示了对此次比赛的大力支持。

就在身边人都对实力不俗的权度炫信心满满的时候，权度炫却并不轻松，因为遇见赵江老师之前他并未受过中国师父指点，自己还担心动作会有些许不规范。问起对此次比赛经历的印象，他有些羞涩地冒出一句："其实我紧张死了，很多参赛选手都很优秀。"至于比赛结果，汉语还有些生疏的他，更是连比带画地用一个超越语言的"耶"字表达了自己最简单的快乐。他向记者展示着四张红红的获奖证书，脸上是开心的笑容。

一个多月、每天两个小时的训练，对于参加一场比赛来说，这样的准备并不算多，但其中投入的专注却只有权度炫自己知道。权度炫表演南拳时那为他而"燃"的全场观众以及在比赛中取得的优异成绩，恰好就是对他这份享受武术、尊敬武术、以武术体味文化的心态的认可与回报。

刻私己品位，摄别样生活

权度炫，这个名字听起来就很"炫"的男生，在武术之外，也着实还有许多中国大学生眼中"炫酷"味十足的兴趣爱好。

他告诉我们，从小开始，他便与手工雕刻打着交道。与记者见面时，他的指尖、腕上都戴着自己亲手雕刻的金属饰品。小小的银色骷髅头，可谓一沟一壑都是精致，与商店里出售的商品比也丝毫不逊色。

而除此之外，权度炫还对摄影、绘画等也颇有兴趣。

大一的时候，权度炫作为第一批参加社团活动的外国留学生，成为法大摄影工作室的一员。从未接触过摄影的他，在师兄的指导下买了相机，从此开启了他用镜头记录生活的旅程，并且从此一发不可收拾。不多时日便在北京市的摄影比赛中斩获第一名的好成绩，其获奖作品在798展出。摄影工作室带他入门的张同学这样说："他的照片中我曾感受过一种别样的力量，那种独特的视角好像是要揭露那些应加以纠正的东西，同时，也反映了他的敢于正视现实。他创作的题材一般都是他人想象不到的，有强烈的个性与力量融入其中。"而和他相熟的一位女生则这样调侃："虽然入门的时间不长，但是他有那个艺术'feel'。"或许，对美的认知本应当是内化于心，反映在一个人的举手投足间的东西。权度炫之所以能够这么快在摄影创作中展露出自己的独特风格，和他长期以来在雕刻创作中所建立起来的个人化的美学观念是分不开的。权度炫还给记者看了他用手机翻拍的近期油画作品，每一幅都色块明艳、线条舞动，带着强烈的情感表达。坚信着文明相通、艺术相通的权度炫说，如果未来有机会，他也很乐意尝试对中国绘画的学习。

权度炫告诉记者，大三的时候，他想去香港地区，尝试建立自己的手工雕刻工作室，做自己喜欢的事。即使还没有很明确的目标，但是他依旧希望能够使自己的爱好成为职业。说起这些的时候，权度炫一直微笑着，似乎在摸索着适切的表达。学习着国际政治这样的不算非常热门的专业，有着这些常人看来几多"稀奇古怪"的爱好,什么样的未来在等待着他呢?我们大概很难预料。可他的眼睛却分明在说,即使梦想的道路上有迷茫,他也不愿改变自己最初的方向。

越语言难关　树国教榜样

了解过权度炫这一系列的爱好,了解过他在每一项爱好上做出的普通大学生难以做出的成绩,有人可能会以为权度炫是留学生版的"社团达人",活跃于各种学习之外的活动里,而不重视专业课的学习。可事实恰好相反,在留学生中,权度炫的成绩可谓名列前茅,还在大一、大二的学习期间拿到了学校授予的留学生奖学金,是留学生中当之无愧的"标杆"性人物。

留学生们来中国留学,往往不仅想要学习知识,还更想要了解中国的风土人情,希望能更多地和中国的学生们接触。因此,即使语言上略有障碍,他们还是被安排到全校各班,与普通的中国同学一起进行学习。权度炫笑言道,大一的时候,他听起课来可谓是一头雾水,完全不知道老师在讲什么。而现在经过一年的学习,他大概已经能够听懂老师讲授中 60% 的内容,其余不懂的,也能够在反复的复习中得到掌握。和他一起上过课的同学告诉我们,他便是最喜欢下课到老师处"刷脸"的那一位——时常跑到老师跟前,询问老师课上没有听懂的内容。学校出于对留学生们中文水平不佳这一特殊状况的考虑,对他们实行了 45 分即可算作不挂科的优待政策。而权度炫不仅门门都"过",还常常取得六七十,乃至七八十的好成绩。

在采访中,权度炫时时把"不过最重要的还是专业课啦""当然这些都还是要放在专业课之后去做""作为留学生的我们唯一的办法就是加倍努力""现在专业必修课对我们还是挺有难度的,既然来了法大,在这里念书,就应该好好学习"等语句挂在嘴边。他对于学习的端正态度,可见一斑。他向我们讲述道,对他来说,相比雕刻、绘画、摄影等他真正想当作职业来做的事,作为专业的国际政治,只是他想了解、学习的东西,反而更像是一个业余的爱好,是因为珍惜着在法大、在中国这个环境下学习的机会,所以才加倍用功。同时,与他相熟的国际教育学院的辅导员付昕老师也告诉我们，权度炫非常清楚地知道，自己既然来到了中国、来到了法大，就应珍惜机会，一边好好体悟中国文化，一边用心地把学习抓好。

在完成专业必修课的同时，权度炫还选修过美术等与中华文化、文学艺术等有关课程，在这些课程的学习中，权度炫发现在法大也有许多与他爱好相投的人。能身处法大这样的文化氛围中，身在异国的他感到十分欣慰与满足。

权度炫说，他已然习惯了中国的食物、中国的天气、中国的生活，中国就像他的家一样，让他觉得没什么不适应。然而，这个徜徉于艺术之海的男生大概本就不该被一国一地束缚，始终想多看看这个世界的他并没有因为这份对中国的依恋而打算停泊，如今，他又萌生了毕业后待时机成熟，便再去德国进一步深造的念头。

我们期待，他在旅途中的每个站点，都能有所收获、有所提高。

李正新：铁骨铮铮军人魂　家国天下赤子心*

文/罗雨荔

李正新，中国政法大学2012级社会学院社会学本科生，于2013年9月应征入伍，成为首批9月入伍的士兵，在北京军区某机步旅服役，2014年荣获旅嘉奖一次，2015年因在全军跨区机动系列演习中表现突出，荣立个人三等功，并被所在旅队评为"十大义务兵标兵"。于2015年9月光荣退役，复学后仍就读中国政法大学社会学院社会学专业。

2013年9月5日，一辆不起眼的小车从中国政法大学昌平校区开出，载着李正新从法大轻松、自由的日常生活驶向了有着钢铁般纪律的绿色军营。两年青春，对于大多普通在校学子大抵便如一杯白开水，还没来得及从平淡中品出滋味便已匆匆下肚。但对李正新则不然——军队里刻骨铭心的两年，硬生生地将他从曾经初入象牙塔的迷惘文艺青年，磨砺成了一位手捧三等功、有着满腔家国情怀的优秀军人。

不负法大，不负初心

试问，对于一名军人，三等功是个什么概念？李正新解释说，在和平年代，一般只有参与抗洪抢险、抗震救灾等活动或在重大军事演习中多次表现突出才有机会获得。李正新只有两年服役经历，又选择了退役，在参评者中可谓占尽了劣势。然而，这一荣誉的取得，不仅是对他这两年来在十二次荷枪实弹的演习中挥洒血汗的褒扬，也是对他一次又一次主动请缨，选择去往离指挥部最远、最接近敌军战线之处的最好回报。

---

* 本文于2015年9月25日发布于《法大新闻网》。

从初入军营的什么都不适应的新兵小子，到屡屡因为在演习中的出色表现受到表彰，李正新的两年从军路，经历了普通在校大学生难以想象的磨难与艰辛。

李正新第一次报名参军是在 2012 年 12 月。受到有过从军经历的父亲影响，又于征兵动员大会上详细了解了大学生征兵计划的有关情况，对于入伍，李正新从一开始就带着强烈的憧憬。然而，由于名额的限制，他这一次并未遂愿；直到 2013 年夏季征兵时，向来留意这方面消息的他才得以在第一时间报了名，圆了自己的从军梦。

2013 年恰逢军队改革的开局之年，李正新和他的同伴们成了第一批 9 月入伍的新兵。较诸其他批次的入伍者，他们面临的是最差的条件、最苛刻的要求，连最苦的新兵连训练期，都经历了整整四个月而非惯常的三个月。回忆起最初的时光，李正新这样讲："在学校自由惯了，到军队则骤然要面对铁一般的军纪。不管哪一方面，军队的严苛都会让人强烈不适应。"他用这样一个简单的例子说明着军队管理的严格：你不仅上厕所需要打报告，上完厕所回到寝室，还得再报告一次。

由于是初次改革，和李正新同一批入伍的新兵里，还有着很多只有三本、专科乃至高中学历的同学。贴着"法大学子"这般耀眼标签的他，"鹤立鸡群"的同时也承受了莫大的压力。同样是做内务，别的新兵做不好，不过是身体上的惩罚，而李正新做不好，却还要面对"中国政法大学的学生，连地都扫不好"的嘲讽；同样是打靶时候的意外脱靶，对于别的新兵便只是一次训练时的正常情形，对于李正新，却不得不接受"中国政法大学的学生，怎么打个靶都能脱靶"的责备……这一句句"中国政法大学的学生"，说者可能只当作挂在嘴边的随性调侃，却一下一下扎在了听者的心头。再念及入伍之前黄进校长曾在给自己的信中提出过在部队应当"刻苦训练、坚持学习、牢记法大人使命"的这三点希冀，"不能给法大丢人"的信念，就更成了鞭策李正新的最初动力。

下连以后，新兵们面对的不再是新兵连里一成不变的魔鬼训练，而有了各种不同的岗位选择；更重要的在于，是好好干还是混日子，两种态度之间，不同的人将做出不同的取舍。带着最初的拼劲一路走过的李正新选择了前者。从电台通信兵、首长通信员，到最后成为在演习场上拼杀的蓝军勇士，李正新在每个岗位上都表现不俗。

说到最刻骨铭心的经历，李正新讲起了他一次演习中在内蒙古大草原上独自守望的八小时。主动申请被派至离指挥部最远的地方，没有通讯，没有伙伴，连干粮都因为战局紧张、行事匆忙而没能带上；天地苍茫，陪伴着李正新的，却只有孤零零的枪支弹药和一瓶小小的矿泉水。一个人守着广袤无垠的大草原，看着星夜一点点染成拂晓、继而明媚，环绕心间的，是空荡荡的孤独。然而，即便在这样的冷寂之中，李正新也不敢有半分的松懈，而是时刻警惕着周围是否有"敌军"的动向。八小时的紧绷神经，让早已把高强度训练当成家常便饭的他在演习结束后也几近虚脱。他讲起，军队有时候是很考验一个人的"慎独"精神的地方，守夜站岗等工作，没有人会来监督你，要不要偷懒，只取决于你的自律与否。带着这份"慎独"，李正新最辉煌的时候曾连续五次因演习的突出表现而受到表彰，也理所当然地获得了三等功的荣耀，给自己的军旅生活画上了圆满的句号。

天涯零落，犹忆曾经知交

"去的时候，觉得自己是个挺逗的文艺青年，应该不会为什么事而哭；快退役的日子里，觉得自己是个军人，更没什么好哭的；可是离开的那一刻，还是哭了，才一下子发现，自己是那么那么地舍不得。"说这句话的时候李正新笑容明媚，让人很难想象眼前这位背着黑色大包、穿着墨绿军装的兵哥哥哭起来会是什么样子。

李正新讲起，在军队，你时时刻刻都将被放置于集体中，仅有的娱乐活动便是和战友们一起唱唱军歌、喊喊口号；倘若某个人犯了错误，更是整个连队的兵都要跟着受罚。一起扛过枪、一起挨过罚、一起吃住、一起填满彼此的生活——有过这样经历的战友们之间，绝对算得上是真正意义上的"铁哥们"。这一位位对自己大大咧咧的"糙汉子"，对待战友，却有着别样的细致与柔情。

那是在一次演习的前夕，蓝军的各战斗组都已接到了相应的命令，分散到大草原的各处，紧锣密鼓地为自己被分配到的任务做起了前期准备。而通常被安排至阵地最前沿最危险地带的李正新，这一次，却被派遣到了防御阵地的后方。服从命令是军人的天职，岗位不可选择，无论在哪里都要做好自己的那一份工作——带着这样念头的他什么也没有多想便投入工作。丝毫不知，看似安谧的大草原上，一个巨大的惊喜正在酝酿。

夜幕织上草原的天空，而和夜晚一起来到李正新身边的，还有那些本应分散各处的兄弟们。自己都没把生日这茬事儿放在心上的他陡然惊觉，将他安排至阵地中央，竟是因为他的兄弟们早就计划好，要在演习开始之前赶来给他过一个生日。甚至，他们还托周遭的牧民从老远的地方带来了一个订做的蛋糕给李正新。这些演习场上勇猛的军人们，此刻也不过是普通的少年，吃着蛋糕唱着军歌，对着大草原的夜空放声庆贺，分享着一人一生一次也足够的温馨与感动。

不轻狂，枉年少。选择来到军队的他们，本就大都带着满腔的热血，想要拥有几载轰轰烈烈的燃情岁月，因此，即使在演习中摸爬滚打辛苦万分，大多人都还是心甘情愿、乐在其中。可是，当初做出从军选择的他们从来没有想过的是，即使在和平年代，参军，有时候可能也意味着生死的抉择。

演习也可能会有伤亡——这一点，所有战士们一开始便都知道。可当一位昨日还在你身边、同你一起生活的战友今日便真就因为一起演习事故而永远离开的时候，李正新心中的震撼，依旧难以言说。每一次演习之前都会一遍又一遍地强调安全，每一位上场的战士都要签署相关的"生死状"……这一切，有时会让整个连队都弥漫着一层淡淡的压抑感。"当然怕啊，大家都怕。"在退伍后的今日再回望那段时光，李正新的声音里带着平静，"再怕，大家一起唱军歌、喊口号、开动员大会，也就熬过来了。下次演习，还是主动抢着去。"

"当兵的退役下来，以后就天南海北，各行各业，都分散开了。"李正新说着，几分无奈。那些一起走过生死的时光就这样一去不返，凝成人生路上的美丽琥珀。而他能做的，不过是将它们统统放进行囊，再启航，去向未来的远方。

当踏实洗去文艺

有人常说，离开了校园环境心就散了，想再静下心来重拾学业，太难太难。然而对于李正新却恰恰相反。从军，让曾经迷惘的他，找到了读研深造的目标。

李正新自己调侃道，入伍前的他是个不折不扣的"法大文艺青年"，像大多数初入法大的学子一样,看不清未来的模样。曾经的他,喜欢在闲暇的时光里看看文艺的简·奥斯汀,因为穿着红 T 恤在运动会 5000 米长跑的赛场上与看台上的观众互动而留下"挥手哥"的"美名",还一度结合社会学与统计学的理论给高数老师交过好几篇论点新奇的论文,有着这个年龄段的少年们惯常的"浮躁"。

进入军队,与外界隔绝了联系,远离了各类新奇电子产品、娱乐方式,从一个普通的小兵做起,体味过在各种不起眼的小岗位上兢兢业业地踏实做事的感觉,李正新开始真正领悟到了什么叫作"三百六十行,行行出状元"。每一件小事,只要踏实去做,就一定可以创造出应有的价值。他坦言,初入法大的他并没有考研的相关打算,公务员、创业、做学术……在各种充满诱惑力的选择之间,他也曾是朝秦暮楚的那一个。是军队的生活让他逐渐意识到,自己还有太多的东西没能学到,还有太多的学问是从实践里面得不到的,还需要象牙塔里的静心钻研。正因为如此,即使指导员一次又一次地劝他留在部队,他还是选择回到法大、回到让他倾心的社会学上,也就此明确了自己踏实读研的选择。

在军营生活的间隙,李正新还积极地参与了部队的宣传工作,办板报、拍视频、设计海报……这些同学们在社团工作中常做的工作,李正新一样也没落下,甚至还曾在摄影比赛中获得过名次。他形象地比喻道,在部队,这些事情都像是可做可不做的"附加题"——选择去做的人,都得牺牲自己的休息时间,熬到凌晨三四点,第二天清晨又照常起来参训。那些普通学子眼里国防生、军校生的高强度训练,对于军营里面的他们而言,可以说是不值一提。本来丝毫没有师兄架子的他讲到这里,忽而严肃,一本正经地说道:"希望所有国防生师弟们,到了军队,不要有军官干部的架子。要带兵,首先就应该把自己当成一个兵。"简简单单的一句话,却是李正新对师弟们真心的忠告,也传达出他想告诉所有师弟师妹们的一种态度——放低姿态,踏实做事。

带着军人特有的家国情怀回到法大,李正新感到庆幸。他能在法大看到那么多拥有法治梦的老师同学,同重返象牙塔的他一起,带着让国家更美好的愿景,沉心做事,用自己的行动追逐着更美好的明天。我们也衷心地祝愿,未来的李正新能够永远怀着这份热忱,为祖国的繁荣富强贡献自己的那一份力量。

鲍婧心：从法大到联合国之路*

文/汪毓雯　王文杨

鲍婧心，中国政法大学法学院学生，被国家教育部资助的第二届"国际组织实习项目"录取，将在联合国教科文组织的IICBA（International Institute for Capacity Building in Africa）中实习一年，成为法大赴联合国教科文组织实习的"第一人"。

那天，午睡醒来的鲍婧心习惯性地查看自己的邮箱。当"Internship with UNESCO（联合国教科文组织实习录取）"的字样出现在邮箱首页时，她坐在床上激动地尖叫起来。笔试，等待，面试，等待，面试，等待……鲍婧心不停地刷邮箱，手机邮箱总是显示"上一次更新"在2分钟前。这半年多来申请联合国教科文组织实习的道路，她虽然走得信心满满，但煎熬与忐忑依旧充斥在漫长的等待中。

终于回归常态。

"在你的身上我们看到了出色的沟通宣传能力。"这是电话面试中联合国教科文组织人力资源总监对她的评价。

"我觉得我会做好，因为他们信任我。资深的人力资源总监看人肯定比我准。"鲍婧心眨了眨她的大眼睛。

"在我的世界里，所有事情都很有意思"

鲍婧心的独特气质在见到她的那一刻显露无遗。黑色短发，黑色纱质短袖配上黑色阔腿裤，高挑的她看上去干练潇洒。尽管患着感冒，含着喉片，却依旧坚持交流，她的一颦一笑中流露出真诚与亲切。

---

* 本文于2016年6月24日发布于《法大新闻网》。

鲍婧心是青岛姑娘,在海边长大的她性格中有如海的自由。"我呀,心态比较开放。在我的世界里,所有事情都很有意思,都是值得经历的。"大二的她"初生牛犊不怕虎",作为代理人打了自己的第一个官司。她的当事人是两个女孩,在烤肉店吃饭被店中的猫抓伤了脸,因此与店方产生纠纷。"最磨人的是立案阶段。"她是原告方代理人,为了立案跑了很多次海淀法院,每一次穿过半个北京城的动力就是第一次提起诉讼的兴奋和帮助同学的使命感。上交立案申请书的两个星期后,她接到法院的电话,通知她开庭时间。"那个时候真的感觉到:天哪,我要做代理人了!"鲍婧心笑着说,彼时激动的心情还留在记忆深处。

开庭那天,她去得很早,坐在法庭门口等待。陆续有人坐在她对面的椅子上,她猜测是对方当事人。兴许是专业敏感度,性格一向开朗的她主动上前询问他们的身份,果然不出所料。随后他们聊起了事情的来龙去脉,也都很理解彼此的处境,并且都希望大事化小,小事化了。在开庭时,法官也表达了同样的看法,随即进行了庭后调解,最终以医疗费的四倍有余的调解数额顺利地结束了她的第一次官司。"开庭之前是紧张的,开庭时进入防御状态,而调解时则非常轻松。因为那个时候我明白了:争议解决律师是为了解决争议而存在。不是去打仗,不是去对抗,而是找到一个双方能够达成共识,并将利益最大化或损失最小化的途径。"

这次独特的经历对鲍婧心此后在法律援助中心和律师事务所争议解决部门的工作产生了很大影响。直到现在,她在帮朋友看商事合同时,都会从这样的角度来给朋友提出建议。"无论是在合作前还是发生争议之后,不要把对方当作敌人,因为绝不会存在只有自己获利而对方满盘皆输的情形。彼此理解,未雨绸缪是最好的办法。"

"行者"是朋友眼中的鲍婧心,但她并不是个"循规蹈矩"的实践者。她喜欢挑战,喜欢尝试没有做过的事,不会给自己设限,所以用朋友的话来说就是"到处实习",每一次实践都会是不同的方向。大四法学实验班,六年制本硕连读后的她在金杜律师事务所的国际诉讼部进行了为期六个月的实习。由于常常被要求用英文写文件、做翻译,她的英文水平得到了进一步提升。研一下学期,她又来到司法部外事司,参与国家间的刑事司法协助工作。通过随同副司长参与外事活动,她得到了许多与各国司法专家、外交官沟通、协调的机会,这给予了她莫大的信心。除此之外,电视台等媒体行业也曾留下她努力的身影。

鲍婧心始终处于不断学习和积累的状态，以包容开放的态度面对出现的各种机会。"幸运"是她常挂在嘴边的形容词，没有刻意规划的生活，却遇见了这么多偶然的机会。和她同寝六年、看着她一路走来的舍友这样形容这个"幸运"的姑娘："婧心是心有千山万水的姑娘。与其说她幸运，不如说她是用热忱吸引一切美好际遇。在这过程中，她的心量也愈发广博。"

而这也正如她的导师霍政欣老师所说，"人生的许多事情，都是偶然的。偶然的决定多了，就成了命中注定"。

师从"霍门"，推开人生新大门

"你们要好好锻炼英语呀，我去联合国教科文组织开会的时候，在这么多实习生中很少见到中国的学生，也没有我们法大的。"四年以后的今天，面对手中的实习录取信，鲍婧心想起了导师霍政欣老师在那堂国际私法课上的期望。

提及自己的导师，鲍婧心用了两个字来形容："恩师"。人生中老师无数，能称得上恩师的却寥寥无几。在她看来，自己误打误撞，一路走来，离不开霍老师的鼓励和推荐。"如果没有他，我现在可能什么都没有。霍老师就是我的人生导师。"她认真地说。本科阶段霍老师全英文授课给她留下了深刻的印象，所以在选择导师时她毫不犹豫地师从"霍门"。"我很喜欢这样的老师，视野很广，可以给我开启一个新的世界，提升自己。"从那时起，霍老师对鲍婧心思想上的影响，凝聚在了她的性格里，融汇成她独有的思想与气质。霍政欣老师使她对外语有了新的理解。在霍老师看来，把外语学好可以帮助自己打开一个新世界的大门，可以避免闭塞片面的消息，帮助自己更全面地判断事物；同时，学好外语可以自由查阅国外的学术文献，有利于自己专业视野的开阔。

"有兴趣、坚持学，就是好事。"受霍老师影响，语言成了鲍婧心的乐趣。她从小喜爱英美文学，但是只能读翻译后的版本。接触英文原文后才发现，很多无法翻译出来的幽默点只有读懂原文的人才能理解。在司法部时，朋友送了她几本西班牙语的书，为此她自学了一些西班牙语；因为常与意大利外交官聊天，又用软件自学意大利语。鲍婧心与语言的渊源，算是应了霍老师"打开新世界的大门"那句话。学习多门语言后，她的娱乐生活不仅更丰富，也有了更多和人交流的机会，更多的工作机会。

除此之外，鲍婧心点滴自信的积累，与霍老师的鼓励分不开。那时司法部外事司的实习面试，她的竞争对手都是来自武汉大学、香港大学的博士。她有些焦虑，打开手机，在微信群里发送了"我觉得我特别水"的内心独白。出乎鲍婧心所料的是，微信群里的霍老师立刻回复"你不水！加油！相信你！"老师的话语使她深受鼓舞，带着老师的祝福，在面试场上重拾了自信。

鲍婧心眼中的霍老师有一种魔力，总会发现她身上的潜能。2015 年在得知她获得"联合国教科文组织青年论坛"代表资格时，霍老师对她说："那你以后争取在那实习呀！"那时的她也只是听了听，心里暗自感慨"怎么可能！我哪有那个能力"，没想到日后却真的变为了现实。她笑着回忆："也许霍老师提这个建议的时候，也是看到了我身上这样的潜质，只不过我自己没有这个自信。"而提及对鲍婧心的信心，霍政欣老师这样总结："开朗，阳光，执着，亲和。她善于把握各种各样的机会去提升自己。对学术一直有热情，虚心接受意见，是个有闯劲的姑娘。"

"在走得越来越远的同时不改初心"，这是霍政欣老师对她的寄望。鲍婧心对这句话有着自己的理解："每个人都有心之所向，只是往往在前行的路上容易将外在的东西误以为是自己的目标，所以忘记了初心。我想霍老师应该是希望我不被即将面对的大千世界所迷惑，不论走到哪里都记得自己原本的样子，以及我走进法大时的宣誓词：'挥法律之利剑，持正义之天平'。"

关于未来，妙不可言

看到"赴国际组织实习"的项目时，鲍婧心怦然心动。

对于实习申请，她格外用心，别具匠心地用 PS 制作了一份自己的简历杂志，图文并茂地将自己的优势和特点生动展示出来。在国家留学基金委组织的面试中，面试官问她：如何在多信仰的环境中工作。鲍婧心莞尔一笑，自信不仅来自于对联合国宗旨与目标的深入理解，更源于曾参加过的各种国际活动的经历。在法学院组织的"北京—华沙大学生论坛"期间,她游历了波兰、捷克、匈牙利,结识了一些不同国籍的好友,至今保持密切联系,经常交流文化、法律、宗教问题。对于多信仰的环境她并不陌生,也有着自己的亲身体会。她清晰地回答道:"我认为最重要的是相互尊重(mutual respect),尊重他人、尊重差异是所有交往中的第一要义。第二是相互理解(mutual understand),理解差异往往使沟通、合作更顺畅。而理解的建立离不开开放对话(open dialogue),这也是联合国教科文组织一直致力于建立的和平机制。第三是包容(tolerance)。宗教或信仰一直是一个敏感的话题,在联合国这样的世界性、政府间国际组织工作,不可避免地会遇到信仰冲突,此时要铭记我们的共同目标是'To build peace in the minds of men and women(于人之思想中筑起保卫和平之屏障)',求同存异。"

在漫长的等待之后,鲍婧心如愿收到了录取信息。2016年6月,她将赴位于埃塞俄比亚的非洲国家建设发展研究所,展开为期一年的实习。本项目中,她负责的不是法律事务。她将与股东、非政府组织、国家公共机构等协调交涉,促进联合国价值的推广与项目的进行。"虽然和构想不太一样,但不失为一种好的结果,并且我的工作也会涉及我感兴趣的文化遗产和文化传播,已经很幸运!"她在被录取之后写下了这样的感慨。

提及女儿,鲍婧心的母亲满心自豪,但仍然有些心疼她独自赶赴遥远的非洲。父亲是她的启蒙老师,他常说"天高任鸟飞",并一如既往地支持着她,从申请项目之始就是对她最有信心的人。鲍婧心一直铭记父亲给她的寄语:"愿你有'会当水击三千里'的壮志豪情,脚踏实地,勤奋努力,在今后的学习道路上越走越成功!"在她准备出行的这段时间里,父亲除了叮嘱安全问题,还送给她"五心":"不忘初心、坚定信心、保持恒心、牢记静心,最重要的是不管何时何地都不要忘记你永远是独一无二的婧心!"

她坦言,此类工作自己之前并未做过。虽然自己以往的经历与如今申请到的实习岗位没有直接的联系,但是却在此过程中学会了在国际组织工作所需的必备技能。"英文文件我会写,办公室软件我会用,各种沟通协调的能力我也有,那我上手会非常快。所以你要我做什么我都相信自己可以做好。"鲍婧心坚定地说。

作为法大赴联合国教科文组织实习的"第一人",鲍婧心也慷慨大方地聊起自己的录取心得,笑言"你们都叫我师姐了,我当然得用心分享啦"。她认为,要想进国际组织实习或工作,把英语学好是首要的前提。其次要将自己专业知识学好。不一定非得是拿到奖学金或绩点有多高,更重要的是一种综合的素养,要对专业领域的问题有独立的、合乎逻辑的见解。作为本科生,可以尝试申请联合国的志愿者。对于研究生而言,很多联合国机构驻北京办事处的实习机会都是从经济等角度考虑的不错选择。"我一直觉得,对自己要求高、比较上进的人,不服输、一直不满足的人,会一直有惊喜。就像我的惊喜是国际组织,有的人的惊喜在别的方面。选择没有好坏之分,会让你自己开心就好。"

鲍婧心精彩的经历,折射出努力与命运奇妙交织的魅力。有许多巧合发生在她身上,而这些巧合又与她坦然上进的性格结合,造就了今天的她,也造就出法大国际化教育下莘莘学子的一隅之景。

愿她如霍老师的祝福中所说,以法大人的身份在国际文化项目上走得越来越远,实现自己的价值,也为人类文化交流、整个人类的共同福祉做出中国年轻一代的贡献。

孙重科：《我爱你中国》背后的故事*

文/刘婧星　邵莹婷　荀璐阳

孙重科，中国政法大学2014级刑事司法学院国防生。第十八届校园广播歌手大赛第二名。此外，在2016"Rong聚法大"校园文化盛典的各类评选中，负责运营的微信公众号"法大橄榄绿"被评为十佳校园新媒体平台，参与制作的《中国政法大学国防生十年成长纪实》获优秀校园微电影特别致敬奖。

一袭军装，英姿飒爽；一个军礼，庄严肃穆；一首《我爱你中国》，慷慨激昂。

歌曲大赛：梦想，亦是成长

比赛中，多数选手凭借英文歌曲或流行情歌赢得好评，而孙重科的一首《我爱你中国》同样让人眼前一亮。歌者有心，琴声起落，二者相得益彰。大屏幕上五星红旗灼灼，舞台上歌者唱至动情处以军礼致意，现场顿时掌声雷动，经久不息。观众们在惊喜和称赞之余，也不由心生好奇——是怎样的情怀，让他选择了这样一首歌呢？

事实上，于孙重科而言，做出这样的选择，与其说是出于情怀，倒不如说这是一种情结。

"穿着军装站在舞台上唱一首歌，是我的一个小梦想。"孙重科笑着说。在两年前的新生晚会上，全班同学都身着军装上台合唱，唯有他在台前指挥，错失了这个机会。这个遗憾就此在他心里生根发芽。两年后《我爱你中国》的精彩呈现，正是对这一遗憾的弥补。

---

* 本文于2016年12月19日发布于《法大新闻网》。

连续两年参赛，选曲上的转变见证了孙重科的成长。在上一年的歌手大赛中，他根据自己的声音特质，选择了《一剪梅》作为参赛歌曲，结果却不尽如人意。"当时表现欲特别强，一唱歌就希望把声音打到很远，一定要让所有人都听见我的歌声和嗓音。"但是这一次的失败也给孙重科带来了意料之外的收获，他由此交到了许多在音乐上志同道合的好友，也因此在学习音乐的路上越走越远。2015年在校园内广受好评的歌曲《说是》《从前》，就是孙重科所在音乐工作室的作品。通过朋友的引荐，他还结识了当届歌手大赛冠军闫骏南。孙重科亲切地称呼他为"师父"，二人相互分享对音乐的理解与感受，一同寻找灵感。"他很认真，希望别人指出他的不足，他也一定会改正。"孙重科的认真与投入，甚至让"师父"闫骏南承诺来年不再参赛，全心全意地指导和帮助他。

"人的成长和唱歌一样，有起有落，有轻有重，有急有缓，这样才让人觉得舒服。心态也是一样，很多事情不能急躁，有时该沉下心来，有时该释放自我，只有收得回来才放得出去。"一年来的学习给孙重科带来的成长不仅仅在音乐方面，更在于心性的磨炼。"在看他着手准备歌手大赛的时候，我才发现他终于认真起来了，也终于认识到他对音乐是有多么热爱。"好友王振宇如是说。

本届歌手大赛决赛中，孙重科伴奏团队的表现也同样惊艳全场。在乐器与人声的完美配合背后，不仅仅是一次次精益求精的排练和磨合，更是音乐爱好者之间的惺惺相惜和深厚友谊。用心谱曲、反复练习的钢琴伴奏者，丢下驻唱工作前来助阵的箱鼓鼓手，从天津赶来排练的小提琴伴奏者，同样作为歌曲大赛选手而受邀伴奏的吉他手，都让孙重科感到不可辜负。

"其实玩音乐就是一件很开心的事情"，一年后，再一次站上歌手大赛舞台的孙重科剔去了之前的功利心和表现欲，"去年参赛，更多的是希望表现自己，那时候想着'我一定要拿一个名次'。但是今年完全不一样了，我希望我能把我们一起做的音乐唱给大家听，希望能对得起一直帮助我、支持我的朋友们"。

法大为家：珍重，自始如一

"收到录取通知书的那一天，我就拿着那张薄薄的纸，反反复复地看，一直看到晚上。"当天直到深夜，他把校园官网一页一页翻过，人还未至，心已被法大填满。当他正式走入校园，报到时师兄师姐耐心细致地引导、照顾，开学典礼上新生"步入神圣政法学府之时"的庄严宣誓，又悄然把起初的向往过渡为认同和感动。

"来到这里，就是被打上了法大的印记。"对法大的归属感在每一天的学习、生活中慢慢累积。元旦游园时绚烂温馨的布置、"法大爱你一生一世"的贴纸、好友同窗相约跨年带来的家一般的感觉，司法考试前期朋友圈里满溢的祝福……谈到法大的生活，孙重科如数家珍："这些难道还不足以让一个人热爱一所学校吗？"

法大不仅因其校园而为法大，更因其大师、其法之精神而为法大。无论是"精于学术，句句珠玑"的宋连斌老师，还是"在学术上不重师生之分，乐于与学生交流"的徐久生老师，都让孙重科受益匪浅。英语小班化教学模式下有着密切交流的谢娟老师，更是令他觉得亦师亦友。针对孙重科基础较差的情况，老师耐心指导，因材施教；课堂展示中，老师常用风趣的语言鼓励他，化解他紧张的情绪；听力练习中，老师也时常走下讲台，个别指导；每一次作业，老师都会认真批改。课堂上的交流与互动也延伸出了教室之外的深厚友谊。作为朋友，他们常能聊聊故乡、话话乡愁。谢娟老师甚至成为孙重科每一次登台演唱时第一个想到的人。一旦有上台唱歌的机会，他都会向谢娟老师发出邀请，而老师也几乎场场必到。师生之间的情谊，让孙重科觉得受益良多。

平日里一起生活的室友也为孙重科的大学增添了不少色彩。"之前我在宿舍唱歌，他们常抱怨。但是当我开始准备这次的歌手大赛，无论我在宿舍里怎么唱，他们都不会说什么。"室友关键时刻无声的力挺，带给孙重科很大的鼓励。

法大公正严明的法律氛围和温馨和睦的人文环境一天天巩固着她在孙重科心中不可撼动的地位。"朋友常想多进城看看，而我，一来到北京就想赶紧回学校。"他坦言。记忆的堆叠和时间的飞逝，已然给孙重科的大三生活抹上了不舍与感伤。"进入大三以后，我觉得在学校里做的每一件事，走过法大的每一条路，上的每一节课都值得珍惜。"尤其是经历过严整却又相对枯燥的部队实习生活，他更加感激法大带给他的舒适感和充实感，"也许没有这么夸张，但是现在确实是人生前三十年里最好的四年"。

"凡我在处，便是法大。"他特别认同这句话。在曾经看过的微视频中，不少毕业于法大的国防生在祖国的边疆自豪地喊着"我在这里，向母校致敬，向法大问好，敬礼！"孙重科觉得，到那么一天，他终究能够释怀不舍的情绪，而把对母校的热爱，带到他即将去往的每一个地方。

随心而行：率真，而不失家国情怀

训练中，他谨守纪律，脚踏实地。生活中，他也能把日子过得有声有色。

高中时，孙重科就曾筹划过微电影的拍摄。脚本制作、设备租借、人员安排，每一项都亲力亲为。"当时认识和能力都有限，但还是去尝试了。"虽然最后无疾而终，但多年后重又提起，孙重科仍然觉得这是一段值得回味的经历。

来到法大之后，在学习和训练的双重压力下，他没有选择放弃自己的兴趣爱好，反而以此作为支撑，不断锻炼、提升自己的能力。为了更好地琢磨摄影，他加入了多个宣传部门，两年来奔走穿梭于校园热点事件，用相机记录法大的点滴精彩。从角度选取、场景捕捉，到选片、后期、校对，如今他在摄影方面已能独当一面。由他承担了脚本和分镜工作的微电影《中国政法大学国防生十年成长纪实》，在此次校园文化盛典中荣获特别致敬奖。

"他按照自己的兴趣和想法活着，而非参照教科书式的活法。"曾与他共事橄榄绿协会的于志翰非常欣赏，"虽然他平时表现得很随性，但是这种随性恰恰就是他的特点所在"。

对音乐的热爱把他带上舞台，对运动的兴趣把他带入学院长跑队、排球队。而把他带进法大国防生队伍的，是当时热播的电视剧《士兵突击》。剧中，农村出身的士兵不抛弃、不放弃，克服重重困难，最终成为出色的侦察兵。电视机前，孙重科心中保家卫国的渴望也随着情节的跌宕起伏渐被释放，终成行动。"我能做的事情很简单，保护脚下的土地和我爱的每一个人。"在孙重科的心中，这就是作为一名国防生最朴素的价值观。

正如他的"师父"、挚友闫骏南所说，他特别清楚自己想要什么，也愿意默默为之努力。他痴迷于音乐，所以我们听见了他真诚的歌声，听见了《我爱你中国》的深情演绎；他感恩法大，所以我们看见了他背着相机忙碌的身影，看见了微电影《中国政法大学国防生十年成长纪实》的镜头呈现；他默默努力，所以他成了如今我们眼前光彩熠熠的孙重科。

不懈追求的音乐梦想、深厚真挚的法大情结、朴素坚定的家国情怀，这些蕴藏于心底的情感，成为孙重科昂然挺立在礼堂中的支柱，成为那个飘响《我爱你中国》的晚上，最动人的旋律。

黄健栓：真实中自有千钧之力[*]

文/田书伦

> 黄健栓，中国政法大学2014级商学院经济学专业本科生。18岁考取南开大学，因祖父患病，家中经济困难，毅然选择放弃学业投身社会；23岁家庭境况好转后，再重新拾起阔别多年的大学之梦，以优异的成绩被法大经济学专业录取。在校期间成绩连续两年排名所在专业第一，并且获得美国大学生数学建模竞赛国家级二等奖，中国全国大学生数学建模竞赛市级二等奖、全国大学生英语竞赛二等奖等诸多奖项。

近日，第十二届中国大学生年度人物评选结果揭晓，法大黄健栓同学入选，这是法大学子第一次获此殊荣。

惜别南开，弹指五年栉风沐雨

2009年9月，18岁的黄健栓考入南开大学。在天津这座北方城市里，他看到了不同于家乡重庆的风景和民情。夏末秋初的时候，太阳却依然直晒着，树荫里外温度差别很大。"重庆不是这样的，湿度大、紫外线弱，躲在树下并不会感到有什么不同。"听不太懂的天津话也让他感到既好笑又亲切。那个时候只有八里台一个校区，黄健栓学习的是计算机科学专业，穿梭于二主楼和伯苓楼，从小就颇有理科天分的他很享受理论课和操作课交替的学习节奏，课余也参加一些新生活动，他感到大学生活多彩的画卷在向自己徐徐展开。谈起10月份的联谊舞会他记忆犹新，"那个时候头发多（笑），还是挺帅的一个小伙，鼓起勇气在好多人面前邀

---

[*] 本文于2017年12月8日发布于《法大新闻网》。

请一个有好感的女孩子跳舞，她答应之前的那半分钟好像有一个小时那么漫长"。

他没想到这美好大学生活的憧憬并未持续太久，3个月后挚友打来的一个电话，让他做出了一个改变人生轨迹的重大选择。

12月份已是冷风彻骨的冬天，刚从朋友那得知祖父病重消息，黄健栓陷入了沉思。他一直跟随祖父母生活，现在祖父病重，祖母年纪大了，身体状况也不是很好，如果他不挑起这个重担，家中的生活将无以为继；可是另一边是寒窗苦读换来的高校学习机会，是目所能见的似锦前程，很难说放弃就放弃。他在校园里徘徊了整整两天，最后还是做出了退学的决定。

离开象牙塔、投身社会，这一去就是5年。这期间，黄健栓尝试了很多工作，做过建筑工人、英语口译、龙舟队队员；热爱散打的他还做过散打教练，甚至去少林寺当陪练。挣钱养家当然是辛苦的，但是几年的社会生活也教会了他很多。除了白天要跟不同的人打交道，满足不同人的要求，认认真真把事情做好；夜晚也会用闲暇时间读书，试着找寻在学校里的感觉，几年下来零零散散读了很多书。

他回忆起在家乡重庆的主城区打零工的日子。有段时间每天清晨5点就要起来去店里做清洁，收拾店面为一天的营业做准备。天蒙蒙亮的时候大街上空无一人，走在路上只能听到风吹树叶的沙沙声和自己的呼吸声。可是街道、广场却整洁得就像"被施了魔法"，一眼望去看不到半点灰尘，与前一晚人潮褪去时破败凌乱的场面判若两个世界。"我真的从来没有看到过这样的景象，原来一座城市有它背后运作的程序，这些是我们看不见的，没有什么是无缘无故得到的。"等到晨曦穿透云层，人声充溢街道，岑寂被打破，各行各业的人又投入一天忙碌的生活，创造社会价值，也带来喧闹、编织疲惫、制造出堆积如山的垃圾。"一个庞大的机器，它的运作离不开每个细小的部件，我们习以为常的生活可能是很多很多人的劳动换来的，有什么理由不去珍惜"，黄健栓说。

期间，黄健栓还到过北京，在一家影视公司做英语口译，也是让他难忘的经历。当时公司聘请的一个技术总监是英国人，不会讲中文，黄健栓的工作就是帮助他和技术人员正常地沟通交流。跟以前在建筑工地上干的体力活不同，在朝九晚五的公司做翻译是脑力劳动，没有那么累，但是依然有很多压力和挑战。有一次因为不会表达"音乐学院"这个词,他在口译的过程中出现了失误,让双方都产生了误解,给公司带来了损失,也被老板当众批评。回到住处他便将"conservatory"这个单词抄了一百遍,英语水平一直很好的他对很多专业性的词汇却不甚了解,"还有很多东西要去学,毕竟学校教给你的与实际工作需要的还是有着不小的差距,所以要不断充电、不断更新自己"。

梦续法大,四年荣光初心未改

2013年底,家里的经济情况有所好转。从未放弃过大学梦的黄健栓第二次走进高三课堂,与比自己小5岁的应届学生们坐在一起,投入紧张的高考复习。在短短7个月的复习时间里,他克服了知识的遗忘、克服了心理上的压力,最终以优异的成绩被中国政法大学录取,成为2014级经济学本科生的一员。

入学之后,学校的生源地助学金贷款解决了棘手的学费问题,可生活费对于黄健栓而言仍是不小的难题。于是他在课余时间勤工助学:在学校做教学助手,在校外做好几份兼职,加上课业繁重,有时候恨不得把时间掰成两半来用。刚入学,黄健栓在学习方面也面临着很多挑战:习惯了理性思考的他在学习很多文科类的必修课时感到没有头绪。他承认人的记忆力在20岁之后就会不断下降,自己背东西的速度与周围同学相比会慢很多,这个问题曾让他一度陷入自我怀疑的低谷。大一下学期的西方文明通论结课考试,黄健栓拿到了意想不到的高分,"好像在所有上这门课的同学之中排第六名吧",从那以后,学习心态开始好转。条条大路通罗马,长年的理科思维训练可能让自己更容易找到纷繁复杂的文化、历史资料背后的规律,谁说学好一门课程的方法只有一种呢?

因为年龄比周围的同学大几岁,性格又成熟豁达,他在军训期间一路"升官",才四五天时间就当上了副连长,组织大家做事,在同学之中很有威信。回到学校后,开始有同学称呼黄健栓为"大师兄",一句"大师兄,师傅被妖怪抓走了!"总是能引起一阵欢笑。渐渐地,这个称呼在商学院里传开了,最后就连有时黄健栓去辅导员办公室,辅导员郭虹老师见到他也会脱口而出："呀，今天大师兄来了。"他很喜欢大家给他的这个称呼，因为印象里大师兄都是"本领高强"的。

大学并没有比在社会上的几年更轻松，完成学业的同时也要兼顾工作，黄健栓严格地管理着自己的时间，在一点一滴中提高自己的效率。功夫不负有心人，黄健栓不仅解决了个人的基本生活问题，每月还能为祖母寄去400元的生活费；他的学业成绩常常位于专业榜首，也代表学校参加了很多比赛，比如全国大学生数学建模竞赛、英语竞赛、北京市散打比赛等，都取得了不错的成绩。

值得一提的是，2017年5月3日习近平总书记考察法大的那天，黄健栓作为"感动法大"优秀学生与习近平总书记进行了简单交流。提到那天的经历，黄健栓记得自己站在楼前的台阶上等了很久，中途身体有些不舒服，但是看到习总书记进来的时候感觉身体充满了能量，可能就是心理上的愉悦转化成了身体上的动力吧。"那天很兴奋，与习近平总书记聊天之后有一种安全感和宽慰，高兴自己的声音再渺小也能够被听到。"他认真地说道。

无惧未来，文武千面本色一面

从"感动法大人物"到"中国大学生年度人物"，越来越多的人了解到黄健栓的故事。谈到退学、谈到在社会上打拼，他没有像想象中那样话多。大概故事的亲历者体验的是全部的立体的人生，外人只关注到其中的几个点，便觉不同寻常。这些点在他那里只是构成人格和全部经历的微不足道的一部分，故事之外是更多真实而精彩的生活。

小时候黄健栓经常待在重庆的乡村，接触大自然很多。那个时候一放学就要去割草，然后喂兔子，所以他每天督促自己在学校就完成作业，以应付家里的各种农活，有时还要帮父母去市场上卖菜。干活久了，他练就了好多新的技能，比如认识常见的上百种植物，比如爬小山丘根本不费力气，比如会应对顾客的讨价还价。很多年后回忆起童年，他还是觉得那些场景很清晰："只要完成了当天的任务，家里人从来不会限制我什么，所以每天都是自由自在的，看到土丘就想去翻越，听到没做过的事情都要想去尝试。"可能是因为祖父一直身体不好，小小年纪的黄健栓就认识到有一个好的身体是多么重要，所以除了那些确实很危险的活动，小伙伴们叫他去爬个小山、淌个小河，他一般都不会拒绝。那段与自然相依偎的童年，简单而快乐。

后来黄健栓独自一人来到巴蜀中学读高中，在"高手林立"的理科实验班里，他物理成绩很突出，竞赛常常是第一名。喜欢钻研的黄健栓也养成了哲学思辨的习惯，经常坐在座位上发呆，看看窗外夜色中灯火通明的教学楼那端，一些命题一想就是整个晚自习。高三复习那会儿翻来覆去地参加模拟考试、做大量的题目，可能是从小习惯了不受约束，黄健栓会编各种各样的理由跑到校外去悠闲自得地待着；或者只是在校园里找个没人的角落读哲学书。高中同学杨树这么多年一直与黄健栓联系着，对他当年异于常人的"壮举"还是记忆犹新。

下午 6 点左右从法大北门向南走，左侧是落日余晖映照下的篮球场，巨大的喷漆广告牌遮挡不住一张张笑脸，这是黄健栓和商学院男篮的队友们一天最放松的时刻。一开始刚进队的时候，大伙担心，这个"大师兄"比我们大了好几岁，以后一起训练和比赛会不会不好沟通？刚经历了几年社会上的洗礼，黄健栓大一的时候多多少少对人也有点戒备之心，不像其他人那样表现得懵懂和自然。另外，在法大"尊师重道"传统的影响下，高低年级同学之间习惯称呼"师兄师姐"和"师弟师妹"，这本来是让人自豪的学校特色，但面对比自己还小几岁的"师兄师姐"，黄健栓会显得非常拘谨和不习惯，这些都只能慢慢去适应和克服。还好球队是大家都共同热爱着、重感情且杂念很少的地方，一次次的荣辱与共让他真正融入了这个集体。打球时就把所有顾虑都忘记，没有师兄师弟之分，协作、得分，为团队争得荣誉，是唯一的比天还大的事情。

采访的最后问黄健栓接下来有什么想要实现的目标。他坦言自己不是一个愿意与别人提起理想的人，如果说对自己有什么期待，那就是安安心心完成学业（大四黄健栓已经被保送法与经济学专业的研究生），有一份喜欢的工作，承担家庭责任，也对社会做出一些贡献。用黄健栓的话说，这是一个"弱不可知"的世界（"弱"用的是物理学上的概念），好多悲喜境遇都不能为人的理性所参透和预测，但是总有一些价值是绝对和确定的，比如要有一个好的身体、要承担起家庭的责任，这就是他不断前行的意义。

至于那些掉了头发也没想明白的哲学命题，黄健栓说："随它去吧，生活的摊子就摆在那儿，要你去收拾，时间是唯一不可阻挡的东西。"

穆旦说，"我的全部努力，不过是完成了普通的生活"。"真实"二字平淡如水，却蕴藏着改变人生的力量。

依马木尼亚孜：法大胡杨　家中顶梁[*]

文/刘婧星

依马木尼亚孜·麦合麦提，2016年考入中国政法大学，后参军入伍。退伍后回到中国政法大学继续就读，国际法学院1802班学生。

"大部分先寄回家，剩下的一些我大学四年应该够了。平时还是会从留给自己的钱里时不时寄点回去。"当同龄人心安理得接受家长提供的生活费时，笔者对面的年轻人云淡风轻地划分参军入伍经济补助的"巨款"，眉眼间闪烁着能够照顾好家人的自信。

大一新生、顶梁柱，这两个字眼碰撞到一起似乎有点格格不入，但它们确实描述的是同一个人。他——依马木尼亚孜，真实地诠释着一个男子汉的责任和奋斗。

"巨款"的来去

依马木尼亚孜·麦合麦提于2016年被中国政法大学录取。用维吾尔语唤他全名的家人在千里之外的新疆阿克苏，朋友们则用"依马木江"来称呼他。这个从小既有军营梦想又有法律梦想的男孩儿，在读大学之前就决心参军。2016年9月与法大匆匆一"晤"，他便换上一身戎装，去到比家乡更遥远的军事基地。

说起选择参军的初衷，依马木尼亚孜很诚实地告知记者有好几个原因。军营梦想自是浪漫，"养家"则是其中最现实的一个。艰苦谋生的父母养育自己和五个弟弟妹妹实为不易，依马木尼亚孜从小就非常懂事。选

---

[*] 本文于2019年3月5日发布于《法大新闻网》。

择参军，也有基于拿到参军入伍经济补助的考量。家境不理想是不争的事实，2016 年他从新疆赶往北京的交通费用，便是在法大"绿色通道"的帮助下解决的。依马木尼亚孜坦承，参军入伍经济补助很大地缓解了家里的经济压力。从他考全乡第三名升入疆内初中班起，家里供他学习却也断了将来弟弟妹妹求学的可能。这笔费用多少能为家人们提供获得技能培训的机会，也让他稍稍放下歉疚。

"自食其力"几乎是作为长子的依马木尼亚孜前 20 年的关键词。独自在异地求学，攻克语言关、生活关、交际关，真的是关关难过。他不讳言少小离家，偷偷躲到僻静处哭泣的辛酸，也曾不懂事，在电话里"质问"爸爸是不是不要他才不让他留在家里。但他就像"塔克拉玛干沙漠里的胡杨"，不肯对种种挑战弯腰。家里凑不齐念预科时的学费，他咬紧牙关，在学业之余勤工俭学，还上了部分欠款，院党委得知他的情况，免除了剩下的学费，也给予他不少的关心和照顾。"我好像自从上学就没怎么花过家里的钱了"，说这话时依马木尼亚孜颇为欣慰。

依马木尼亚孜也知道，自己成长一路虽然不易，但并不是踽踽独行，多的是学校和社会的关心。他感激艰难跋涉时老师们的指点，会在教师节送上"因为有了你们老师，我们的眼睛才明亮"的温暖祝福。学生处的迪达尔老师提起他则不吝赞美，称赞道"每次沟通都发现他有进步"，"特别努力"。

参军的岁月

参军经历给家里带来有形的财富，给依马木尼亚孜留下的，则是一生受用不尽的锻炼和情谊。

向昌平区武装部打报告自请去往最艰苦的地方，动身前，依马木尼亚孜便期待军队能成为他成长的"加速器"。军队是个纪律严明、说一不二的地方，本就是个严于律己的人，当他换上一身军装，对自己的要求更上一层。长跑训练、紧急集合，即便发高烧也从不请假。正式授衔那天，他给迪达尔老师发了很长的微信，言语间满怀深情，"（自己）为这个决定而感到骄傲，为成为一名现役军人而感到骄傲"。

参军的日子紧张忙碌而平淡。不幸的是，2017 年，安心服役的依马木尼亚孜陡然接到父亲病危的通知。家书寥寥数字，信息量却极大。依马木尼亚孜赶忙请假，奔赴家人身旁。彼时的父亲已经意识不清，依马木尼亚孜甚至来不及难过，就担负起顶梁柱的责任。家人只会说维吾尔语，他便充当翻译，同讲汉语的主治医师几番沟通后，院方决定给父亲转科室、换治疗方案。多年攻克下来的汉语成了救命稻草，可家里欠着的医疗费实在不是他一人能够解决的。依马木尼亚孜一筹莫展，此时朝夕相处的战友们纷纷站起来，替他筹措数以万计的款项，以支付父亲的医疗费。短短一周，依马木尼亚孜欣喜地看到父亲从满身浮肿到病情有所好转，这才放下心来，匆匆返回军营。

"阿爸现在挺好，能自理的，不能干重活，我们也不让他干重活儿。"提到父亲，铮铮男子汉脸上也不由泛起柔情。负责大学生征兵工作的卜路军老师很是看好依马木尼亚孜的成长，"当兵让他身上本来就有的一种责任感，更加坚强有力"。

参军的两年，因是法大学生，依马木尼亚孜曾经被连队委以普法的重任。为了圆满完成任务，他自学了一些法律知识，是同班兄弟谈笑间的"专家"。退伍后，他依然同战友们保持着很好的联系，也计划在法大诸多名师引路下，成为一位名副其实的"普法战士"。

离开新疆求学，毕业后肯定是要回去建设新疆的，依马木尼亚孜早就抱定了这个信念。

小学二年级时，家里同别人起了经济纠纷。对方胡搅蛮缠，无理不让人，无依无靠的一家子诉诸法律，正是法律的公平保护了他们的正当权益。这桩事情在依马木尼亚孜心里，播下了法律的种子。当时怯生生偎在父母身侧的小男生似乎明白，法律这柄大伞，能够为心爱的人遮风挡雨。当同龄孩子还是一片懵懂时，对着"长大想干什么"的提问，他就已经脱口而出：律师！这些年来，依马木尼亚孜始终觉得，考入中国政法大学，成为法律人的后备军，是一件光荣的事。

在故乡阿克苏结束小学教育之后，他开始了辗转多地的求学生涯。2014年，他收到法大的预科录取通知书；在北京邮电大学民族学院修读的预科结业合格并顺利入党之后，2016年9月，他正式收到法大的录取通知书，成为国际法学院的一名新生，同年参军；2018年9月，退伍归来，正式开始本科学习。

再次回到学校，依马木尼亚孜很是珍惜。啃专业课的课本、报名新生运动会、参加强军协会的活动、在"一二·九"纪念活动中和同学们一道排练节目，生活充实有趣，他也乐在其中。

在外的时间远多于在家的时间，只有在寒暑假，依马木尼亚孜才能尽情享受亲情。同阿爸阿妈聊天，跟弟弟妹妹在自家的八分果园里照应苹果、葡萄、杏子。在他眼里，阿爸阿妈是遮风挡雨的屋檐，妹妹们则是快乐的源泉。父母心疼在外打拼太久的他，不舍他劳作，反而是懂事的依马木尼亚孜劝说父母，让他做些力所能及的事。

依马木尼亚孜比同龄人的经历丰富，因为经历，更见稳重和成熟。他计划在接下来的三年半时间，充分利用法大的学习资源学好法学，回到家乡从事法律方面的工作。生养他的水土，始终是依马木尼亚孜的牵挂。毕业后反哺生他养他的地方，利用自己在法大收获的知识和能力建设家乡，始终是远游的学子心上温柔的梦想。采访的最后，依马木尼亚孜聊到2018年末的热播剧《大江大河》，坦言对主人公的奋斗故事感同身受。在家尽孝，为国尽忠，他希望能像无数用青春和热血参与家乡建设的奋斗者一样，用双手撑起一个家、打拼出未来。

钟卓然：从法大到哈佛，什么是他的思考？*

文/黄雨薇

钟卓然，中国政法大学法学学士，2017年哈佛大学法学院职业法律博士（J. D.），极优等成绩（Magna Cum Laude）；2020年任《哈佛法律评论》执行编辑。

三年前，在钟卓然本科毕业被哈佛大学法学院J. D.项目录取时，我们曾采访过这位1994年出生的男孩。如今他从哈佛大学法学院顺利毕业，并荣获极优等毕业生，即将进入达维律师事务所纽约办公室从事诉讼工作。从法大到哈佛，钟卓然不断脱颖而出。谈论起过往经历带来的种种"光环"，他总是在谦逊的言辞中带着笑意。其实，在外人看来一路顺风顺水的历程背后，更多的是我们不知道的艰难拼搏。

求知：仰望星空与脚踏实地

钟卓然不仅在哈佛大学法学院荣获了极优等毕业生的荣誉，也在冲突法课程中取得最高分，斩获Joseph H. Beale奖学金。从本科开始便荣获各种奖项的他始终保持谦虚的态度，"在学业方面能得到这两份荣誉我感觉很满意、很幸运，是对自己付出的一种充分肯定，特别是极优等毕业生荣誉，其是颁发给J. D.项目中学业成绩排名前10%的学生，在极优等奖项的前面，就只有奖励给学业成绩第一名的最优等奖（Summa Cum Laude）了"。

当问及是什么样的秘诀，使他在群英荟萃的同学中依然能够成为佼佼者时，钟卓然说，应该是对法律的浓厚兴趣，加上较好的适应能力，让他

---

* 本文于2020年6月23日发布于《法大新闻网》。

能够快速融入新的学习环境。但他也坦言,在哈佛大学法学院攻读 J. D. 项目,第一年的学习任务与后两年相比是比较繁重的。因为 J. D. 项目的课程设置不细分方向,所有学生都要接受通识教育,必修的科目很多,加上陌生的环境和非母语学习的状态,在刚到哈佛大学学习的第一个月里,他也感受到了明显的文化冲击。

钟卓然在法大常被同学们称为"钟神""钟老师",大一的时候托福便考取 118 分的高分,去美国前更是取得了 LSAT(法学院入学考试)175 分的优异成绩,但是起初面对老师课前布置的阅读作业还是很难理解,"虽然每个单词都认识,可是案例通篇读下来却不知所云"。美国的教学方式和国内也有明显的差别,在法大更多的是老师主动讲、学生认真听,而美国的课堂非常重视学生的参与,每个问题老师都不直接给出答案。印象最深刻的是,"第一堂课的时候,我充满期待地摊开自己的笔记本,准备记下教授的重要观点,但是一堂课下来我的笔记本上一个字都没记,觉得什么都没学到"。

这种学习方式经过了一段时间后他才逐渐适应,钟卓然认为这是一段成长的曲线。他逐渐摸索到,大篇幅的课前阅读材料其实是有重点可循的,老师在课上提出的问题也是富有逻辑性的,任何问题的讨论不是为了求一个答案,更重要的是整个思考的过程。一个规则对于法学学生来说是很容易理解的,但我们需要不断思考为什么要制定这个规则以及如何适用这个规则。在这个过程中,正是老师的循循善诱引发同学们进行深入的探讨。哈佛大学法学院的教授似乎也更愿意听到同学们表达与他不同的观点,在思想的碰撞和观点的交锋中互动共享、教学相长。

谈及哈佛大学和法大的不同,钟卓然说:"法大的学风优良,学习氛围浓厚,很多教授对我也助益良多,为我奠定了坚实的法学基础。但是在哈佛大学法学院和在法大的学习体验还是有些许区别的。一是近年来我觉得批判性的思考方式尤为重要,例如,为什么非要这么规定?有哪些反对观点?这些思考对于学习的重要性是不言而喻的。二是美国法学院更加注重通识人才的培养,我也赞同法学教育的二级学科壁垒在适当时候应该被大胆突破。三是老师更加注重和同学的互动,常常和同学互相启发。无论是在课堂上学习到的,还是在实践经历中体会到的,我觉得都可以用一句话概括,'当仁,不让于师'。尊师重道当然要遵循,我相信每一位法大学生都可以做到这一点,但是即便学生和老师之间有身份的差异,在思想上我们是平等的,并没有师生之别。"

现在回顾那段学习经历,钟卓然表示,虽然在刚刚入学的时候有一些不适应,但和在法大学习的状态相比,并没有明显感到学习压力有较大的增加。他认为学好法律与学好任何一门其他学科的方法没有太大的区别,只要有计划意识、专心专注、勤于思考、善于交流、规律生活,就一定能够取得不错的成绩。"好的身体、心理素质对于法学生来说特别重要。"在体育锻炼、与父母和同学的交流中释放压力,放松心情,保持好的状态,也使钟卓然步伐坚定地迎接各种挑战。

笃行:能力培养与价值塑造

拥有一百多年历史的《哈佛法律评论》(Harvard Law Review),是美国第一家由学生编辑和管理的法学刊物,也代表了美国法学较高的研究水平。钟卓然在哈佛大学学习期间,除课业以外,大部分时间都奉献给了《哈佛法律评论》。

《哈佛法律评论》每年会通过写作选拔招募 48 名学生编辑,通常会有二三百人报名参加。在第一年课业结束的学期末,钟卓然也参加了每年一度的写作竞赛,法学基础扎实、文笔突出的他成功加入了《哈佛法律评论》学生编辑的团队,在此期间他也发表了学生评注(Note)。

让钟卓然感触颇深的是,《哈佛法律评论》的学生编辑团队是一个完全的学生自治社团,没有老师指导,反而是老师投稿到这个学生主办的期刊。这一点在法大方流芳老师《〈哈佛法律评论〉:关于法学教育和法学论文规范的个案考察》一文中有详细描述:对于绝大多数美国法学教授来说,类似于《哈佛法律评论》这些学生编辑的法律评论刊物,是他们发表论文的唯一园地,能否获评终身教授资格也通常取决于发表论文的质量和数量。一百多年来,无论是兰代尔、安曼斯、庞德这样一批代表哈佛大学法学院声誉的教授,还是霍尔姆斯、沃伦、波斯纳这样名声显赫的法官,他们发表论文,无一例外要接受哈佛大学法学院二年级和三年级学生编辑的审阅。方老师这篇发表于 23 年前的文章给很多中国读者带来了启发,钟卓然也表示,自己选择加入学生编辑团队很大程度上受到了这篇文章的影响。

据钟卓然介绍，《哈佛法律评论》学生编辑团队内部分工细致，每篇文章在发表前大概会经过二三十位学生编辑的筛选和编校，包括先行审读、文献综述、会议公决、引证校核、技术编辑等流程。虽然学生编辑有时也会邀请法学院的教授参与文章的匿名审阅，但教授的评议只具有参考、指导作用，大部分工作包括是否接受这篇文章以及为文章提出实质性的修改建议，都由学生来决定和完成。

在《哈佛法律评论》担任编辑的两年经历，让钟卓然不断提升法学研究的能力。2019年5月，他开始在达维律师事务所纽约办公室实习，毕业后，他也即将入职这家律师事务所。至于未来的人生规划，他实事求是地表示还是要走一步看一步，先打算在这里工作两三年，提升执业技能，也开拓一下自己的视野，当然日后还是希望可以早点回国。"虽然总说知己知彼，但我认为有时候知彼才能知己，了解对手才能更了解自己。"

法大董京波老师曾在钟卓然本科阶段参加国际模拟法庭竞赛时，担任他的指导教师，听闻卓然取得这样的成绩她表示非常欣喜。"就像他的名字一样，他有一颗追求卓越的心并积极付诸行动。卓然的成功是对学校人才培养的肯定，希望同学们能汲取榜样的力量，刻苦求学，在世界的舞台上绽放光彩。"

最后，当问及对法大师弟师妹的建议时，钟卓然谦虚地表示，他的经历不一定对所有人都适用，是否出国需要自己决定，但在校园内把握好手头的资源，脚踏实地地学习总是实际的。具体来说，他对在法大学习法律有三点体会：第一，不要迷信老师。对好老师的最大尊重不是重复"标准答案"，而是提出好问题，即便是傻问题也好过没问题，因为，没问题就意味着放弃了思考。第二，除了上课拼命抄记、考前拼命背诵，至少还应该思考两种正义：一种在课堂里、在教科书里，另一种在校门外、在社会实践里。用前一种批判后一种，也要用后一种批判前一种，以此多读一点，多看一点，多想一点。这才符合大家心目中"法学最高学府"学子的标准。第三，法学专业的同学要多虚心向人文、政治、新闻、商学院等其他专业的同学请教，互相滋补。一定要破除部分法学专业同学的优越感，这种优越感无知又狭隘，也有损身心、有损同学情谊，更有损自己的竞争力。共和国未来的政法人才一定要气象开阔。

2019年6月,美国的坎布里奇熬过了漫长的寒冷,迎来了暖阳和鲜花,查尔斯河静静流淌,倒映出这座城市的静谧。钟卓然有时早晨起来会外出跑步,下午下课后会去健身房锻炼身体,并尽量坚持和本科阶段一样的生活习惯——每天晚上11点前睡觉。他说哈佛大学离波士顿的市区还有一些距离,在地理位置上和昌平有一点相似,既有大城市的氛围,又充满了学术气息。

上学的路,短暂又漫长。那段时光刻着一个人年轻的模样,记录着一代人的成长。从法大到哈佛,钟卓然一路砥砺奋进、求索真经,但光环萦绕的他从不骄傲自满,而是马不停蹄,继续攀登他心中更高的山峰。这位安静儒雅的学霸谈起他的求学之路并不吝啬言语,面对采访时活泼健谈,结束对话后依然谦逊低调。他说去美国以后没拍过太多照片,他从未在朋友圈中晒自己的生活,但却很乐于通过我们的访谈分享他的经历,希望自己的所见所得能给法大的师弟师妹带来一些启发。在钟卓然的身上,我们可以看到,优秀是常为不置,常行不休。

金思缘：通宵接力的"战疫中间商"*

文/谢冰钰　王金涛　闵露妍　蒋欣恬

金思缘，湖北黄冈人，中国政法大学2016级外国语学院本科生，曾任校女子足球队队长。

响应党之号召，听从团之号角，立身于没有硝烟的战场，法大学子扛起时代的担当。君可见，返乡大学生反哺乡亲，穿梭于大街小巷，普法宣传；君可见，青年志愿者奔赴一线，发力于键盘指尖，协调物资。他们无不展现出党的助手和后备军的担当、共青团生力军和突击队的作为，以一己微薄之力，攻坚克难，拂尘移山。

在这群特殊的身影中，就有这样一位校训"厚德、明法、格物、致公"的践行者——法大2016级外国语学院本科生金思缘。

做"中间商"　睡袍即战袍

"水滴石穿，做过的事总会有一些痕迹的。"

晚上12点，胸前的手机在振动，正睡得迷迷糊糊的金思缘噌地一下弹了起来。

是医院代表回复消息了吗？

院方的工作人员白天一般都特别忙，只有深夜才有空闲。她立刻打开手机，抓紧时间和医院代表核实口罩的相关事宜，接着她在数十个联络群里面滑动，寻找着目标群，向相关团队报告以后，又拨打下一个电话……等忙完这一次联络，已经是凌晨一点半，她无力地倒下去，不知道这次又能睡多长时间。

---

* 本文于2020年3月4日发布于《法大新闻网》。

物资在半夜送达转运地后，连夜安排后续工作是义工们的常态，最忙的那几天，没有时间吃饭和睡觉，联络群里面24小时随时都会有消息弹出。医护人员在前线与时间赛跑，对于志愿者们，睡袍就是战袍，要在后方为医护人员争分夺秒。

前期统计黄冈地区各医院的物资需求，后期和各医院对接、协调物资分配、跟踪物资落地，自1月25日（大年初一）至今，众志成城，她就是这样与义工伙伴们踏实坚守、无私无畏。

接手统计工作时，她将各个医院的物资需求综合一一放入表格，从开始时的十几家，到结束统计工作时的一百多家；协助对接医院、分配物资时，她在捐赠方和院方之间传递信息、一一通电核实，为家乡寻求资源。

面对我们的赞许，她说，一己之身所做的只是小小一环，而她所在的团体是一个很庞大的义工群体，从内地到港澳地区再到海外，从物资采购到落实运输再到资源整合分配，各司其职，各尽其能，有钱出钱，有力出力。大家上下拧成一股绳，高效有序地解决一个又一个的物资缺口，同时换位思考如何为别人节省时间和精力。谈及压力，她说，解决宏大的事自己还能力有限，但她相信水滴石穿，只要坚守初心，踏实做事，做过的事总会有一些痕迹的。

桑梓蒙难　安能旁观

金思缘的家乡，紧邻武汉的黄冈市，是湖北省第二人口大市，和武汉又有城际铁路。在黄冈封城之前，大概有60万到70万人由武汉返回，巨大的人员流动客观上导致黄冈成为疫情重灾区。而2020年2月19日，黄冈新冠肺炎患者治愈病例破千，加之黄冈的"小汤山"——大别山医疗中心的全力运作，疫情形势逐步缓和，这样可喜的结果让金思缘所在的黄冈中学志愿团体倍感欣慰。

阿里的工作人员曾经自发组织了一个团队，是金思缘所在义工团对接的一个志愿者小分队。在除夕之前他们便开始募集资金，购买物资默默地支持湖北二三线城市的医疗单位，在2月28日左右便已经完成全部捐赠工作，然后返回自己原来的岗位，其中也有人因为志愿工作滞留外地或者被隔离。但是他们的高效率和实干精神，一直让伙伴们深受感动，他们只留下一个名字——阿当。后来"阿当"成了义工们的自称,这是属于每一位实打实做事的义工的名字。

平日父母　今夕战友

"你不要和武汉一线抢物资。"这是金思缘的父母在得知她参与志愿工作,为黄冈地区争取物资的时候说的第一句话,不是关心,不是赞许,而是一句提醒。

父母都是在抗击疫情一线的基层医护人员,顶着腊月凛冽的寒风,在高速路口和乡里乡间工作,排查登记,测温统计。父亲脸上不合规格的粉红色口罩在人群中格外扎眼,可他们依然心系最前线的战友,舍小家为大家。

其实最初进入高中校友建立的资源整合群,只是担心防护物资缺乏,做过手术的父亲免疫力差,一心想为父母所在的医院争取一些物资。后来,每日注视着父母离去的背影,微信群里铺天盖地的求助:

"××医院急需口罩一百个!××医院急需防护服……"

金思缘逐渐意识到自己作为一名法大学子的担当,"受光于庭户见一堂,受光于天下照四方",在群里招募志愿者时,她的身份从一名求助者转换成一名志愿者,和父母成了战友,并肩上阵。

浓浓善意　动人肺腑

来自全国各地的捐赠与支援为这个寒冬带来了格外的温暖。谈及工作过程中印象深刻的故事和人物,金思缘讲了很多。

疫情暴发初期,有一位司机叔叔从南京开车20多小时来到黄冈,带来了800桶总共20吨的消毒液,到了之后大家才知道他连口罩都没有。递给他口罩,他戴上以后也只是笑笑,还没来得及休息就转身投入到物资分装的队伍中,与当地的志愿者们一道坚守在新的岗位上。

还有北京爱心人士送来的物资箱上,暖色花纹的便签写着:"作为一个首都市民,家中也没有太多口罩,但是我可以少出门几天,省下来的留给你们用。"

这份从遥远北方传来的温暖使金思缘和她的小伙伴们在感到欣慰的同时,又多了一分"见字如面"的亲切与被默默关心的感动。

天刚破晓，淡青色的天空还镶着几颗稀落的残星。曾经看见其他地方的志愿者用直升机解决了运输问题，他们是说不出来的羡慕，而如今，在"阿当们"的共同努力下，第一架为黄冈而来的直升机，载满了支援前线的防护服即将到达。看着视频里那火红的直升机从一个太阳般的小点缓缓变大，最终稳稳地落地，她心中涌动着的是对捐赠者的感激和对未来抗"疫"工作的热情与希望。

她说，这些来自远方的浓浓善意驱散了所有的辛劳和疲惫，是鼓舞志愿者们不断投入与奉献的兴奋剂。

金思缘　缘于法大

曾经担任过法大勤助实践拓展部的部长，金思缘始终铭记着这个校组织给予她的帮助，并一直致力于在工作与生活中把这份温暖传递给更多的人。"开学时我走了绿色通道，是勤助给了我第一份温暖。"她的笑容中带着坚定，"被人帮助是一件很幸运的事，而能帮助到别人则是一件很幸福的事"。

此外，她还担任过校女足的队长。女足的经历不仅塑造了她迎难而上的品性，还培养了她的团队思维和团结意识。抗"疫"工作从来不是一个人的胜利，物资采购、运输、分配的顺利进行，正是所有志愿者精诚团结，和衷共济的结果。

格物致公　扎根大地

法大重知亦重行，其中"致公"的校训精神就包含着"位卑未敢忘忧国""舍我其谁"的责任担当，就是肩负起对国家、民族、社会、人类未来的家国情怀。为黄冈的付出也是金思缘个人的收获，这次义工的经历让她真正倾听了来自祖国腹地的迫切呐喊，坚定了她扎根大地，辛勤耕耘的理想。

"但行好事，莫问前程"，她说，最大的感想就是：要相信，要行动，要团结。

这次疫情，考验的不仅仅是每个人的免疫系统，也是整个国家的"免疫系统"。法大学子作为祖国的一个个细胞，其力虽微，众志成城。

一声声誓言、一封封请战书、一次次舍我奉献……无数人在为疫情挺身而出。我们坚信：抗"疫"之路，道阻且长，行则将至！

张敬遊：于疾风骤雨中穿梭 绽放青年光彩*

文/钟舜桐 潘奕桥 王昕颜

张敬遊，中国政法大学2017级国际教育学院本科生，北京高校香港学生联合会理事长，2020年新冠疫情流行期间在我国香港地区参加志愿服务，负责抗疫物资筹措和分发。

4.2万多名驰援湖北的医护人员中，有1.2万多名是"90后"，他们在抗击疫情的斗争中勇担重任、挺身而出。

"90后"奋战抗疫一线，体现的是青春的力量，青春的担当，更是他们这群最美"逆行者"，人生路上的一段不平凡的体验。

携手战疫情，逆浪共前行

张敬遊说，自己永远记得与北京告别回到香港地区时的情景，那时所有人都没有想到新冠病毒会在日后飞速席卷祖国。突然暴发的新冠肺炎疫情，不可避免地给准备尚不充足的人们带来一定程度的恐慌，口罩与消杀物资的价格节节攀升，各处商店门口张贴的售罄标志给所有人敲响了警钟。哄抢物资和大排长龙"一罩难求"的情况随处可见。看到这些，他决定成为一名抗疫志愿者，献绵薄之力助香港地区渡过难关。

选择投身于抗疫志愿工作，不仅是身为法大人的荣耀与责任，更是新时代青年的担当。新冠肺炎疫情暴发后，张敬遊以及众多青年开始自发组织人员进行志愿活动，面对我国香港地区严峻的抗疫形势，一群青年学生聚集起来一致决定要组建志愿者团队，一定要行动起来。蚍蜉虽小，若能同心协力，定可撼动大树。

---

* 本文于2020年4月16日发布于《法大新闻网》。

斟酌复考量，勠力克时艰

组织大规模的抗疫志愿活动并不容易，人员调配与物资调配都是需要谨慎考虑的棘手问题，张敬遊深知自身能力有限，所以在制定志愿活动目标与对象时进行了再三的斟酌考量，最后将关注点落在物资筹措上。由于本次志愿活动是青年学生组织起来的纯民间行为，为防止出现拆东墙补西墙的恶性循环，物资的筹集最好选择在疫情较轻、资源充足的地方进行。志愿活动按部就班地开展，最开始时，志愿者们发动身边的同学好友，在网络上对口罩、消杀物资进行众筹。一方有难八方支援，动员的成效非常显著，祖国各地的爱心物资源源不断地抵达香港地区。万千涓涓细流汇成江海，给刚起步的志愿活动打了一针强心剂。当物资筹备充足时，他们便开始针对志愿对象的不同情况将物资分装、打包，而那些分装的小包装袋最后都会在志愿者的传递下流向我国香港地区的四面八方，到民众的手里。

张敬遊深切地认识到，志愿活动的作用范围与助力程度是有局限的，数量有限的物资更应该发放给最需要的人群，效益最大化地帮助香港渡过难关才是当务之急。而在物资准备齐全后，志愿者们又开始分阶段对志愿服务对象进行帮助。

最初是抗战老兵与退休教师，而后便是奋战在抗疫一线的医生护士们，随后张敬遊和志愿者们跟随着一些抗疫一线的医生护士前往我国香港地区的公房派送口罩、免洗洗手液、漂白水等物品。近期，由于我国香港地区的复工复产，志愿者们就针对复工人员开始相继派发口罩，包括测量师、工程师等专业人士，尽力维护他们的生命安全和身体健康。

和衷且共济，同德亦同心

在这次新冠肺炎疫情中，千千万万的中国人站了出来，或有白衣天使奔赴前线，救死扶伤，带去康复希望；或有建筑工人义无反顾，昼夜不息，筑成生命方舱；或有群众干部坚守社区，事必躬亲，保证后方平安，更有许多像张敬遊一样的志愿者，分散各处，到有需要的地方去，有一份热，发一份光。

而这已不是他的第一次志愿经历，在此之前，他曾多次参加义工活动，进行社区服务工作。因此，相比于大多数怀揣着激动心情的志愿者，张敬遊便显得有些平静。志愿服务对他来说不是一时心血来潮，而是已经成了他生活中平常的一部分，甚至成了一种内化于心、外现于形的习惯。将志愿服务视作习惯不意味着漫不经心地对待，恰恰相反，张敬遊越来越珍惜与重视这一次次的工作经历，希望自己能成为一朵时代的浪花，加入献身者的滚滚洪流。

张敬遊的父母十分支持他参加抗疫志愿活动，他们一致认为这是一件非常有意义的事情。他们相信有着丰富经验的他，能够在保护好自己的同时，将防疫志愿工作顺利完成。工作时心无旁骛地做志愿，回家后才向家人汇报总结今天的志愿服务情况，有时候还会分享一些或感人或有趣的小插曲。当有人好奇地问："哎，你家里人不担心你吗"，他都会笑笑："他们啊，对我放心着呢！"

除了家人的支持，同行伙伴的互助，社会各界热心人士的关注和援助也让张敬遊深切地体会到了何为"同心同德，和衷共济"。"创造新陆地的，不是那滚滚的波浪，而是它底下细小的泥沙。"人人都不过是尘雾之微，寸土之末，但聚拢一处，总可补益山海，以垒昆仑；人人都不过是萤烛之光，涓滴之流，但汇同一方，总可增辉日月，共成汪洋。大家一同挽起手来，又有什么困难能够压倒中国人呢？

岁寒知暖意，患难见真情

虽然之前已经参加过多次志愿服务，但每一次对于张敬遊来说都是新的经历，都有新的挑战，这一次也不例外。在这次抗疫防疫服务活动的开始，他还是遇到了不少让人措手不及的难题。

在张敬遊的衣柜里，静静地躺着一位"见证者"，它见证了最初的手忙脚乱，也见证了服务活动中一个有趣的瞬间。那是一件斑斑驳驳，布满白色花点的衣服，这奇异的花纹并非为赶潮流，故意造之，而是在搬运带有漂白作用的消毒水时，不慎泼洒所致。当天除了张敬遊，还有另外几位同伴的衣物也"光荣挂彩"，留下了"勋章"。然而，他们没有想到，这个小事故只是插曲，更大的难题还在后面。

由于没能事先通知到每一户住户，志愿者们只好采用最原始也是最管用的方式——挨家挨户走访。然而，平白无故地被敲门，总让人感到奇怪，在这特殊时期，老人家们的警戒心更是多了几分。自认为不算腼腆的张敬遊在举手敲门的时候也不免有些紧张，"我要怎么开口呢？""要说些什么来让他们相信我是派发物资的志愿者？"幸好，在领队的指导和多次尝试下，张敬遊逐渐自然大方起来，面对紧闭的大门耐心地说明来意，真诚地和里面的老人家打招呼。有时候，明明听到人声，门却迟迟不开，只好作罢离去；有时候门内是国外的朋友，志愿者们便轮番上阵，使用多种语言交流；有时候隔门相望，看到住户们带着一丝警觉、一点好奇的神色，他们便拿出口罩和药物再三解释，住户在确认身份后将信将疑地接过物资，最后欢喜地道谢。

其中不乏一些热情的长者，好客地邀请他们到家里坐一坐，但特殊时期，志愿者们只好婉言相拒，约定来日再见。最让张敬遊感动和意想不到的是，有一些独居老人在表示感激后谢绝了他们的物资，说："还是把这些珍贵的东西留给更有需要的人吧，我们这边不要紧的，还够用。"人性中的善和美，在这病毒肆虐的时期更显得闪闪发光，可爱可贵。

张敬遊时常在思考，人类为何能够熬过一次次天灾，一次次自然的考验。他认为，现在已经得到了答案——"人"字的结构便是互相支撑，彼此扶持。渺小又脆弱的个体在互助互爱中挽手，便成了一个庞大而坚强的群体，这就是人类对战胜病毒的信心所在！

姜晨曦：穿过疾风暴雨　奉献法大力量[*]

文/钟舜桐　张品谦　张嘉琪　芮宁晗

> 姜晨曦，中国政法大学2020级刑事司法学院硕士研究生。2021年河南特大暴雨灾害期间，在周口参加志愿服务，负责整理灾情线索信息并分发给救援团体。

2021年7月，河南中北部接连出现大暴雨，河南郑州、新乡、开封、周口、洛阳等地共有10个国家级气象观测站日降雨量突破有气象记录以来的历史极值。一方有难，八方支援。洪灾发生后，全国各地组织物资、动员力量，第一时间对河南受灾地区展开援救，各地多支救援队纷纷驰援河南。而其中，也有一位法大学子的身影。

突如其来的暴雨

暴雨初袭郑州时，姜晨曦正在河南省周口市的家中享受假期的闲暇时光。

刚开始，她只觉得是一场普通暴雨，但很快，随着积水的水位迅猛上涨，地铁站进水倒灌被封，越来越多人受困……姜晨曦意识到，这次暴雨来势凶猛，已经产生了人员伤亡。

伴随着狂风骤雨，微博、抖音和朋友圈不时出现各种危急的求救视频，姜晨曦的心被揪紧了。

她决定，一定要为家乡人民做点什么。

---

[*] 本文于2021年9月22日发布于《法大新闻网》。

"一份救命的表格"

暴雨降临的当天晚上,一份名为"待救援人员信息"的腾讯文档在各大社交平台刷屏,它在短短二十四小时之内,从简单的需求表格,生长为"多用途"的民间抗洪资源对接平台。而姜晨曦则是运营与更新这一救命文档的志愿团队中的一员。

在法大读本科时,也曾经带领同学参加过很多志愿活动。因此,在看到朋友圈转发的招募志愿者的信息之后,她马上就提交了志愿申请书,积极参与整理紧急求救信息的线上活动。

在2021年从7月20日暴雨开始之后的很长一段时间,姜晨曦都时刻关注着灾情动态,第一时间发现与收集求救信息,一旦出现意外情况,马上跟进。

表格中求救信息不仅繁多复杂,而且增加速度非常快,为了尽快核实消息的真实性和准确性,及时跟进救援情况,姜晨曦需要拨打留下的每一个电话,然后将已获救和待救援的人员整理分类为不同的表格,以方便团队的负责人与专业救援队伍对接信息。

一份救命文档背后,是许许多多如姜晨曦一般的志愿服务者,"我就是在他们那个大队伍里充当一颗小螺丝钉"。正是有了这一颗颗兢兢业业的小螺丝钉,救援文档才得以持续运转,帮助到更多处于困境中的求救者们。

亲历贾鲁河泄洪

姜晨曦的父亲就职于河南省周口市生态环境局扶沟分局,承担贾鲁河的防汛任务。

受郑州暴雨影响,贾鲁河发生超历史洪水,泄洪任务迫在眉睫,不可拖延。贾鲁河沿岸的扶沟县发布了《防汛抗旱指挥部3号文件》,要求曹里乡、韭园镇、练寺镇下辖的九个行政村全体撤离:"以投亲靠友为主,区域内个别地势较高的学校、企业也可作为集中安置点。"

姜晨曦说,她和家人按照县政府的安排,撤退到了许昌市,看着昔日繁华祥和的郑州市变得满目疮痍,洪水泛滥成灾,心痛之情无以言表。当时正好父亲的单位需要泄洪护堤志愿者,她觉得作为一名法大的学子,是时候贡献出自己的力量了,于是经过了简单的专业培训之后,姜晨曦便开始参与防汛救灾的前线工作,为受灾乡亲们提供物资与暂时的住所。

相较于之前的线上志愿,一线工作更不容易,磕绊、受伤是家常便饭,精疲力竭、浑身酸痛是每日常态。

直面灾害需要莫大的勇气,当在配送物资的路上,需要经过某些积水的危险路段时,她总会担心运输车熄火,导致物资无法及时运送到急需的老百姓手中。又或是害怕积水过深,甚至出现塌路的情形,物资乃至人身安全都会受到威胁。

此次泄洪任务非常关键,上保郑州,下保安徽,扶沟的牺牲能为下游西华分流压力。因此,周口应急相关工作人员日夜不停地加固堤坝,许多群众也纷纷请缨,时时刻刻都有人在岗。他们的皮肤由于长期浸泡在水里而变得浮肿脆弱,经烈日一晒便脱皮。其间贾鲁河大堤一度漫堤,幸亏他们用袋子装土等方法加高堤坝,才避免了严重后果的发生。

扶沟县曹里乡多有人家以养殖牲畜维持生计,大水一来,几十元乃至上百万元的本钱打了水漂,鸭子、猪等的尸体遍地漂浮,积水肮脏且散发着腐烂的恶臭。姜晨曦回忆道,在曹里乡分发物资时,一位外地来的养鸭户的伯伯接过食物后立刻就哭了,他们家的钱全打了水漂,而且好几顿没有吃上热饭,被子也都被浸湿了。这些穿梭疾风暴雨而来的物资对于他们来说,真的十分重要。

一方有难,八方支援

天空虽有乌云,但乌云的上面,永远都有太阳。在防汛救灾的前线,姜晨曦还在爱心协会做志愿者,主要负责接收与清点各地爱心人士捐赠的物资并进行登记,然后根据需求和已有物资向各个乡镇配送,同时更新物资信息。在工作过程中,她见证了许多令人为之动容的场景,这也让她更加坚定了自己要奉献力量的决心。

一方有难,八方支援,承载着全国人民的关怀和爱心,丰富的物资源源不断地向河南运来,一时间,志愿者们难以迅速地将全部物资运送到仓库中。由于随时都有可能下雨,而且物资车堵在路上也不方便进行下一步行动，许多市民自发帮忙，把物资卸到仓库里。其中许多人都是下班后立即赶过来干一两个小时，还有一些人则是全天都留下来帮忙。在做志愿活动的时候，她还看到了不少六岁、十岁的小孩子来帮忙，稚嫩的肩膀也想要分担一些责任。

在无情的天灾面前，人民群众团结一心，以民族意志筑起的城堤抵挡着汹涌的洪水；全国上下和衷共济，四面八方传来关切问候，送来援助物资。

看着贾鲁河平稳下降的水位，姜晨曦终于放松了一些，并在心中暗暗祈祷：一切都要平平安安，暴雨早日停歇。生命无比脆弱、世事时时无常，她从前常觉得自己"没有很多世俗的欲望"，但经历了这场暴雨，她有了一个最最"世俗"的欲望："在活着的时刻里更加尽兴，希望能给自己短暂的人生多增添一些快乐的瞬间，哪怕是片刻的、浅薄的。"同时，她也体会到相聚可贵，每一次与家人朋友的见面都要好好珍惜，因为这些习以为常的相见，可能已是最大的幸运。

在疾风暴雨中穿梭，从网络志愿到冲赴一线，姜晨曦用行动诠释了法大人以天下为己任的担当，也在这场百年一遇的暴雨中奉献了属于法大人的青年力量。

俞博：疫情防控，党员冲锋在前！*

文/唐文敏

> 俞博，中国政法大学2015级政治与公共管理学院本科生，法学院2019级"4+1"1班党支部书记，大学期间累计志愿时长逾600小时，曾获国家励志奖学金、校级三好学生、政治与公共管理学院优秀党员等荣誉。

殷忧启圣，多难兴邦。众志成城，万众一心；一方有难，八方支援。我们看到了坚不可摧的"中国力量"。疫情期间，无数法大人的身影穿梭在防控一线，我们看到了法大人的使命情怀。抗击疫情，他们始终在路上！

生长于斯　守土有责

"这是大学以来留家时间最长的假期，也是第一次感觉到和村里的群众这么密切相关。"问起俞博参与疫情防控志愿工作有何感受时，他首先说出这句话。

俞博于年前返乡，在隔离期后便主动参与疫情防控志愿工作。响应市疫情指挥部的网格化治理要求，他协助村委会进行了村民微信群组的建立，十余人一组，每组设置一位网格长进行信息的上传下达，让之后的疫情防控工作有序进行。面对纷至沓来的信息填报链接，他发挥自己的组织能力优势，指导村民准确快速填报，协助线上统计和线下入户登记同步进行。此外，他还参与了执勤点值班、为居家隔离人员配送生活物资、宣传动员等工作。

＊ 本文于2020年3月31日发布于《法大新闻网》。

"为家乡做些力所能及的事情更多的是一种归属感驱动的结果。"疫情之初俞博就在想，既然暂时不能返校，自己的"智"和"力"如果能和家乡的需求联系在一起，也未尝不是一次不错的经历，于是就有了之后的行动。在志愿工作中他目睹了年逾六旬的老党员依然每日按时值班，没有一天缺勤；得知一些上了大学的伙伴也参与志愿活动；看到有余力的村民主动分担村干部的工作，配合协调好周边的农户……"身处其中感受到的是休戚与共的信念。"守土有责，疫情面前村里人有力出力、有智出智，长者尚且如此，青年对于生长于斯的这片土地也应当有所作为。

"这是我打小生活的地方，但是从来没有像今年这样深度参与其中，这次疫情提供了一个契机，让我得以全面地观察这片土地上的人、体验发生在这里的事。"结束了疫情防控志愿工作的俞博如是总结。

先锋模范源自行动

在疫情防控执勤点上有两种红色，一种是飘扬在执勤点上方的党旗红，另一种是志愿者的马甲红。

"其实执勤的人都是志愿者，不管是不是党员，都是在村里发出号召后自发报名的。没有强行要求，也没有任何福利，最后报名的人的确以党员居多。"俞博介绍道。党员这一身份承担着更多责任，但并不因此特别在哪里。面向每一位村民的号召，最后集结了大部分党员，不约而同地行动或许就是村民党员对"先锋模范"的诠释，每个疫情防控执勤点上的党旗是疫情防控过程中一抹鲜亮的色彩。

执勤点的煤炭、饮料、方便面等一部分生活物资都是周围商户和村民自发捐赠的，很多人把物资提过来只简单问候几句，说得最多的是"辛苦了""不麻烦"，言语间透着村里人固有的诚恳。"这是乡亲们的热情和感激，也是肯定和支持。"党员带头、骨干群众参与、村民广泛支持，疫情之中的群防群治因此形成。村里的党群关系在疫情大考面前更为融洽，基层治理中党组织的"压舱石"作用也因此凸显。

事未经历不知难

"事未经历不知难，这是自己参与家乡疫情防控工作最深的感受"，俞博说道。

"深入基层防控工作的细枝末节，才能深切体会基层治理的不易，也更能理解疫情防治态势转好背后的付出和坚守。"基层组织承担着最重的任务，也面对着最严的要求———整理全面排查之后的数据，精确到每一家门牌号、各家庭成员的去向和联系方式，同时还要对排查群体严格分类，责任到人实行包保，进行不同程度的看护、检测、预防和宣传。

"法大为我们提供了看世界的平台，这次回到家里，自己更深入地了解了身后的风光———或许有时会忽视，眼前之景和身后的风光原本就同属一个世界。"俞博谈道，他的毕业论文主题就是"经世致用"思想，"在大学格物致知，也需要知行合一"，这是他在大学后半程主要的价值取向。对他来说，这次疫情是观察乡村基层治理的绝佳机会，平日在书本上提及的概念和程序，如今成为自己亲身参与实践的一部分，实践的反馈和对所学知识的再认识相互促进，这是一个"源头活水"的过程。

"从政管院到法学院的转变让自己更全面地理解了'政法'二字的气质，两者共同塑造着我的成长。站在大学毕业的门口，经过参与这次疫情防控志愿工作，更坚定了自己多经历、多感受的想法。'一点浩然气，千里快哉风'，这是自己的追求。"俞博在谈及这场经历之后的收获时如是说。

春天已至，希望在前，疫情结束后，会有更多个春天。

校友

凡我在处　便是法大

武宁宁：小月河畔孜孜以求　刑辩领域扬扬其香*

文／刘婧星

武宁宁，2006年毕业于中国政法大学，法学硕士。江苏兰创律师事务所高级合伙人，刑事业务部主任，苏州市律师协会文化与宣传委员会副主任。苏州工业园区律师协会行业服务委员会主任，北京师范大学企业家刑事风险防控上海中心副秘书长，江苏刑事律师网创办人。

武宁宁2006年7月起开始律师职业生涯，目前专精于刑事案件的办理，尤其擅长职务犯罪的辩护及经济犯罪的辩护与控告，积累了近10年的办案经验。2015年9月，被选拔至清华大学法学院参加苏州市律师人才高端业务研修班学习。

走进兰创律师事务所武宁宁的办公室，映入眼帘的是排列整齐的获奖证书、培训证明和亲子合照。从业11年，几多汗水，几多收获。如今，她是江苏兰创律师事务所高级合伙人、刑事业务部主任。

与法大有关的日子

武宁宁的父亲是一名老公安，受他的影响，填报志愿时，武宁宁选择了法学专业。2003年9月，她以优异的成绩考入中国政法大学国际法学院，师从马呈元教授，攻读国际法专业。

在海淀区西土城路25号，武宁宁度过了安静美好的三年。她在导师的指引下探究学术，如期完成了以反恐为主题的毕业论文；偶有烦心事，她便向辅导员覃华平倾诉，也总能从覃老师那里得到关心和鼓励；她还参

---

* 本文于2017年9月30日发布于《法大新闻网》。

加了研究生学生会的选举，通过自己的竞选演讲，成功当选研究生会外联部部长。毗邻小月河畔的日子里，她于大师门下受教，与有志同侪合作，收获颇丰，感触良多。

她印象最深的是一场江平老先生的讲座。彼时的老校长已年逾七十，腿部曾经受伤，行动不便，作为工作人员的武宁宁负责搀扶他。纵然自身极为不便，老人家仍愿意为了陪伴学生们的成长，参与他们的活动，这种情怀深深震撼了武宁宁。古稀之年的老先生在讲台上思路清晰、表达流畅，武宁宁在台下不禁思考，当自己到了老先生的年纪，还能不能继续为了法学教育事业贡献一份力量。时至今日，当初的震撼和感动，一直深深镌刻在武宁宁心底，成为她前进路上的不竭动力。

在法大的时光如白驹过隙，毕业转眼在即。当时武宁宁已决心南下，意味着从此只能与法大遥遥相望。那个佳木葱茏的盛夏，家人和男友都来京庆祝武宁宁硕士毕业，她也怀着兴奋和珍惜，与研究生院的景点合影，与母校的师友留念。可是真到说再见的时候，她看着熟悉的草木寸寸倒退，却只能默默流泪。

那时武宁宁心里已经认定，孕育了她法治信仰的法大，是生命旅程的重要一站，是将来每有机缘回京，必要"回去看看"的精神家园。

与律师行业有关的日子

"看似寻常最奇崛，成如容易却艰辛"，从职场新人到如今的高级合伙人，武宁宁在不同人眼中，有很多可贵的特质。武宁宁祖籍山西，到人生地不熟的苏州只能自己打拼。带她入行的徐军律师回顾起来，言谈间流露出欣赏，"这个女孩在工作中独立干练，很有上进心，而且看问题具有前瞻性"，当初徐军就预感武宁宁将来会做出一番成绩。

武宁宁之后加盟江苏剑桥人律师事务所，在那里，她度过了最难忘的8年。剑桥人律师事务所是苏州市规模较大的律师事务所，也是全国优秀律师事务所，她在其中工作、学习，获益良多。即使之后离开，她依然带着深深的祝福和感激。

2015年10月，武宁宁接受好友赵徐律师的邀请，加盟江苏兰创律师事务所，成为该所的高级合伙人及刑事业务部主任。聊起多年的老乡、同事、挚友,赵徐律师话语间透着认同感:"她有着北方人的热情,又怀着强烈的利他精神,是非常棒的合作伙伴。"武宁宁在律师事务所发挥的作用,也正面印证了赵徐的评价:武宁宁总是心态阳光、乐于欣赏他人,因合伙人团队的稳定团结,青年律师的勤奋自律,她便会感动与欣慰。步入正轨后的律所不断寻求创新,兰创读书会、兰创法学院、兰创标准化指引文本等品牌项目,武宁宁也都亲自参与、大力推广。律师事务所的新人律师、武宁宁的徒弟石雪菲觉得,在"兰创"这样有爱上进的集体中成长,有武宁宁这位在工作中经常鼓励、在生活中经常关心她的师傅,是一件幸运的事。坚定的领路人、专业的执业者、有爱的同行者,兰之猗猗,扬扬其香,武宁宁斯人,与兰创律师事务所的精髓可谓完美契合。

与律师事务所一起进步的同时,武宁宁一直不忘对自身的提高。作为刑事辩护领域的律师,她多次被选拔参加清华大学等院校的进修;作为苏州市律师协会文化与宣传委员会副主任,武宁宁积极组织、策划、主持各项活动,律协楼秘书长提起她,连说"尽心尽力"。先后担任苏州广电总台交通广播、苏州新闻综合频率的直播嘉宾、每天早晨 7 点在微信平台"案例聚焦"做案例分析、开通并坚持写作公众号"雅室宁亭"……武宁宁的时间安排之紧凑,让人怀疑她每天远不止 24 个小时。

与此同时,武宁宁的本职工作履历也格外漂亮。入行 11 年,她已经办理了山西焦煤集团原董事长白培中受贿、行贿案,e租宝集资诈骗案,"路怒症杀人"案等颇具社会影响力的案件,起草编撰了《刑事辩护标准化服务指引文本》,而且获得了江苏省法律职业共同体技能大赛一等奖、"金融创新与风险防范"主题征文活动二等奖、"江苏省优秀青年律师"等多项荣誉。

没有从天而降的幸运,也没有突如其来的惊喜,在好友罗嘉鑫看来,笃行致知、明德崇法,法律人的路道阻且长,唯有一直向上。武律师的勤奋努力,专业敬业,让同样成果丰硕的她也不由感动和敬佩。武宁宁会抓紧时间在高铁上的 7 个小时里,一刻不停地翻看、熟悉卷宗;会为了与当事人更好地沟通,而将其所爱的《南渡北归》再三翻阅。所里的工作实在完成不了,武宁宁不得不带一些回家研究,以至于她的爱人一边喊话"兼顾家庭",一边继续支持妻子的事业。

在广受尊敬的行业前辈、江苏剑桥人律师事务所首席合伙人何丹律师眼中,武宁宁有着鲜明的个性,"对朋友忠肝义胆,对工作激情投入",

"是真正靠实力、勤奋和对职业的忠诚在律师行业中脱颖而出的青年律师人才"。这应该是相当客观和权威的评价了。

凡我在处，便是法大

武宁宁心中，始终珍藏着求学三年的法大。

赴京进修之余，她带着精心挑选的鲜花重回法大，再访导师马呈元教授。两个多小时的交流令她温暖而感动，获赠恩师题字"宁宁同学惠存"的新著被她悉心收藏；她也拜访了曾经的辅导员覃老师，覃老师毫无迟疑地喊出"宁宁"，恍如她还是那个被指引着前行的女孩。食堂里盛刀削面的铝合金饭盆十年不变、教学楼换了新的颜色，细节一一数来，武宁宁对法大的怀念显而易见，如她所说，"这里永远是我对北京最美好的回忆"。十年后再回母校，她特意带上了"法二代"。当时身着硕士袍与"法治天下"柱石拍照的武宁宁，与儿子在法大留下了别有意义的纪念。

虽然毕业离开了校园，但武宁宁并不曾与法大断了联系。苏州校友会里，一位大师姐不时组织大家聚会，苏州的法大人们畅谈工作与生活中的体会。后来苏州校友会又加入了江苏校友会，武宁宁笑言，她非常有"归属感"。

武宁宁一直关注着法大，关注着法大的学生们。她期待自己的师弟师妹经过深思熟虑，能在毕业之时选定职业的方向，也寄语师弟师妹在择定方向后目光长远，不怕辛苦，努力践行。

2017年5月3日，青年节前夕习近平总书记对法大师生的慰问，不仅在校区受到热烈的欢迎，也在很多法大校友的讨论群组掀起热议。武宁宁当天的朋友圈，配着"校庆65"和习总书记向师生挥手致意的图，发出感慨："在北京读书七年，从昌平到学院路，今天是校友群最欢乐的日子。法大，一直沐浴在春风中；而我们也在春风拂煦中成长，成才！"

"凡我在处，便是法大"，武宁宁对这句话深有感触。提起母校时，她真诚的笑靥、怀念的神情，好像还是那个青涩的在读研究生；阳光透过明亮的窗户洒进来，照得威严的律师袍仿佛镶上一层金边，让人意识到武宁宁已是一名成功的律师。身为一名刑事辩护律师，武宁宁非常期待能实现自己的法治信仰，为依法治国的宏伟蓝图贡献自己的力量。她说，她希望能在自己的岗位上做出一点成绩，那样才不会辜负"法大人"的身份。

林庚：踏实做事　尽心为人*

文/池剑铭

林庚，1990 年至 1994 年就读于中国政法大学国际经济法系，毕业后被分配至福建省环保局工作，1996 年开始从事律师工作，现为国浩律师（福州）事务所合伙人、副主任。曾被评为 2006 年度"福建省优秀青年律师"和第二届"福建省十大杰出青年律师"。

现年 44 岁的林庚走上了一条大多数法大人选择的路，在律师岗位上坚持着法治理想，风风雨雨 21 年，其间有欢笑有心酸。

与法大的故事

早在上大学前，林庚就有着对政法事业的憧憬与向往，1990 年，林庚在众多政法院校中选择报考中国政法大学，从此便打上了"法大人"的烙印，"我起初是为法大的名声所吸引，我相信在这里我可以学到更多不一样的东西"，林庚回忆到。后来的事实证明，他当初的选择是正确的。林庚在法大就读时正是学校草莱初辟的年代，当年尚没有建图书馆，校园四周也是一片荒凉，以至于林庚有了"盛名之下其实难副"的错觉，但诸多大师的教导迅速让林庚平复了心情。慢慢地，他发现地处偏僻也对静心向学大有裨益，"我至今还是很感谢法大带给我的扎实的法学功底"。在日后的律师生涯中，从学校获取的知识和方法给林庚带来了不少助力。

大学对林庚的影响是巨大的，这种影响也被林庚传递给了家人。谈及孩子，林庚的眼里满是自豪，他的孩子如今已赴国外深造，在培养孩子的过程中，他将法大给予的思维能力传承了下去。林庚表示，"他较同龄人

---

* 本文于 2017 年 10 月 16 日发布于《法大新闻网》。

有更多的批判性思维能力，懂得去甄别信息，也会去坚持正确的东西，这也是我一直注意培养的"。林庚对法大的教育理念十分认同，当初在法大养成的思维习惯让他能够从不同的角度去看问题，如他所言，"横看成岭侧成峰，而一名优秀的律师是需要站得更高，从航拍的角度全面地看待问题"，这也是他能在律师执业中卓有建树的重要原因之一。一所优秀大学的育人情怀是不会只止于一个人的，它将传承、绵延，每个人都是一个小法大，在各地传递法大的情怀与底蕴，林庚这样认为，"凡我在处，便是法大，我觉得这句话总结得很好"。林庚对法大的情谊是真实而饱满的，许多年后，他组织了福建校友会，并参与了学院助学贫困金的设立，法大对学生林庚的关爱得到他的回报。

谈及毕业的那个夏天，林庚的心情是沉重的，当时的毕业可能意味着与法大、与同学们的不复相见，眼里带着法大的倒影，年少的林庚被分配到了福建省环保局。两年后，一颗追求自由的心又为林庚指向了律师的路，从此开始了另一段精彩的生活。

律政廿年　法坛留香

在外人看来，林庚有许多可贵的特质，《海峡都市报》记者、法大校友刘世泉曾这样评价他，"他待人谦和，有自己的见解，上进心很强，看问题总能多角度分析，并且很有前瞻性"。同事们谈论起林庚时，也都表露了由衷的敬佩与欣赏，"就我来看，他这么成功，一是为人，二是业务"，他办理过许多有着重大影响的案件，并长期担任包括《福建日报》、福建外贸集团、福建广电网络集团等大型企业集团的法律顾问。

在福建省固体废物处置有限公司与南非某公司合资经营合同争议案中，他提出的因外方违约，中方可依法收回出资的实物资产的意见被中国国际经济贸易仲裁委员会采纳，开创了合资合同纠纷中一方的实物资产可单独收回的裁决先例，使得我国企业的权益得到了较大的保障。当时，因为没有先例可以参照，中方公司对于南非公司的违约行为感到十分棘手，即将面临巨大的损失，林庚临危受命，在翻阅了大量有关书籍，以及与许多同行交流讨论后，最终成功保住了危机中的福建省固体废物处置有限公司。但这次的事件暴露出了该公司管理中的巨大问题，林庚通过走访与实地调研的形式，在短时间内形成了高质量的法律意见和改制方案。之后，他主办了固体废物处置有限公司国有股权转让的专项业务，最终该公司股权以超过评估价近一倍的金额成功拍卖，他的意见不仅使公司避免了400万美元的损失，并做到了一倍的增值。"事实上，这都是不易的，因为没有前人的经验可以参考，我就必须自己计划，该公司当时是福建省唯一的危险废物处置单位，稍有不慎就会造成负面的社会影响。"正是这份对社会的责任心使得林庚不敢有丝毫的懈怠，林庚表示，当律师不仅要有过硬的功底，更要有法泽天下的情怀，应致力于运用自己的专业知识为建设和谐的社会主义社会做出贡献。

林庚还主办过闽江沙溪段重大污染事故案，担任日本三菱自动车工业株式会社入股东南（福建）汽车工业有限公司专项顾问等大型业务，均得到了良好的结果，得到过政府机构、民间组织等多类组织机构的一致好评。"法治天下"的理念是所有法大学子的心之所向，林庚用切实行动为之添砖加瓦。

长者之风　情系后辈

林庚在执业生涯中取得了很多成就，虽然如此，认识他的人却总会把他与"谦和""善良"联系在一起。

林庚极为强调律师所能带来的社会效益，他指出，法学作为一个应用型的社会学科，学成后要尽可能地回馈社会。法律援助案件是我国基层法律事业的一项重要组成部分，林庚认为积极办理法律援助案件是非常必要的，他将这项工作列为律师事务所的重点工作。"我们就应该在力所能及的范围内为他人提供帮助，法律援助也可以说是一个律师的责任担当。"正如同事们所形容的，林庚是一个责任心特别强的人，他时刻把自己对社会的责任谨记在心头。他积极配合政府部门的工作，率先加入涉法信访律师团，连续17年担任福建团省委的法律顾问，并为共青团各项活动的法律服务保驾护航。除了无私工作，林庚还长期坚持扶助失学儿童、特困生，为灾区捐款捐物。

法大的福建校友会是福建一道独特的风景，校友会的成员们以极高的业务水平与素养得到了诸多赞扬。林庚参与创办了福建校友会，并担任常务副秘书长，组织了包括法大福建论坛、中国政法大学校庆健走活动在内的诸多活动。可以说，正是有了林庚等校友的付出，福建校友会才有了生气，各项活动才有声有色地活跃起来。林庚迄今已为校友会捐款5万余元，在他的影响下，我们欣喜地看到，法大的福建校友会在当地已经成为"社会责任心"的代名词。

　　林庚也并不吝惜在后辈们的成长路上为他们尽可能多地提供指导性意见。林庚表示，法治中国是每一代法大人的理想，他希望可以用他自身的行动带动更多的践行者。谈及对后辈们的指导，林庚表现得非常谦虚，他重点强调了终身学习的能力，他认为，如何学会在这个信息高度发达的时代坚持学习是我们的必修课。此外，他希望后辈们注重培养责任感，无论从事什么行业，有担当、有责任心的人必将会做得很出色。他也为有志于从事律师工作的学弟学妹们提供了先广泛接触案件再专业化处理的建设性意见。最后，他希望每一位法大人都能以自己的方式为法治信仰做出贡献，不负"法大人"的称号。

范凯洲：书中蕴格局　品茗自淡泊[*]

文/刁皓璇

范凯洲，1991年毕业于中国政法大学经济法系，旋在无锡市人民检察院工作；1994年开始从事律师工作。曾任无锡律师协会刑事辩护委员会主任近十年，受理数十起无锡市内外有重大影响的刑事案件和疑难民商事案件。现任江苏法舟律师事务所主任；兼任无锡市第十五届、第十六届人大代表；无锡律协维权和福利委员会主任；无锡及常州仲裁委员会仲裁员。

初入这间办公室，大部分人应该都很难将其与一名法务人员的办公场合相联系；刚进门，迎接来客的是一张极为朴实的原木色小圆桌，几把乳白色的椅子安静地环绕在旁；倚墙而立的书柜塞得满满当当，其中一些书被抽出横放，看得出是经常被读的状态；他人赠送的画作、摆件错落放置着；房间的另一侧靠墙放置着一张赭红色的办公桌，桌子正对一面落地窗，窗侧三两绿植，依窗一方木桌，桌上一套茶具并几把茶壶；墙上挂有一幅照片和两幅书法作品，正中那幅遒劲有力的"法舟慈航"颇有意蕴，同时彰显了这间办公室主人——范凯洲，法舟律师事务所创始人之一，现任事务所主任的个性。

本次的采访，就是在这间氤氲着茶香和书卷气息的办公室中进行的。

"大学之大，非大楼之大，乃大师之大"

"家学有渊源，传之于艾轩。"范凯洲祖母的胞弟毕业于民国时期的国立中央大学法律学系，这份自小潜移默化的浸染，早早就在范凯洲心里

---

[*] 本文于2017年10月27日发布于《法大新闻网》。

种下了法律梦的种子。而"法治"的进一步推广,更加坚定了他对法律的追求。高三年级学习开始,他就在文具盒内侧写上"奋斗,中国政法!"来激励自己,在高考到来之前的那个火热的夏天,范凯洲一笔一画郑重地在志愿表上写下了——"中国政法大学"。

1987年秋天,当范凯洲离开自己的家乡靖江,出发去北京时,心中满是对即将开启的四年大学生活的憧憬。抵达北京那天,他匆匆在学院路校区的保安室里歇了一夜,第二天一早便坐上了开往昌平的校车。

等到车停稳,当期待已久的校园终于清晰而完整地呈现在范凯洲面前时,他才惊觉:"这与招生宣传完全不一样啊!"教学楼、宿舍和食堂,三座刚竣工不久的建筑物在这片未完全开辟成熟的土地上显得有些突兀。而这座零星散落着几抹绿色、遍地细沙石子的校园,看上去更像是一座荒岛。然而就是这样一所大学,却是范凯洲法律之梦的起点。

"大学之大,非大楼之大,乃大师之大",法大深厚的人文底蕴在很大程度上弥补了硬件设施略显欠缺的遗憾。而在大师云集的法大校园中,范凯洲表示,对自己影响最大的当属熊继宁老师。初遇熊老师是在大一上学期时法理学导论的课堂上,这门课程将法律之美淋漓尽致地展现在这一群一直接受常规教育的同学们面前,起到了法学启蒙的作用。而熊老师在授课过程中对同学们思维方式的启迪,也是范凯洲日后受益颇多之处。"在我现在从事的工作中,可能只有百分之十,而且随着年龄的增长甚至只有百分之五是运用在学校里学习的知识。而学校里学习的知识中又只有五分之一来自于老师教授,但老师教的这五分之一就是一个思维方式。而思维方式对于我们学法律的人来说是非常重要的。"所以尽管已毕业多年,范凯洲仍与熊老师保持着较为密切的联系。几年前熊老师筹办"系统工程研讨会"时,范凯洲以赞助10万元的方式,表达自己的支持。

在大学期间,范凯洲最常去的地方还是图书馆。"其他同学都知道的,那是我的'专属位置',他们一般都不去坐。"提及曾经的自己常常第一个进入图书馆阅览书籍,范凯洲脸上的笑意不禁浓了几分,语调也上扬了些许。尽管昌平有些偏远,却拦不住范凯洲孜孜好学的心。空闲之时,他也会去北京大学蹭蹭课,开阔视野的同时也吸收了更为综合全面的知识,而这些扎实的功底也为他日后的工作夯实了基础。

不忘初心，且行且学

四年的大学生活转瞬即逝，毕业后范凯洲被分配到江苏省无锡市人民检察院工作。大学时专业为经济法的他，在检察院内接触的却是刑侦案件的审理，他兢兢业业地对待着这一份略显繁琐但严谨的工作。

从课本上的理论到生活中的实践，检察院的工作经历着实为范凯洲提供了一笔宝贵的财富。由于在检察院处理的是刑事案件，涉及的证据体系在不知不觉中提升了思维的严谨度。因此，在检察院工作的三年里，范凯洲的思维框架构建得更为成熟、缜密。

1994年范凯洲决定转变方向，他从无锡市人民检察院辞职，开始了自己的律师生涯。在这一片广阔的天地中，范凯洲的发展在别人看来一路顺风顺水——从1994年始，他先后担任了十多家无锡市内外知名私营集团及国有集团的法律顾问，主要从事企业的房地产和资产并购运作，全程提供了无锡市内外一百余块地块开发的法律服务，操作了诸多楼盘的收购工作，处理了众多楼盘的销售纠纷，并在无锡地区知名的凯燕置业诉金洋房产—汽汽车厂地块纠纷案、香港金马诉益多集团威尼斯花园中心湖地块纠纷案等大要案中均有出色表现。

除此之外，范凯洲的获奖经历也十分丰富。1999年他被评为"人民满意的律师"；2000年被评为无锡仲裁委员会"十佳仲裁员"；2001年1月作为无锡市律师代表参加江苏省司法厅、省电视台举办的"江苏省律师电视辩论大赛"，获得"优秀辩手奖"，并作为江苏省律师代表参加司法部、中央电视台举办的"全国律师电视辩论大赛"；2001年被评为全市司法行政系统先进个人；2004年被评为"全国优秀仲裁员"；2007年被评为"无锡市首届优秀青年律师"。

成功绝非偶得，范凯洲所取得的成就与他多年来持续不断的学习密不可分。"多读书，多思考，要有格局。"这是他在这个日新月异的社会中所总结的经验。

"心若淡定，无执无失"

到2017年的9月，1987级校友入学就已经30周年了。他们捐赠的拓荒牛立在启运体育馆前，始终保持着躬身向前、积蓄力量的姿态，已然成为法大校园内的标志性建筑。而当初那些在校园各处勤奋读书的年轻身影，在散向全国各地后，经受岁月的洗礼，总以十年为期重又相聚。范凯洲也不例外。

如同十年一次的同学聚会一般"如期而至"的，还有每年一个月到一个半月的深度旅行。将"行万里路"与"读万卷书"相结合，这是范凯洲每年必须进行的一项"任务"。品茶、阅读、深度旅行，都是范凯洲用以放松自己的方式。而在身边人看来，这也是他淡泊名利的体现。"在旅行中接触更多的人，是一种放松，也是一种学习。"

"心若淡定，无执无失"，这是范凯洲喜欢的一幅字，如今挂在办公室的墙上，不时用以自勉。同样，这也是他对于法大学子的期待。最后，这位一向语速较快的律师如此寄语师弟师妹们："应该学好自己专业内的知识，同时保持与社会的接触，时刻保持综合性学习。"语毕，眉宇舒展，眼中平和，尽显期许。

吴京伟：蓟门风骨　经纬严正

文/赵豪

吴京伟，河南省宝丰县人民检察院党组书记、检察长；全国检察理论人才；河南省检察业务专家；河南省检察调研人才；平顶山市人民政府法律专家咨询委员会专家委员；平顶山市经济社会发展智囊团成员；平顶山市政协智库专家。

世间碌碌者甚众，但真正惜时者寥寥，多数人的眼里只有浮云，但有些人，却守着一种风骨，眸中闪着星辰。

遇见法大，是一种缘分

法大是一道光，贯穿黑夜，引导着法律人的跋涉。

吴京伟与法大的缘分，还要从她的父亲说起。那时候的法大尚未更名，立身于小月河畔，"北京政法学院"六个字还铭刻在校门上，低调却又不失锋芒。那个年代的北京政法学院为祖国培育了一批又一批优秀的法治人才，吴京伟的父亲就是当时的优秀学子之一。毕业之后，吴老先生即在法院系统工作，将一生都奉献给了祖国的法律事业。

耳濡目染，受父亲的影响，吴京伟对法律事业心生向往，以捍卫法律尊严、维护公平正义为目标，在日后的求学道路上就毫不犹豫地选择了法律专业，也很幸运地成了法大的研究生。

求学法大，是一种幸福

法大注定让求学者难忘，岁月流转，不减其香。

---

* 本文于2017年11月21日发布于《法大新闻网》。

提起那段时光，吴京伟的脸上就充满了笑意，那宁静优雅的校园环境、挥斥方遒的四方校友、儒雅睿智的专家教授和"厚德，明法，格物，致公"的法大校训都给她留下了深刻而美好的回忆。

"我一直觉得自己要学的东西还有很多，时间紧，任务重，一点时间都不可以浪费。"谈起自己的学习生活，吴京伟的眼神变得更加柔和，她双手交叉在一起，似乎这样就可以让时间从她的指缝中流走得慢一些。

法大是一个非常好的平台，学生可以很便利地接触到大量前沿的学术成就。那时吴京伟最喜欢去的地方是图书馆，因为在那里她可以为自己全方位地"充电"。除此之外，法大还经常会举办各种类型的讲座，让吴京伟受益匪浅。

"十二年了……"回忆起在法大学习的点点滴滴，吴京伟沉默了几秒钟，仿佛一切都还是在昨天。三年的时间，可以让贾岛吟出两句绝妙的诗句；六年的时间，可以让杜康酿出一杯飘香的美酒；九年的时间，可以让达摩悟出几卷玄奥的教义——那么，十二年呢？十二年的时间，又能发生些什么？

十二年，意味着时代的变迁和人才的更迭，意味着法治中国的建设更上一层楼，也意味着当年从法大毕业的那群学子，现在已经华丽蜕变成为最优秀的法律工作者，其中当然也包括吴京伟。

2010年，最高人民检察院将吴京伟评为"全国检察理论人才"，2012年，吴京伟又被河南省人民检察院授予"全省检察业务专家"称号。类似的荣誉还有很多，提起这些，吴京伟只是淡淡地笑了笑，把目光投向了笔者衣服上的法大校徽，说这些都与法大对自己的培养密不可分。

也许，每个走上工作岗位的法大人，都会在内心深处对母校充满感激之情——当他们仰望夜空时，会穿过头顶弥漫的雾霾，看到灿烂的星空，那里有着法大人的理想。

献身政法，是一种热爱

法大人的情怀，是法治天空浩瀚的星河。

七年的法院工作经历，之后到检察院工作，到目前为止又工作了二十年。二十七年的政法工作经历，进一步塑造了吴京伟的职业情怀，提升了司法素养，说起这些，她目光微微闪动，透出一种自豪。

热爱与责任感，使人不忘初心，坚守岗位。

"经纬"是吴京伟一直以来的笔名，既是她名字的同音，又取"泾渭分明"之意，也体现了她是非分明、讲究原则的性格。

与采访中温和的状态不同，工作中的她多了一种刚劲，用她自己的话说就是"雷厉风行，认准的事情马上行动"。吴京伟说自己还有一点完美主义者，她始终坚持这样一种信念：有志者，事竟成，工作优劣论英雄！

吴京伟的工作助理在谈到吴京伟时认为，她是一个非常有能力并且坚持原则的人，同时还非常乐于学习，经常向单位的年轻人请教各种技术方面的问题，能够做她的工作助理，自己感到非常幸运。

2017年年初，吴京伟被任命为宝丰县人民检察院检察长，工作主要涉及检察业务建设、检察队伍建设、党风廉政建设等方面，还有地方党委的中心政治工作，事务也算繁杂，但是每一项工作她都认真对待，绝不含糊。

宝丰县人民检察院的工作人员在说起这位检察长时，纷纷表示她为人正派、讲究效率、关心别人，是自己学习的楷模。同时他们还表示，吴京伟检察长虽然工作中非常严肃，但私下里还是很温和的，与大家的关系都特别好。

在她看来，成长为一名优秀的检察官，坚定的政治立场和理想信念、扎实的理论功底和业务素能、严谨务实的工作作风和廉洁自律的职业操守、勇于担当和勇于创新的职业精神都是不可或缺的重要因素。

为了帮助年轻的检察官们成长，吴京伟做了许多努力，想方设法为他们搭建成长成才的平台，敢于将重要的事务交给他们，同时注重对他们的素能培训，从而使他们全方位成长。

捍卫正义，是一种勇气

总有人为盛世繁华奉献自我，总有人为公平正义倾注一生。

因为工作的缘故，基层法院有时会遇到一些攻击，那么同属司法机关的检察院是否也有同样的困扰呢？谈到这一点时，吴京伟变得严肃了起来，说确实偶尔会有，但这些现象并不能对他们的工作造成困扰，因为他们永远坚持以法律为依据,在发生任何纠纷时,他们都问心无愧。

检察职业是一项非常神圣的职业,而检察官处在打击刑事犯罪和职务犯罪的前沿,有时候确实会遭遇一些误解、谩骂甚至人身威胁。吴京伟认为,面对这种情况,首先要做到自身正、自身净、自身硬,这样才有行使检察权的底气;其次要坚持理性、平和、文明、规范的司法理念,依法公正地处理案件就是对自己最好的保护。

在吴京伟看来,作为检察官,接触的案件不同于民事案件,不必刻意追求所谓圆满的结局。身为检察官,就应该坚持对法律的敬畏,坚决打击违法犯罪行为,维护好祖国和人民的利益,这也是检察院存在的重要意义。在说这些话的时候,吴京伟的声音沉着而自信,有一种让人信赖的力量。

问心无愧,这是吴京伟对自己的要求,也是法大人对祖国和人民的完美回答。

心系母校,是一种情结

法大人的诗和远方,在军都山下,亦在小月河畔。

研究生毕业已十二年了,吴京伟对母校依然满怀深情,她时常会关注法大的各种新闻,对母校的发展充满希望。

对法大人而言,毕业只是意味着离开了法大校园,并不意味着生活中从此没有法大,只是与法大的联系会以另外一种方式呈现而已,在牵挂着母校的同时,母校也在牵挂着你。

前段时间在习近平总书记考察法大后,黄进校长曾经来到河南,和大家一起学习习总书记的讲话精神,也邀请了吴京伟前去。这样的活动也为数不少,吴京伟都会尽量参加。对于这次采访,吴京伟本来非常谦虚,认为自己"没有做出什么成就,没有被采访的必要"。但是,二十七年献身政法工作,已经证明了她是怎样值得我们学习的一个人,她的这种精神又是怎样为这个时代所需要。在校友会的多次邀请下,吴京伟终于同意接受采访,并全力配合我们的工作。吴京伟用实际行动将自己和母校的纽带变得愈发坚韧,一头连着自己,另一头连着蓟门桥下的繁盛。

"保持对于知识的渴求",这是吴京伟对法大学子们非常恳切的建议,而她本人也一直在践行这一点,在工作当中不断学习、不断进步,使自己的各方面能力都不断地提高。参加工作之后的她,更深知知识对于工作的重要性,她希望法大学子们不要虚度光阴,趁着大好年华,明确自己的目标,努力学习,不要让大学的生活变得苍白如纸。

"保持对于人性的真切理解",这是她对法大学子们的又一点期望。一个人心智的成熟在于直面真实的人性,在看到人性当中善的一面的同时,还要时刻警惕人性中的恶,同时在看到复杂人性之后依然对社会充满希望,这才是一个有智慧的人。

除此之外,吴京伟还希望法大同学们能够对自己充满信心,在面对复杂的社会环境时,不要逃避,始终对自己的未来充满希望并且负重前行。

任重而道远,求是且坚韧。

前路漫漫,道一句珍重

祝福的话,不需要太华丽的辞藻,一句珍重,送给吴京伟,也送给所有在各种岗位上做出不凡成就的校友们,愿他们能带着法大人的情怀越飞越高。

不是只有惊天动地者才配做英雄,那些默默坚守在自己岗位上的人,同样值得尊敬,甚至更加值得人们学习,因为在这个喧嚣的时代,更需要这样淡泊的灵魂。

陈海军：烙着法大印记的人*

文/刘婧星

陈海军，中国政法大学2005级外国语学院文学法学双学士。在校期间，曾获得礼仪风采大赛冠军、优秀团员等荣誉；大学毕业后，于2011年进入上海海关工作，2015年进入上海市人民政府交通委员会工作。

2017年10月17日，"法大人"公众号推出的一篇名为"再见，我的法大"的文章，阅读量迅速增加，众多校友纷纷留言，评论里冒出不少"专有名词"，如蜀园、北门表厂、服务楼北边的秋千架，这些烙着法大印记的词语凝聚了数代法大人共同的美好记忆。《再见，我的法大》的作者也被亲切地唤以"师兄"这一独具法大特色的称呼。文章的作者，就是2005级外国语学院的陈海军。

自南向北

陈海军来自东海、长江、黄海三水交界处的江苏省启东市，高考后，感觉发挥尚可的他选了几所南方的高校作为重点填报志愿。成绩出来后，比预计的更为理想，老师和家人都建议他改换目标。当时，北京奥运会即将举办，怀着求学深造与开阔眼界的双重心愿，他选择了位于首都的中国政法大学。

法大没有辜负这个特意北上的南方少年。2008年，法大迎来了好几位贵宾。5月4日青年节，时任中共中央政治局常委、国务院总理温家宝莅临学院路校区，作为学生代表的陈海军有幸参加了迎接活动。同年10

---

* 本文于2018年1月2日发布于《法大新闻网》。

月 23 日，时任中共中央政治局常委、国务院副总理李克强与欧盟委员会主席巴罗佐共同出席了中国政法大学中欧法学院成立庆典并致辞，陈海军也有幸见证了这一盛况，如今还记得那天的激动和自豪。另外，法大定期举办各类论坛，如曾经风靡校园的"驻华大使论坛"，他也曾有幸现场感受数位驻华大使的风采，并深为折服。不过，他印象最深的还是美国前总统卡特在昌平校区学术报告厅的演讲。当时的演讲规格很高，阵仗很大，可以说是一票难求，多年后回忆起来，陈海军依然难掩兴奋之情。亲身参与中美建交、从法治角度谈对中国的看法，卡特总统作为历史亲历者的演讲带给他很大的冲击，也让他跳出思维定式，对法学有了更多思考。诚如陈海军自己所说，从家乡小城到首都高校，法大满足了他对"到大学见世面"的心愿。

法大给这个南方少年的，不仅仅是见识的增长，有才的老师和有趣的课堂，有爱的同学和有滋有味的校园生活，都使得陈海军逐渐丰富立体起来。

陈向荣老师的"西方宗教与语言文化"课每学期都会爆满，陈海军虽已修满了学分，也还会饶有兴致地和同学们结伴蹭课。张立新老师讲泛读时，总是一遍遍强调"单词的重要性"，他布置下阅读任务，陈海军也都一一完成，还在课外看了不少英文书，点滴的积累为后来考取英语专业八级证书、从事海关工作打下了良好的基础。教授专业课的于中华老师不仅是他学习上的良师，更是大家口口相传的"中华姐姐"，在生活中也关心着学生们的成长。陈海军笑了起来，"她和蔼可亲，听她的课有种如沐春风的感觉"，言笑间好像还是当年讲台下的少年。

除了亦师亦友的师长，室友、同学也是他在法大温暖回忆的组成部分。外国语学院每年录取的男生向来不多，较少的人数得来的是更多的相处，大家和谐共处、亲密无间。小班只有五个男生，照样组一支篮球队打比赛，闲暇时约着爬军都逛水库，还时不时约出去小撮一顿。毕业并不能拆散大家的情谊，如今虽然大家散落各地，但一有出差的机会陈海军就会约当地的同学见一见，他始终相信同学之间"聚是一团火，散是满天星"。

自北归南

面对采访的陈海军话不多，很难把他和代表法大上海校友会参加校友歌唱大赛的魅力歌者联系起来。问及继续带着法大人的印记参赛的原因，这个工作有些年头的大师兄竟然有点不好意思。法大在读时，他曾因一时好奇报名参加了"礼仪风采大赛"。这是当时由团委和"清流"礼仪社合办的一项活动，很受学生们的欢迎。陈海军没有料到自己可以一路过了初赛和复赛，最终成功挺进决赛。为了在决赛中"玩得更加尽兴"，他比较了几种表演形式后，觉得还是舞台剧最合适——参与人数多，舞台够充盈，结合歌唱和舞蹈的节目也更有趣味性。这时候他的好人缘也发挥了作用——外国语学院的朋友们应邀参与，耐心地陪着他一遍又一遍地打磨剧本和表现方式。陈海军感慨地说，最终摘取的冠军是凝聚着众多好友心血的荣誉，是他被校友推举参加高校校友歌唱大赛的原因，更是他在法大美好经历的见证。

毕业之后挥别法大，离开北京一路南下，陈海军在千里之外的上海校友会找到了"组织"。校友群里各个行业的师兄师姐热心提供建议和帮助，还曾邀请陈光中教授到魔都给大伙儿"补课"，这些活动让陈海军受益匪浅。

法大赋予陈海军的不仅是见识的增长，还有能力的锻造。陈海军历任外国语学院学生会干事和部长，大三时因为一贯踏实的做事风格被推举为分管副主席。大到各种晚会、体育嘉年华等活动的筹备，小到跑商家拉赞助、联络参加活动的人员，一点一滴的经历丰富了他沟通、协调等方方面面的能力。陈海军坦言，这些零碎的事情颇费精力，当时只作为分内任务去完成，但当学生干部练就的能力在他参加工作后发挥了很大的作用。

虽然到上海工作已经有了六七年，他同老师们仍然保持着互动。他的"中华姐姐"也笑称，"这么多年过去了，每年大小节日，我都会收到他温暖的问候祝福，让我十分感动。他心细不忘本，对人体贴宽厚，是个特别善良可爱的男孩儿"。张立新老师提起这个男孩子，第一反应也是"这个学生非常好，对老师很有礼貌"。"在法大学习的经历是有限的，但和法大有关的事情是一生的。"说这话的时候，陈海军放慢了语速。

立足南方

陈海军通过在法大的学习，取得了文学和法学双学士学位。毕业后，他先后在上海海关、上海市人民政府交通委员会工作。回顾自己的就业经历，陈海军连连感叹，在法大的求学经历为他处理各类工作打下了坚实的基础。

在上海海关工作时，陈海军免不了与外籍的当事人打交道。按照规定，持有英语专业八级以上证书的工作人员才可以对当事人进行笔录制作，其笔录在法律程序上才合法有效。既通英语又懂法律的陈海军发挥优势，一次次圆满完成任务。在第一个岗位上，陈海军和他的同事一起为部门争取到"全国青年文明号"等荣誉。工作岗位调整后，他虽然有着较为良好的法学基础，依然继续跟着前辈不停地学。贸易类型的走私案件侦办工作经验较少，他就经常不眠不休通宵办案。他的付出也得到了大家的认可，曾作为单位的骨干分子被提名为年度嘉奖人员。

陈海军觉得欣慰的是，自己不论处在哪个岗位，在法大打下的基础总能满足一些工作的需求。2016年，为响应全面依法治国的号召和依据法定途径分类处理信访诉求的要求，上海市交通委员会几个处室联合出台了《上海市交通运输领域法定途径分类处理信访投诉、请求的清单》，而清单整理制定的负责人就是陈海军。清单从酝酿到成型，得到了其他处室的鼎力支持，也离不开陈海军在法大所学的专业知识的支撑。虽然工作辛苦，但清单发布后，得到了有关部门的认可，同时工作开展也更顺利，陈海军颇为欣慰。

在交流中，陈海军自豪地说起社会和用人单位对法大毕业生的好评，鼓励师弟师妹珍惜在校的时光，趁着学习能力最强的时候多学习知识和技能，为就业打下良好的基础。他同时建议师弟师妹努力培养自己养成一些比较好的小习惯，诸如每天背上十几分钟单词，看半个小时的书，或是做二三十分钟的运动，这些对提升个人能力或气质都很有帮助。

在采访中，陈海军提到了军都山下的美丽校园、校园里的挚友和老师以及曾经的求学经历，那段美好的经历仿如昨日，他还提到了将来的毕业十年聚会，很是期待。陈海军自认只是法大的一名普通校友，但他与千万法大人一起，在各自的岗位上尽心尽力地做着自己的一份工作，以实际的行动为法大代言。

严飞：勇立潮头的开拓者[*]

文/荀璐阳

严飞，2003年研究生毕业于中国政法大学国际法学院。2011年，创办浙江秉格律师事务所，专注互联网版权领域。2015年，事务所承办版权案件数量居全国第一。同年，创办"快版权"互联网公司。2016年，事务所入选浙江省"名所名品名律师"工程。2016年，事务所代理的乐视诉快播网络侵权案，入选2012—2016年杭州十大影响力案件。

工作专注且专业

严飞的办公室里有一面大大的照片墙，上面记录了严飞和他的同事们一起出游的情景，照片上都是些朝气蓬勃的年轻律师，严飞站在大家中间和大伙儿一起对着镜头开怀大笑。这是他带给人的第一印象。

浙江秉格律师事务所由严飞一手创办，是浙江省首家也是唯一的一家专注于互联网知识产权专业的律师事务所，事务所不大，律师们的办公桌上堆满了工作时要用到的材料。走进会议室，整整一面墙上挂的都是与事务所合作过的客户的照片。这些客户中，大多都是大家耳熟能详的业界"大咖"，有爱奇艺等视频门户，也有《甄嬛传》的作者流潋紫，等等。

严飞创办律师事务所之前，曾做过五年的高校教师。"想换个工作试试"的想法，使严飞选择了辞职。辞职之后，严飞失去了经济来源，他手里只剩下4000元积蓄，如果没有工作，就需要借钱去养活家庭。"这个事情挺恐怖的"，严飞提高音调强调。一边是主动放弃了高校教师的职

---

[*] 本文于2017年12月26日发布于《法大新闻网》。

位，另一边却是窘迫的现状，严飞在犹豫之中选择去做了律师。

已经是而立之年转行，谈何容易。很多律师不愿意收年纪大的徒弟，严飞就只能自己摸索，其间自是不易。对于艰辛，严飞总是轻描淡写，"但凡是一点成就的取得背后都是无限的努力付出，没有投机取巧的办法"。一个偶然的机会，严飞接下了第一件知识产权的案子，从没接触过这方面案子的他决定努力试一试。找资料，看以往的案例，把可能遇到的情况都一一做好准备。出乎客户的意料，这个案子胜诉了。于是慢慢地，他接到的知识产权的案子越来越多，严飞也逐步筹划，组建了自己的团队，并在当了五年律师之后创办了自己的律师事务所。

当今的律师事务所以综合性为主，浙江秉格律师事务所则不然，仅定位在互联网知识产权领域。在律师事务所官网上，有一句话特别醒目，"Less is more"。十年前，严飞就下定决心，如果做律师就要做一名专业律师。在严飞看来，《国富论》中早已揭示了这个道理——社会分工。分工和专业化带来生产力的增进，"别的领域已经实现了专业化，只有律师行业似乎没受影响，还在按照原来的模式在缓慢地向前发展"，但最经济的方式就是每个人都处理自己经验最丰富的案件，所以严飞选择了在一个领域做到专注且专业，给自己打上了唯一的标签。"其他律师的面目是模糊的，而我只有一个标签，我希望别人在想到知识产权时就会想到我。"如何选择，如何放弃，这也是人生的智慧。

然而仅攻一个领域，范围的限制并不意味着可做的事情变少。在细分领域里做到精细化，这样才能更加专业。在严飞的团队里，有的负责影视，有的负责音乐，还有的负责动漫和文字。正是秉持着"在细分市场中做到最好"的理念，严飞的律师事务所为很多大家所熟知的作品提供着专业且高质量的服务，比如《中国好声音》《盗墓笔记》和《甄嬛传》。当被问及如何与这么多优质的客户长期合作时，严飞谦虚地表示现在客户还不是很多，像爱奇艺这样的稳定客户也是通过专业的服务逐渐积累起来的，"法律服务不是工厂的大规模生产，只能小步地通过案件的质量来一点点地渗透给客户"。浙江秉格律师事务所办理了很多成功的案子，例如乐视诉快播网络侵权案被评为2012—2016年杭州十大影响力案件。这是之前一直以"技术中立"为借口屡屡胜诉的快播的首次败诉。

法大记忆

严飞在法大求学七年,提起当初为什么选择报考法大,严飞笑谈是因为很偶然的原因,他报考法大是由于高三时看到的一本杂志。杂志上一篇法大毕业生写的文章令他印象深刻,内容主要是回忆了这位法大学生自己毕业时的情景:两个男生在宿舍里弹吉他唱歌,有一个大概也是同届的女生站在拐角处偷偷地听,曲罢之后,女生忍不住鼓了掌,结果被两个男生发现。"那篇文章给我的触动很大,我原本以为政法大学听起来很严肃,但是同学们在相处的过程中却很温暖。所以,我觉得中国政法大学就是我想要报考的学校了。"

严飞回忆,自己在上大学前"和女生说话都要提前打好草稿"。不擅交际的懵懂少年,在刚入大学校门时是慌乱的。进入外语系后,自己的口语和那些大城市来的同学差了一大截,成绩也不如以前那么引人注目,再加上生性腼腆,严飞发现自己不再是以前小城中学那个老师和同学眼里闪闪发光的少年,"好像少年维特的烦恼都出现在了自己的身上"。为了克服和女生说话就紧张的毛病,严飞会举着提前准备好的小纸条和班里的女生主动聊天,小纸条上记着想问女生的问题和女生可能回答的所有答案。几十年过去,班里的同学在聚会时都惊讶当年不敢和女生聊天的毛头小子已然变成了法庭上辩口利辞的大律师。

严飞本科读的是外语,为了练习口语,每天早上都早起半个小时晨读或者练习听力,戴着耳机听 BBC 或者 VOA,总觉得自己学得还不够。在法大学外语,显得有些与众不同。"当年我们就挺小众的,别人都是上大课,教室不固定,而我们却还是跟高中一样,有外语的固定教室。"他笑着,"逃课都不好逃呢,连个足球赛都凑不够一支队伍"。

他是外语系的第三届学生,也是第一批住进昌平校区的外院人。刚刚来到昌平,和其他校友的感触一般无二,"特别荒凉,怎么和我老家一样"。不过新鲜的大学生活很快就冲淡了这点小小的失落感,天南海北的同学聚在一起有趣而热闹。在圣诞节的时候,外院还组织一起去海淀校区和师兄师姐们一起过节,"也算是外语系的学生在法大的特色吧"。

严飞读大学在世纪之交,也在京城这一隅与众人一起感受时代的呼吸。中国申奥成功时严飞在读研,他走到车水马龙的街上,大家都举臂高呼祖国强大。那时候的他处于人潮之中,和大家一同感受这光荣的时刻,严飞这一刻深切地感受到了自己和社会,和国家,和法律,和政治,紧密联系在一起。

不惑之年的奋斗史

严飞是个工作狂。

刚刚开始做律师的时候,严飞极其努力,因为自己与别人相比起步晚了五年,在周末他也会继续加班。工作之努力,非他人可比。大概正因如此,严飞才能够在短短三年之内从一名手里仅剩4000元积蓄、前途未卜的新人律师变身为知名律师事务所的创办者。

严飞做了五年的高校教师,又做了五年的律师,现在他又开始了新的角色——公司CEO。律师事务所的业绩蒸蒸日上,2015年,他的律师事务所承办的版权案件数量居全国第一。在这个领域里游刃有余并不能满足严飞,他想要创业。严飞在2015年时创办了一家名为"快版权"的互联网公司。传统的方式是通过律师的专业服务为原创者提供服务,然而对于微版权的创作者来说支付高昂的律师费,耗费大量的人力物力不实际也不划算,很多人只好忍痛作罢。"律师事务所毕竟不能普惠地保护原创者的版权",因此严飞想通过互联网公司的形式,利用程序加人工的方式为微版权的创作者提供服务,既快速又尽可能地降低费用。当提及为何要选择跳出律师这个舒适圈时,严飞说:"律师做了五年之后我觉得挑战性不大了,就要再去干一个更有挑战性的事情,我想做个商人,做个创业者。""创业"这个词充满着魔力,它虽然暗示着未来道路中的未知和凶险,但它也同样能给人带来无限的希望。这是一个不断带给人们惊喜的时代,不跳入时代的洪流去感受一番,再回首时或许会留有遗憾。

然而突然进入一个崭新的领域,又谈何容易。不单是资金的问题,本身身份的改变也是一个巨大的挑战。创办公司之后,严飞慢慢地发现自己经验不足,也没有足够的管理能力。那既然如此又怎样才能把领导这个角色做好?严飞只能一点一点地去学。

不但学习管理知识,严飞的手机里还存着很多其他方面的书。"我有段时间对知识很恐慌",严飞说。知识浩如烟海,严飞尝试着去用知识的原理去理解人生,基因、人类进化史、心理、经济,严飞样样都有所涉猎。"都快到了知天命的年纪了,我一定要知道答案。"处于一个崭新人生阶段的严飞,他不想要犯错。

当我们问到工作如此忙碌,他是怎样才能把事业和家庭平衡好时,严飞笑了,实在地说:"平衡不好。"对此,严飞很惭愧,"自己陪伴家人的时间很少"。到了四十不惑的年纪,他想要在这个阶段尽可能地闯出一番事业,对家人也有所亏欠。他希望,今后能更好地经营生活,与家人共同做一些有意义的事情。

林清城：拼搏成就梦想*

文/邵莹婷

林清城，中国政法大学1998级校友。杭州律师协会法律顾问专业委员会委员、杭州律师协会公司业务专业委员会委员、《楼市》杂志法律顾问及专栏作家、杭州市福建商会总法律顾问。

2002年林清城到杭州工作，2004年起任浙江裕丰律师事务所副主任、党支部书记，致力于公司法律治理及风险防范、商业模式法律体系构建、不良债权处置、房地产及建筑领域、互联网创新业务法律服务的研究及实践工作，承办了大量复杂疑难且有重大社会影响的公司法律事务、并购业务、不良债权、房地产及建筑诉讼与非诉讼案件。

2015年林清城加盟炜衡律师集团，成为北京炜衡（杭州）律师事务所高级合伙人、党支部书记。

初次见面，林清城恰接待完一桌当事人，在会议室中，他从儿时的律师梦想到军都山下两年苦读，从闽南小城到西湖纵揽，娓娓道来。故事的主人公在忙碌中不觉时光飞逝，十五年来的勇往或是独行，历历在目，又散如云烟。

"学好法律，成为一名律师"

在林清城儿时的记忆里，律师是一个受人尊敬的职业。他的启蒙之人是一位亲戚，亲戚从部队转至法院后自学法律，在当地任基层法官，后成为一名律师。幼时的林清城对律师与法官二者尚无明确区分，但法律人情理并施、直指要害的处事方式给他留下了深刻印象。

---

* 本文于2018年4月9日发布于《法大新闻网》。

尽管来自福建乡村，相对薄弱的教育基础并未限制林清城的脚步。1998年9月，参加成人高考，并以历史地理满分的优异成绩进入中国政法大学管理干部学院学习。他的目标明确且纯粹——学好法律，成为一名律师。

法大两年的学习生活简单却也充实。早上五点多起床，往军都山跑一来回，再到教室上课。下午下课或自习之后去操场打篮球，晚上自习至十点半回到寝室，周末则骑上自行车出去转转。在校两年，他乐于学习，乐于参与。当时林清城操着浓厚的闽南口音不断练习演讲，"自己准备讲稿，语速放慢，想办法让别人都听懂"。几时清晨，校园后方的小树林里常回荡着他背诵演讲题材的琅琅书声。

收获不负有心耕耘。两年时间里，林清城的成绩单上几乎写满了"优秀"，各科成绩鲜少掉出第一名、第二名。即便是补考率超过百分之五十的哲学课，他也能斩获89分的高分，拉开第二名同学10分有余。他是曾宪梓奖学金获得者，又于2000年被评为校三好学生。

2000年，林清城从法大毕业，并于毕业当年顺利通过全国律师资格考试，成为班级里两位一次通过考试的学生之一。

"在法大的两年是我整个人生中脱胎换骨的两年。"林清城评价道。近二十年前军都山下所学所感，至今融会在他的行为处事当中。据林清城回忆，他在常远老师教授的法治信息系统工程课程中受到的启迪，让他学会将复杂问题拆分处理，现在的他遇到任何问题都不至于手忙脚乱。

"你应该有更广阔的天空"

毕业之后，林清城通过公务员考试，回到福建工作。

可是，这份工作并不尽如人意。工作第一天，他应工作要求来到集市，向出售农产品的农民收取费用。"农民还没有卖出货物，我们就要向人家收钱，很为难。"林清城感到这可能不是他想要的生活。三个月后，律师资格证书到手，他当即辞去工作，回到家乡。他找到在当地律师事务所工作的一位亲戚，不要一分工资，只求跟着他学习、锻炼。他们长聊过后，他的亲戚语重心长地对他说："清城，你从北京回来，不应该被限制在这个小城市里，你应该有更广阔的天空。"

偶然的机会，林清城在翻阅当时订阅的《律师与法制》杂志时，恰见一家广东名所招聘律师。2001年，林清城背上背包，包中简单塞些衣物、书籍，只身前往广州闯荡。回想起当时所做的决定，林清城坦言自己未经深思熟虑。然而年轻人无需瞻前顾后，但求无悔。"我还年轻，又有一身技能。再不济睡在天桥底下，总不至于饿死"，他想。

来到广州之后，面对天伦律师事务所四五十位应聘者同坐的开放式面试，林清城心有惊慨，却也怡然不惧。在家乡律师事务所学习的一年多时间里，虽然尚未拿到律师资格证书，但当时的林清城已经通过自己的努力赚到了所里最大的一笔收入。他相信自己的能力，最终从层层考核中脱颖而出，成为被录用的五名律师之一。

在之后的工作中，林清城发现天伦律师事务所的工作制度并不适合自己。2002年4月，他到杭州办案，工作闲余，他只身一人去逛名满天下的西湖。行至平海路，恰见周边律师事务所的招聘启事，他便径直走上去同他们交谈。从对中国律师的一些看法，讲到对律师未来的展望，他与所里的主任很是投缘，对方甚至直接邀请他来杭州共事。当时浙江民营经济正值蓬勃发展，而律师行业方兴未艾，正适合怀揣律师梦想的年轻人前来打拼，开拓天地。

回到广州的第二天，林清城直接办理了辞职手续，又只一个行囊，落脚杭州。当天租完住处，置备完简易的家具，口袋只剩300元。未来如大海渺无边际，任由掌舵者凭着一股热情、冲劲破浪乘风。

十五年之后的今天，林清城已经成为一名在业务上卓有建树的专家律师，现为杭州市律师协会法律顾问专业委员会委员、杭州市律师协会公司业务专业委员会委员、《每日商报》律师团成员。在林清城看来，专业的精湛是对每一位律师最基本的要求。所谓受人之托，尽人之事。当事人将自己无法解决的问题交由律师，律师作为解决问题的关键，必当竭尽所能。

从业多年，他也曾有过彻夜写代理词直至天明的经历。案件并不复杂，且事实明确，却被一路提至高级人民法院再审。林清城从事实、法理、情理三方面入手，代理词洋洋洒洒数万字，庭上据理力争。庭审法官起初认为其中带有表演成分，但在看完代理词之后，他主动致电林清城，对他不吝赞美："我做法官三十年，你是我见到的最敬业的律师之一。"

"他能够被'敬业'所感染,他能感受到我是在努力为当事人争取权益。"这一案件给林清城留下了深刻印象。在不到二十年的律师生涯中,他累计办理案件超过 2000 件。其中,有历经三个法院、五次审判,长达四年的房产追回案件,有成批次处理的拆迁案件,也有迅速调解解决的欠债纠纷。在接踵而至的案件处理工作中,林清城进一步确认了律师的职业价值。

一个人的能力,通过处理案件得到体现。"在我看来,律师这个职业很有挑战性。它是最能体现人的价值的一个职业。"林清城说道。他也如是,始终走在律师的职业之路上,从未停止向前。

"这些和我的发展相辅相成"

初至杭州时,真正困扰林清城的并非经济上的困窘,而是内心的孤独。

当时的他在杭州无亲无故,孑然一人。工作中遇事无处倾诉,也无人商量,一切全凭自己消化、解决。艰难失意时,他常独自爬上宝石山顶,俯瞰城市流光。那时,他觉得城市离他很近,仿佛一只脚踏在西湖上,一伸手就能将整个杭州拥入怀中,一切烦恼都能烟消云散。

新世纪之初,互联网崭露头角,为在城市打拼的年轻人创造出新兴的交友方式。那时,林清城是杭州本地 BBS 论坛中的活跃分子。交流中,必不能以专业知识长驱直入。但在爬山、运动等线下活动中,交往逐渐深入,律师身份揭开,业务也便随之做开了。

在工作、交友的过程中,林清城在杭州结识不少福建商人。闽地三分田七分山的地理环境滋养着福建人爱拼爱闯的性格特征,闽商名满世界,杭州自然也不例外。自林清城在网络上创建第一个福建人在杭州的 QQ 群以来,这一组织逐渐发展扩张至几百上千人。为使每年一次的聚会活动合规举行,组织的合法注册迫在眉睫,而商会这一形式是最好的选择。

然而,商会的建立并非易事。自 2006 年正式发起设立,至 2010 年杭州福建商会正式成立,几乎每个周末,林清城都会找到福建人在杭州创办的企业,毛遂自荐,前去拜访。他犹记得第一次拜访可莎蜜儿蛋糕店时,对方拿出刚出炉的蛋糕请他品尝。他原以为这仅是礼节性的招待,不想对方随即向他递上了调查问卷,询问评价。"他时刻把顾客对产品的感受度放在第一位。"在林清城看来,这或许正是可莎蜜儿获得成功的原因之一。这次经历让他印象深刻。商会拓展了他的人脉,他也从老乡朋友身上学到许多。

至今,杭州福建商会已成为杭州三大商会之一,会员人数、商会规模已居杭州各商会前列。林清城是商会的创始人,现任商会副会长和法务维权部部长。法务维权部定期进行法律宣传、法律体检、法律法规前沿告知等常规活动,负责商会半月刊商讯上的普法宣传栏目。通过林清城的努力,杭州福建商会是杭州第一家同时具有杭州福建商会人民调解委员会及杭州仲裁委员会商会联络部架构的商会,会员的商事纠纷可以在商会中直接解决,有效化解商事争议。商会每年组织年会积累人气,辅之以丰富多彩的文体活动。林清城是走路俱乐部的部长,也参与商会年会的活动。

在商会中组织活动的经验也被他带到了法大浙江校友会的年会组织上。2014年以来,林清城连续三年担任校友会年会的策划与指导人,被校友亲切地称呼为"林导"。为了激发校友们的参与热情,林清城通过商会拉来奖品赞助,并在策划中融入文艺节目及抽奖环节。从舞台、灯光,到主持、讲稿,无不亲自操刀。他将工作志愿者分为文艺组、秘书组、劳动组、协调组,以任务条的方式将工作细节一一罗列,秩序井然。尽管在这些活动中投入了很大精力,但林清城乐此不疲,"说到底,我希望能向他们传达这样一个想法:人来了就好,什么都不用管"。

随着校友间交往渐密,林清城的律师生涯渐从开疆拓土、单兵作战,转至团队分工、携手共进。2015年11月,林清城与在杭的法大校友共同创办了北京炜衡(杭州)律师事务所,成为该所的创始合伙人,党支部书记。"我也在不停寻找炜衡的精神。我觉得炜衡在建所之初有一种兄弟文化。"业务滚雪球一样越滚越大,律师的生活时间渐被工作挤压,如能依靠团队的力量相互支撑,或许个人能得到些许解放。

"希望经过多年的努力,团队中的每一个人都能拥有连续一个月的休假。"林清城说道,言语中闪烁的勃勃雄心一如他说,年轻人就该拼搏闯荡。

兰强：认认真真做事　踏踏实实做人*

文/刘婧星

兰强，1991年9月考入中国政法大学政治与管理学系行政管理专业学习，1995年毕业后供职于中国工商银行江苏省分行，现任中国工商银行江苏省分行法律事务部总经理、江苏省银行业协会法律专业委员会主任、南京仲裁委员会委员。

走进中国工商银行江苏省分行法律事务部总经理办公室，兰强给人的第一印象颇为威严。问候、落座、沏茶，就着袅袅散开的茶香，兰强的讲述流畅而不失幽默，逐渐营造出法大一家的亲切。

缘起：四年四度军都春

1991年高考前夕，土生土长的四川籍考生兰强，怀着对"京城八大校"之名的崇敬，郑重地填报了中国政法大学。金秋九月，夺得四川隆昌高考状元的他，如愿走进军都山下的美丽校园，成为行政管理专业的一名学生。

刚入校园，兰强就展现出超乎年龄的成熟。他凭着稳重的行事风格和高中入党的经历，一直走在学生工作的前列。作为第一任班长，他关注每一位同学的需求；在学生会从外联部部长做到副主席，他承担着组织活动、购买月票、拉赞助等责任，方便同学的出行，也丰富了大家的生活；最骄傲的是他肩负系学生党支部副书记的职责，大学期间，他发展了40多名学生党员，且是他们当中绝大部分人的入党介绍人。

四年中，兰强不仅收获了漂亮的学习履历，还展现出精彩的艺术才

---

* 本文于2018年4月9日发布于《法大新闻网》。

华。他是公认的唱歌好手,还因在"青春风采大赛"中的出色表现,接受校报的采访。"兰强同学有音乐特长,为校艺术团骨干之一。"共青团中国政法大学委员会出具的证明,他珍藏至今。

法大的活动丰富多彩,兰强也乐于参与。担任金淑湘老师的法律心理咨询室助手、在刑法课堂的案例剖析中理解法条、聆听各类讲座,他都受益匪浅,记忆犹新,其中印象最深的则是一次说走就走的骑行。

大二暑假,法大一群志同道合的伙伴相约,从北京出发骑自行车前往深圳,沿途开展社会实践,普及法律知识。学校得知后为了学生们的安全,安排窦朝晖老师陪同,还出面请司法部开具介绍函,方便他们每到一座城市都能得到司法机关的支持和帮助。1993 年 7 月 22 日,"华邦之路——普法万里行"一行 16 人从天安门出发,沿着京广线一路向南。28 个日夜,起早贪黑趁着阴凉前进,酷热难耐时便寻找场地摆开展台,分发材料、讲解法律法规。从象牙塔走入社会,静听群众的提问、解答他们的疑惑。随着思考的深入,兰强深深意识到普及法律知识尤其提高民众法律意识的重要性。纵然每天都会大量消耗体力,但与当地民众交流起来,兰强仍然不知疲倦,不舍离开。总行程 11 312 公里,石家庄、郑州、武汉、长沙、广州等 20 余座大中城市,都留下了兰强和同学们青春的足迹。

"人民送我学法律,我学法律为人民",学生们实现了普及法律的初衷,他们的情怀和义举更是引得《人民日报》《工人日报》《北京日报》等多家媒体予以报道。虽有路况、天气等意外使他们深感不易,但是大家都认为不虚此行。兰强觉得,普法之行不仅是对他意志力的磨炼,而且是友谊的锻造,更加深了对人生百态的认识,这些都是他受用不尽的精神财富。

凭着良好的成绩、优异的表现、出众的能力,兰强被老师和同学们一致推选为 1995 年北京市优秀毕业生。

工作:依法合规　思维使然

毕业之年,为方便照顾当时生活在南京的母亲,兰强放弃了原本可以留在北京的机会,来到人生地不熟的江苏,他依靠扎实的基本功考入中国工商银行。

从 1995 年 7 月至今，兰强在中国工商银行的履历上，已有了九行之多。从较为基础的信贷员、办事员、科长，到如今的江苏分行法律事务部总经理，其间也曾担任分行系统团委书记，机构业务部副总经理，培训学校校长，淮安分行党委书记、行长等职务，经历不可谓不丰富。

兰强笑言，感觉工作与大学所学并无太多关联，每到一个新的岗位，他都是一点一滴从头学起。为了更好地开展工作，兰强坚持在完成本职工作的同时不断深造，参加专业培训班、到高校进修，如今兰强金融专业博士在读，且他主笔的数篇论文在《金融论坛》等核心期刊刊出并获奖。一边夯实理论基础，一边总结工作经验，如今兰强对人力资源、市场营销、银行管理等专业都非常熟悉。他甚至还在常规工作之余大胆创新，打造了业务产品体验活动等精品品牌，创造出显著的工作业绩。

涉及领域众多，在每一个位置上都认认真真完成任务，兰强要求自己"有强烈的大局意识和担当精神，坚决服从命令"。这与他担任学生干部时所秉持的理念一脉相承。说起母校对自己的影响，兰强认为，每个职位需要的特质不尽相同，但"依法合规"这一条是通用的。他受益于母校最深的也是这点：本科阶段，他接受了法学的训练与熏陶，已经培养出严谨规范的法律思维方式，与根深蒂固的法律风险意识。这种思维使他作为金融从业者，能够保持稳健细致的工作作风，以及尽职尽责的工作态度。

不管接手什么工作，兰强的第一反应一定是"是否合法合规"，他也身体力行把"依法合规"落实到细节。在淮安分行任党委书记、行长期间，面对市场资源匮乏、监管形势严峻等不利因素，他坚持敢抓敢管，一手抓业务经营，一手抓规范管理，团结带领辖内近 900 名员工扎实工作，年年超额完成上级行下达的目标任务，2015 年在全国工行系统二级分行综合考评排名中，从第 104 位一举跃升至 38 位，排名进步 66 位，当年进入全国排名进步 30 强。更难能可贵的是，在他任职期间，淮安分行不仅业务经营成效显著，全行上下内部管理基础也在不断夯实，依法合规经营的意识逐步形成，全辖区未发生一起风险事件或案件。

回到江苏省分行法律事务部任职后，不管是管理主诉案件还是审批被诉案件，不论是审查法律文本还是受理客户的投诉等，兰强依据的一定是现行法律、监管部门相关法规以及工行内部的规定。他的下属侯小伟谈到，"作为省行法律部一把手，兰总做事心细，关注细节，工作推进一丝不苟"。在法律事务部成员眼中,"兰总在每个岗位上都做得很好",这或许跟他们爱戴这位关心下属的领导有关。兰强获得的诸如全国金融系统优秀共青团干部、总行层面的诸多奖项以及省行先进工作者、省行优秀共产党员等荣誉,权威且公允,足以证明兰强在有跨度的工作上都得到了很高的评价。

回首:一生一世法大人

工作中的兰强敬业认真。回归生活本身,他是一个非常有爱的人。兰强孝顺长辈,平时电话、微信不断;他会在不经意的时候送妻子一份礼物;他还会在朋友圈"炫"出女儿的绘画作品,美滋滋地配文"闺女,下半辈子跟你混啦!";若是出差在外有闲暇,他也会约上同事、朋友或是法大校友聚上一聚。

1995年兰强大学毕业时,通讯还很不方便。他特意抄下了金淑湘等老师和一些朋友、同学的地址,在往来的书信中写下牵挂。移动通信设备普及之后,他才有机会与散落在各地的校友互动起来。当初参加"普法万里行"的老朋友们组建了微信群,他们像曾经那样说笑谈天,还相约一同去探望当年全程陪伴的窦老师。2015年毕业20周年返校,军都山下的法大,南区多了启运体育馆、北区多了国际交流中心,母校可喜的变化让兰强光看着就很兴奋。学校周边昔日简易搭建的各类面摊、小吃铺如今已经被各色琳琅满目的美食餐馆所替代,兰强与牵手20年的老同学,围坐在宽敞整洁的餐桌前,把上两壶小酒,凝视着彼此两鬓日渐斑白,感慨万千。唯一不变的,就是深埋骨子里的"法大"情缘。

在兰强心里,法大是他树立起法治信仰的大学,更是他永远的"家",凡是与法大相关的事物,他都报以格外的关注。江苏校友会成立时甚为隆重,时任校长徐显明到场祝贺,兰强也以献唱歌曲《999朵玫瑰》相庆。如今,他更是期待自己能与江苏法大人一起,力所能及地回报母校。

有趣的是,兰强在回顾大学岁月时,顺手绘出了法大的简明地图。厚德、明法、格物、致公和端升五栋教学楼彼此相通。"M"型的学生宿舍楼群依然像大鹏展翅俯卧在校园大地,陪伴四年的5108宿舍当年曾是多少楼上夜归弟兄的"御用通道"。法大的标志性建筑格局不曾大变,兰强信笔在地图上圈画,二十多年仿佛弹指一挥间。习近平总书记的考察、建设"法治国家"的布局,让兰强感到在那片美丽的土地上,法大越来越好。他不由寄语在读的师弟师妹,在重视法治的时机与环境下,作为政法大学的人才,历史赋予法大人重要的使命,大家也要更加珍惜和努力。

茶香氤氲一室,兰强的讲述依旧亲和,无形中却有种威严感冉冉升腾。从法大毕业后,虽然多年的工作与法学关联并不紧密,不过他也深深认同,自己的思维与处世方式,早已打上了深深的"法大烙印"。法学最高学府四年的专业授课与氛围熏陶,母校赠予他的,是坚定的法治信仰与严谨规范的工作态度。如他在自我评价中所写的那样,"认认真真做事,踏踏实实做人,坚持遵章守纪,依法合规开展工作",这是一名"非典型"法大人的自述,也是每一位法大人精神面貌的真实写照。

傅元：以"跑马"之名　写法大故事*

文/刘一鸣

傅元，2011年至2013年就读于中国政法大学商学院，工商管理硕士。目前在一家专注于大数据软件研发的上市公司——东方国信（300166）担任人力资源总监，领导一支专业的人力资源管理团队，业务支持母公司和14家子公司，管理覆盖员工近6000人。同时担任中国政法大学校友马拉松俱乐部主席。

2018年11月，首届"法大人马拉松"即将热力开跑。这项赛事的日期将计入校历，成为法大历史上浓墨重彩的一笔。马拉松是对身体极限的挑战，也是对精神意志的考验。以"跑马"的名义赋予挑战的含义，以此来追求人生的高度和宽度，"法大人马拉松"的意义也就在于此。这是法大人精神的传承和铸造，是法大人优良传统的体现，举办一场规模如此之大、级别如此之高的赛事绝非易事。在"法大人马拉松"的背后，是法大校友马拉松俱乐部全体成员的努力，也离不开傅元和众多法大跑友们的付出。

2018年6月20日下午，首届"法大人马拉松"新闻发布会在法大昌平校区举行。傅元作为法大校友马拉松俱乐部主席同众多法大跑友们一起见证了这个令人激动的时刻。

跑步于傅元而言，是一种生活态度，更是对自己的超越。13个马拉松，5个半程马拉松，2个百公里徒步，都是他对自己人生的挑战和追求。而与法大跑友们共同创建的法大校友马拉松俱乐部，更是他对于跑步和运动的更高层次的理解——跑步是一项全民运动，它不仅属于校友，更应属于所有法大人。

---

* 本文于2018年9月21日发布于《法大新闻网》。

在法大与马拉松初遇

对于曾经的傅元来说,"跑步"是一个陌生又无趣的词汇。几年前的他和许多中年男子一样,有着发福的身材,亚健康的体质,为工作早出晚归。四百米的操场,跑几圈就会气喘吁吁,劳累至极。

如果没有与马拉松结缘,或许他的生活还会这样持续下去。而有幸的是,法大为他与马拉松之间架起了桥梁。在攻读在职 MBA 期间,傅元认识了几位法大的资深跑友,并在他们的带动下开始锻炼。从完全跑不了到跑个二三公里,从二三公里到参加徒步越野,傅元慢慢发现,自己好像有点喜欢上了这项"无聊又劳累"的运动。跑步不仅让自己有健康的体魄,还能尽情地享受美食;不仅能调节生活节奏,还能缓解工作压力。何乐而不为?

但马拉松和一般的跑步运动又有些不同。完成一个马拉松比赛并不容易,田径比赛中一般把 5000 米和 10 000 米跑称为长跑,一般爱好者大部分会在这个范围锻炼,而马拉松全长 42 公里 195 米,必须凭借系统的训练和强大的意志才能完成。

傅元清晰地记得自己第一次正式参加马拉松的感受。那是 2014 年的 9 月,北京的秋天有了些许凉意。他感觉自己已经累到跑不下去,可还是要咬牙坚持,暗自决心就算跑不下来也要走完全程。比赛中,傅元克服了雾霾天气的不利,体能耗尽和腿部抽筋等困难,最后拼尽全力冲过了终点线。最终完赛时间为 5 小时 33 分。

傅元从 2014 年 5 月之后才开始系统训练,在此之前最长的跑步距离也就是 10 公里。虽然有 4 个月的准备,但由于工作和生活的原因,直到开赛前,他的准备依然有些仓促。就在这样艰苦的条件下,傅元完成了人生第一个马拉松,也开启了自己的"跑马"人生。而这与"跑马"结缘的人生,正是从法大开始。

为法大成就"法大人马拉松"

第一次马拉松给了傅元以全新的体验。他开始期待着自己的下一次、下下次马拉松之旅。厦门、郑州、秦皇岛、太原、南京、无锡、大连,至今，傅元几乎在全国各地的马拉松比赛中都留下了身影。

每次参加比赛的时候，傅元都能看到一些跑友身穿自己母校的定制T恤，戴着母校的校徽跑步，有北大的，复旦的，南大的，却不见法大的。于是，一个念头在他心中萌生，他非常期待有一天能够身穿带有法大校徽的T恤在马拉松赛道上奔跑，和校友们一同参加比赛。而在交流中他发现，这一个心愿不只是他自己的，更是很多法大跑友的。这件事给了他很大触动，他希望将"法大马拉松"这个愿望变成现实。

2017年10月，经过和学校沟通，在傅元和一群"跑马"校友的倡导下，中国政法大学第一个校友马拉松组织——法大校友马拉松俱乐部成立。傅元担任俱乐部的执行主席，并组织几位铁杆"跑马"爱好者作为执行委员会开展工作。在法大攻读MBA时期结识的众多校友，不仅带傅元走进了马拉松的世界，也成为与他共建法大校友马拉松俱乐部的中坚力量。在大家的共同努力下，俱乐部迅速得到了校友的响应，集合了来自全国的150多位跑步爱好者，其中马拉松爱好者有50多人，累计马拉松完赛里程超过了8000公里，其中"跑马"纪录是个人完赛27个，最快的个人完赛成绩是2小时59分。作为新兴的体育组织品牌，法大校友马拉松俱乐部还处于成长阶段，在很多方面依然需要继续完善。场地大小问题、资源协调问题、宣传力度问题，都曾困扰着傅元及其团队。

傅元坦诚地说，跑步并不是一件很容易的事，而坚持下来更是可赞可嘉。他希望通过法大校友马拉松俱乐部及"法大人马拉松"品牌的推广，能够让更多的法大人了解马拉松，开始体验马拉松带来的乐趣。这可能需要一些外力来支持，如结伴跑步，跑完晒朋友圈，等等，可只要能够拥有这份经历，就已经是一种非常宝贵的财富。如村上春树所说，"我从跑步中获得的最让我受益的一点感受是，它让我对自己的身体满怀尊重"。

让傅元及团队感到欣慰的是，他们知道，法大向来重视体育事业发展，在很多竞技体育项目如乒乓球、羽毛球上，都取得了卓越的成绩。只是一直没有一个全民参与的、非竞技型的体育品牌。如今，"法大人马拉松"的出现，适时地填补了这个空缺。当天在"法大人马拉松"的发布会上，冯世勇副校长对"法大人马拉松"的出现表示高度肯定，他还说，高校的根本任务是立德树人，是培养德智体全面发展的人，体育是育人的核心内容之一。积极推动学校大众体育，鼓励更多的法大人认识体育、读懂体育、关注体育，参加体育运动，才能丰富法大育人的新生态。这些话语无疑让傅元和团队的其他人都吃下了一颗定心丸，对"法大人马拉松"的发展兴盛更是充满了希望。

如今，"法大人马拉松"作为学校体育创新的重要方面，为众多跑步爱好者提供了一个可以尽情享受运动的优越平台。曾获得过学校运动会男子 5000 米季军的马拉松爱好者、2017 级在校生杨平说，"法大人马拉松"是自己非常期待的项目。希望在法大校友马拉松俱乐部的师兄师姐们的带领下，感受跑步的乐趣，体验运动的力量。作为一个长跑爱好者，他希望有更多的人能够加入"法大人马拉松"的队伍。

"法大人马拉松"新体验

2018 年 9 月 16 日，傅元完成了自己的北京马拉松比赛。他身着印有法大 logo 的 T 恤，同法大校友马拉松俱乐部的同伴们一起，成为路上一道亮眼的风景线。于他而言，将母校校徽背在肩上，是一种责任，更是一种激励。

傅元没有接受过专业训练，在他看来，成绩并不是参加马拉松运动的唯一追求。在跑步的过程中能够享受当下，挑战自我，这就足够了。他坦言，自己也曾有过单纯追求成绩提高的一段时间，在那段时间里，卡着秒表跑步，成绩却并没有提高多少，这更像是一种负担、一种煎熬，而不是跑步本身的放松和娱乐。这种感觉让他很不舒服，也让他认清了跑步对于自己的意义。跑步是一种享受，而不是一种追逐。如今，他希望能够把这份意义传递给更多的法大人，与大家共同享受运动。

傅元曾经参加过大满贯赛事之一的日本东京马拉松，有生之年能将六大大满贯马拉松跑个遍成为他的一个人生目标。资深的马拉松经历让他越来越爱上马拉松这项体育赛事，同时也逐渐认识到国内马拉松和国外马拉松的大环境之间的差异。相较而言，国外的马拉松更像是一种全民狂欢，在最热闹的地方，有着最热情的人们。而在国内，马拉松更像是一个自娱自乐的项目，在开发区的荒无人烟的地界，一群人奔跑。

傅元希望，法大校友马拉松俱乐部能够带给大家的是一种有别以往的马拉松理念，即全民运动，全民狂欢。让"法大人马拉松"成为所有法大人都能参与和尝试的项目,让马拉松的精神为每一个法大人所熟知。让每一个人都有机会挑战自己,让每一份热情淋漓尽致地释放。曾经,在法大邂逅了马拉松这项运动,这是求学法大的岁月带给傅元的馈赠。今天,他想以此方式告诉所有师弟师妹们要勇于挑战,青春无悔。

  傅元说,2018年他的马拉松计划安排仍然很满。言谈中,他始终神采奕奕,目光如炬,带着一种激情和坚持,坚持热爱,并在这份热爱中创造全新的世界。从马拉松到"法大人马拉松",从跑友到筹划者,于法大而言,他们是开创者,于自己而言,亦是崭新人生。傅元在这条路上孜孜求索,带着马拉松所赋予他的精神和品质,一路向前奔跑。

孟丽娜：培以桃李　报以瑾瑜[*]

文/杨及雨

孟丽娜，1999年毕业于中国政法大学法律系，现任康达律师事务所管委会委员、高级合伙人律师、党委副书记、房地产专业委员会主任。2011年，被评为全国律师行业创先争优活动党员律师标兵。2012年，被评为全国律师行业创先争优活动先进个人，"北京市十佳青年律师"。2015年至今，连续被评为北京市律师行业优秀共产党员、优秀党务工作者。2016年、2017年，分别当选朝阳区第十二次党代会代表，北京市第十二次党代会代表。

初见孟丽娜，她笑容亲切，言语诚恳，让人安心又放松，和照片里那个每年回母校向法大学子发放"丽娜奖助学金"的温柔校友形象统一了起来。刚刚办完业务的她轻声细语地笑道："抱歉让你久等了。"在后来的采访中才知道，她当天工作到凌晨三点多，早上开庭前又改了两份答辩状。

饮水思源，情系法大

提起"丽娜奖助学金"，法大的师生们都不陌生。2010年，"丽娜奖助学金"在人文学院设立，用以鼓励和扶持人文学院的青年教师成长，资助家庭经济困难的学子顺利完成学业以及鼓励优秀学子努力学习、拓展创新。迄今为止，数十位师生接受过校友孟丽娜的资助和奖励，但却鲜少有人知道它的缘起。

2010年，孟丽娜偶然得知，人文学院的贫困学生很多，学院老师的

---

[*] 本文于2019年3月23日发布于《法大新闻网》。

学术经费短缺，那时她刚刚升任律师事务所合伙人，于是决定向该院捐赠50万元，设立"丽娜奖助学金"，希望能尽自己的微薄之力，鼓励更多的师弟师妹成长为社会的栋梁。后来有人问她，作为法学院的校友为什么要给人文学院捐款。她说，一个大学不能缺少人文气息，"积人文之底蕴"方能"昌法治之文明"，趁自己还有能力回馈母校，就应该全力支持母校的发展，这也恰恰符合了"人文法大、法大人文"的办学理念。

受到资助的2015级研究生刘锦程曾当面向孟丽娜表达感谢，他认为"丽娜奖助学金"以论文大赛的形式丰富了学习生活，帮助他解了燃眉之急，也提升了同学们的学习能力。

孟丽娜关键时刻毫不犹豫地捐款源于她本身对公益事业的热心参与，更源于她对母校的深深热爱。法大于她，是一种情怀，更是一座靠山，无论走到哪里，法大都是她最有力的支柱，而青葱的校园岁月更是她永远的美好回忆。

在法大学习的日子里，焦洪昌、李永军、费安玲等老师鞭辟入里的课堂讲解，让她领略到了法学的奥秘与趣味。她认为，虽然大学所学的知识在实务中远远不够，但是扎实的法学功底却恰是在学校打下的。这个所谓的法学功底，除了法学基础理论知识的掌握，更有法律人的意识培养，逻辑思维能力的训练，以及人文情怀的生成，这些对一名法律人尤其是律师来说至关重要，而这些正是法大的老师们一直致力于传授给学生的。法大的点点滴滴，构成了她美好的青春回忆，也汇聚成了她对母校的浓浓感恩之情。

意外的选择，一生的追求

对于孟丽娜来说，做一名律师是一个意外的选择。她大学毕业的那年，国家机关大幅度收紧了对应届生的招聘，而康达律师事务所是国家部委为数不多的能够解决北京户口的直属事业单位。就这样，孟丽娜选择进入了律师行业。

尽管做律师并非她的初衷，但她干一行爱一行，认真对待工作的每一个细节，最终做出了骄人的业绩。

在孟丽娜办公室的桌子上，整整齐齐码起来的卷宗，里面每一张答辩状的字号、间距、格式都如出一辙。孟丽娜说:"做律师要事事严谨,对当事人负责。而以这种负责任的态度,严格要求自己和助理,我是从整理案卷就开始了。"

在案件选择时,她也一直秉持着严谨的态度。关于大案与小案,她有自己的思考和判断。在她看来,所谓的小案,可能只是标的额小,但案情却不一定简单,不能够轻视,而对于当事人来说,再小的案子,对他们也可能是天大的事。因此她接案子,并不会一味地追求大案子和高额诉讼费,也不会接自己专业领域之外的案子。"没有把握,打输打赢都靠运气的案子我不会接,做律师要靠专业,不能做万金油型的律师。"

而一旦接了案子,孟丽娜和她的团队就会全力以赴,认真准备证据,做好诉讼文件和证据目录。她说:"一个认真的律师,当事人会信任你,法官也会欣赏你。"刚独立办案不久时,她代理的一起房屋登记案件由于证据问题面临行政赔偿,市建委将承担近百万元的赔偿责任。根据具体案情,她分析,卖方存在申报不实的嫌疑,而事实证据应当在法院。代理这起案件,律师事务所当时收费仅有2000元。但她仍毅然决然地冒着严寒,在春节前几天远赴黑龙江,从哈尔滨远郊的县级人民法院,到市中级人民法院,再到高级人民法院,在大雪中奔波了三四天,最终拿到了关键证据,而她自己却累病了。有那么几年,顾问单位的领导见面就夸:"你才是政府需要的好律师。"

除了认真负责的态度,孟丽娜的业务能力也得到了业界的一致认可。得益于在法大打下的扎实的法学功底,她很快就锻炼出了过硬的专业能力,在行政法和房地产领域脱颖而出。这些年来,她代理行政机关应诉的行政案件有3000多件,其中多起案件分别入选北京市高级人民法院评选的"2013年北京法院十起典型行政案例"、北京市第四中级人民法院评选的2015年度、2017年度"行政审判十大典型案例"。

2007年,她代表康达律师事务所,在100多家参与投标的律师事务所中,以专业第一名的成绩成功应聘为北京市建设委员会的法律顾问。十多年来,她先后为国务院机关事务管理局、民政部、北京市财政局、朝阳区人民政府等行政机关提供法律顾问或专项法律服务,参与《北京市存量房屋买卖合同》等数十个示范文本的制订或修订工作,参与了《北京市物业管理办法》等多个规章或规范性文件的制定,为行政机关一些重大决策提供合法性论证。

2009年,她以最年轻律师的身份,成为中华全国律师协会民事专业委员会委员。认真负责的态度,严谨务实的选择,扎实过硬的能力带来的是孟丽娜团队极高的胜诉率。而好口碑、好信誉也就是在一个个细节、一件件案子中积累起来的。

心怀感恩之情,热心公益事业

在问及从业以来有什么特别大的挫折时,孟丽娜认真地想了想,然后笑着说:"我感觉自己这一路走过来都挺顺利的,没遇到过什么特别大的坎坷。"这也是她的处世态度,每当说到自己发展进步的原因时,她谈起的都是母校、师傅、前辈和团队对自己的帮助和影响。也是因为这样的心态,她在康达律师事务所一待就是十九年,这在律师行业是十分少见了。

怀着对师傅和前辈的感恩之心,孟丽娜更加尽心尽力地对待新人,甚至一个字一个字地校对他们的答辩状。但当团队成员出现差错,她却从不会恶言相向,严格却不严苛。她认为律师也需要工匠精神,也要"传帮带",一代代地传承下去。

而对待当事人孟丽娜也是一片诚心。所里一位资深合伙人曾说过,当律师最重要的就是讲究"人情世故",这句话对她触动颇深,她也一直在努力践行这句话。在面对当事人的时候,一些当事人会把律师当作情感的倾诉对象,翻来覆去地述说自己的遭遇,而孟丽娜则始终耐心地倾听,为他们提出解决方案,她这种亲和力使得当事人对她有极高的信赖度。

作为政府的法律顾问,她更将这片诚心发扬为公义之心。孟丽娜一直秉持着执业为民的信念,她认为,做政府顾问不仅仅是帮政府打赢官司,更应该主动引导、协调相关主管部门纠错。在很多案件中,她都为政府提供了切实可行的建议,累计协调拆迁当事人达成调解上百件,解决了百姓的实际困难,化解了许多矛盾和纠纷,也维护了政府机关的形象。她代理的案件从未出现过被投诉的情况,她说,做律师一定要做一个好律师,所谓的好,不一定要做出多惊天地、泣鬼神的事业,但一定不能伤天害理、损人利己,起码要对得起自己的良心。

尽管业务繁忙,孟丽娜始终热心公益事业,积极参与多种形式的法律宣传、法律咨询活动，投身西部"母亲水窖"工程，参与"天使妈妈"慈善捐款，积极参加共产党员献爱心活动，她的先进事迹广受好评，其本人也被评为公益法律服务先进个人。

当被问及记忆里对法大印象最深的一句话，孟丽娜说，其实还是那句"一生一世法大人"，事实上她也一直用实际行动践行着这句话。她希望师弟师妹们在走出法大之后也能一直怀着对母校的感恩之情，踏踏实实、认认真真地在自己的工作岗位上做出一番成绩，不愧于"法大人"的称号。

黄行洲：独辟蹊径的翻译之路[*]

文/张澳璇

黄行洲，1998年毕业于中国政法大学政治与管理学系行政管理专业，本科毕业后，赴德国慕尼黑大学攻读政治学、日耳曼语和汉学三门主副专业，获得硕士学位；2005年，进入慕尼黑翻译学院中文系学习，主修经济翻译，辅修人文科学翻译；2015年3月，受外交部委派赴维也纳常驻，先后在中国驻奥地利大使馆办公室和领事部任职，成为学校历史上首位以德语为第一工作语言的外交官。

初识黄行洲，很难把这样一位拥有丰富翻译经历的外交官和法大校友的标签联系到一起。为什么毕业于行政管理专业的他，会选择这样一条独特的翻译之路？一路走来，黄行洲有什么不同于常人的经历和感受？谈到这些林林总总的经历，还要从他最初的赴德留学说起。

另类的赴德行，艰难的留学路

如果说黄行洲最初赴德的选择，凭借的是年轻时勇于闯荡和尝试的一腔热血，那支撑他度过之后漫长求学历程的则是坚持与付出。

德语零基础的黄行洲，在十个月内顺利通过了德国的语言入学考试，但入学后依然面对着巨大的困难。当时的黄行洲还需要完成传统的德国硕士学习——要在完成一门主业学习的同时兼顾两门副专业。谈起当年三门专业几十门课程重压下的学习，黄行洲记忆犹新的就是专业阅读任务。德语无法和母语出身的学生相提并论，而英语也不过是大学四级水平，"我不得不付出更多的时间——虽然最终的成效仍然不及他们"。

---

[*] 本文于2020年3月29日发布于《法大新闻网》。

21世纪初,赴德留学本身就是"另类的选择和艰难的开端"。放弃国内常规的发展途径选择一条不仅前途未卜,而且未来不易的道路需要的不只是冲动,更需要勇气和坚持。在学习政治学课程的第一节课时,对大学校园尚不熟悉的黄行洲走错了教室,迷迷糊糊地听了一节课,似懂非懂。直到下课后询问同学才明白,这节课是历史课,原来自己走错了教室。多年后回首,黄行洲依然对这件小事记忆犹新。

每个人的职业开端都是磕磕绊绊,在摸索中走得无比艰难。和大部分毕业生留校考研,再进入事业单位的发展相比,赴德深造绝对是一条充满挑战的道路。而当年的黄行洲偏偏就怀着一腔热血,在白纸一样的人生规划上起步,从最简单的语言开始摸索,走出了一条不平凡的法大人之路。

邂逅的是翻译,遇见的是美满

很多人都想向黄行洲提出这样一个问题:政法专业出身的你,为何选择了翻译作为职业?看过他优秀履历的人都会认为,黄行洲是一位从小就极富语言天赋的人,但其实对他来说,选择翻译专业是一场机缘巧合的邂逅。

多年前,黄行洲在自己居住的学生宿舍楼里拜访一位上海朋友。彼时的黄行洲已经完成了慕尼黑大学的硕士专业学习,正在考虑下一阶段的发展。正是这次无意的拜访,改变了他的职业道路:从这位朋友的口中,黄行洲听说了慕尼黑翻译学院,于是便抱着试一试的心态参加了该学院中文系的考试。

得益于监考官张人礼教授的知遇之恩,黄行洲有幸直接进入慕尼黑翻译学院二年级开始学习。在这里,他出人意料地收获到"物质和精神"的双重奖励。黄行洲开始利用课余时间从事一些笔译工作。笔译工作相比于其他的勤工岗位,时薪更为可观,很大程度上减轻了他的经济压力。更重要的是,笔译兼职工作使他有更多机会提高自己的翻译水平。也正是因为这样勤苦的练习,黄行洲的笔译能力很快得到了系主任和专业教师的肯定。而这些领域内学者的肯定和指导更是给了他极大的精神鼓励,这也成了他此后十余年笔耕不辍、坚持翻译的动力源泉。

即便有了这样一个顺风顺水的开端,黄行洲依然感觉自己这半路出家的外语学习者的翻译之路困难重重。语言是一门需要积累的科目，和那些从小便浸润在德语环境中的高级翻译相比，他不断地提及自己缺乏"童子功"，而这绝不是后天努力可以完全弥补的。这种差距让他多了一份鞭策自我的动力。"翻译考察的是全面的能力，译者不仅要具有良好的母语和外语水平，还要有广博的知识面和很强的应变能力。"此后，黄行洲广泛涉猎书籍讲座，不断拓展自己的知识面。不论是翻译专业著作，还是历史人文类阅读，抑或汉语和外语的专业词汇，他竭尽全力将自己变成一块海绵，沉浸在日常的学习和思考中。而政法专业背景更是给了他活跃的思维能力和敏捷的应变能力。

独特的翻译者，不俗的法学僧

对于黄行洲的选择，很多人都会持质疑的态度。政法专业出身的翻译能专业吗？法学岂不是在工作中毫无用处了？

面对如此多的质疑，黄行洲却认为，政法专业背景于他而言并非劣势和负担，反倒使他在与其他的翻译同台竞技之时，于博观而约取中多一份淡然和镇定。

多年前，黄行洲作为福建省人民政府特邀外事翻译以及省内唯一拥有国家德语二级口译和笔译证书的译员，全程参与了一起重大涉外刑事案件的翻译工作。开庭前，法官提供了一些卷宗，作为译员，他需要在短时间内熟悉案件的基本情况，以确保顺利完成法庭内外的口译和笔译任务。外语专业出身的译员很难在短时间内阅读大量卷宗、熟悉案情，法大人的优势此时便显露了出来：根据案件的具体情况选择专业的译名，在庭审过程中面对法官、公诉人、律师、被告和包括被告所在国外交官在内的旁听者而保持从容淡定——圆满完成这些任务，就需要译员有较为扎实的法律专业知识、较高的外语水平和较好的心理素质。

"法律案件不能仅停留在准确翻译术语和句子，更要注意案情和法庭论辩中的逻辑表达。"军都山下四年孜孜不倦的学习造就了黄行洲的逻辑思维，使他具备了在法庭的唇枪舌剑中抓住重点的能力，确保了他迅速而准确地完成了庭审翻译的任务，受到各方的一致好评。

黄行洲不仅在法律翻译工作领域游刃有余，还在与德语相关的诸多领域都做出了不俗的成绩。2007年,他从德国留学回国后进入福州大学外国语学院德语系,主讲口笔译课程,和同事一起成为福建省高校德语专业的创始人。教学之余,黄行洲始终坚持翻译实践,他的翻译之路延伸到了儿童文学翻译、科技翻译、哲学著作翻译等诸多领域,累计翻译稿件上百万字。现在作为中国驻奥地利领事馆领事的黄行洲,秉承着"不忘初心""外交为民"的情怀为世界华人华侨服务,为中国的大国外交贡献着自己的绵薄之力。

二十年弹指一挥间。黄行洲走出了一条不同寻常的法大人之路。作为毕业生中首位德语专业教师和首位以德语为第一工作语言的外交官,或许他不像基层公检法机关的校友那样日夜伏案,也不像律师校友那样忙碌奔波,但他同样在以自己的努力践行着法大人的精神。在总结毕业二十年的学习和生活时,黄行洲说了一句意味深长的话:"每个人的价值观是决定人生轨迹的重要因素之一。"

回顾他的职业发展,每一次职业选择的背后,都是他不断尝试的勇气和勤勉踏实的付出。"成功的花,人们只惊羡她现时的明艳!然而当初它的芽儿,浸透了奋斗的泪泉,洒遍了牺牲的血雨。"这是冰心女士的一首小诗,也是和冰心女士一样祖籍八闽的黄行洲校友时常吟诵以励志的话语。

张书旗：用镜头记录平凡英雄[*]

文/王安琪 唐文敏 张焕宁

> 张书旗，中国政法大学2008级新闻与传播专业本科生。2012年，从中国政法大学毕业，从校记者团成员成为新华社的一名记者。2020年，奔赴疫情防控一线，探访火神山、雷神山、方舱医院……他，就是奋战在前线的实时记录者。

疫情当前，整个社会集聚着能量。这股巨大的能量来自社会各界，而作为记者的他们，用炽热的内心直面灾难，用自己的方式奉献着力量。

只有置身其中，才能有最真切的感受

"我试图让情绪安宁，也试图尽量克制。"作为新华社记者，在看到新冠肺炎病例人数的新闻报道时，张书旗在家中坐立不安。不断更新的新闻报道触目惊心，作为一名新闻人，张书旗无法让自己置身事外，他决定马上请缨去武汉，去亲历真实，传播真相。

2020年1月27日，武汉封城的第5天，张书旗与新华社的同事们来到武汉，开启了他的"逆行"之旅。在这里，一切都是未知的，兴奋与害怕交织着。然而，他认为只有置身其中，才能有最真切的感受。

"来到武汉的第一感觉是压抑。"张书旗说，"这不是我熟悉的武汉"。从下车的那一刻，他只看到空荡荡的车站，往日繁华的商圈与行人消失不见，偶尔有路人经过，也是步履匆匆，这种压抑的感觉，他从未体验过。

次日，张书旗便和同事们来到口罩生产车间进行采访。他们每个人都戴着口罩，外出采访时还需要穿上厚重的防护服。1月29日，他来到火

---

[*] 本文于2020年3月3日发布于《法大新闻网》。

神山医院施工现场,为大家报道施工情况。1月30日,他转战到武汉天河机场国际货物站,到现场进行采访。2月2日,张书旗赴初步成型的火神山医院内部,探访报道隔离病房建设的基本情况。从抵达武汉到投入工作,他没有一天休息过,几乎每时每刻都奋战在疫情防控报道的一线,为读者和观众带来前线最真实和最新的消息。

在深入火神山、雷神山医院建设工地对建筑工人进行采访时,他听到建筑工人说:"不是因为辛苦,是因为心里着急,想着能快一点再快一点把医院建设好!"镜头旁的他,瞬间湿润了眼眶。

必须在现场,因为我们是记者!

疫情期间,人人自危,张书旗每天出门采访前,都会装好酒精消毒棉片,戴上口罩,并用力在鼻梁上压一压,才会按下门把手。他说,在那个时候,每个人对门外的世界都是"害怕"的,但这种"害怕"的情绪达到顶峰,是2月17日晚上。

在火神山、雷神山两"山"之后,还有一批"生命之舱"正投入战斗。其中一个,就是武汉体育中心方舱医院。2月17日晚,张书旗决定和同事一起去武汉体育中心方舱医院拍摄记录下方舱医院的夜晚。在现场医护人员的帮助下,他们花费了半个多小时,从头到脚把防护装备穿戴齐。被防护服紧紧包裹的他们,喘气也变得困难。在穿戴好防护服后,两人进入方舱医院的看台上进行拍摄,虽然护目镜上的雾气越来越大,但他还是被眼前的景象震撼了。

印象中的方舱医院,是广场舞、是看书的人、是玩魔方的姑娘,可是眼前,人们多数已经躺在床上,几个医护人员挨个量体温测血压,场馆里很安静,静得只能听到自己的心跳和喘息声。在拍摄完毕后,张书旗在门外等着同事出来,门外的医院一片漆黑,他回想起方舱医院的场景,"害怕"的情绪随着时间一分一秒地加剧,他感觉自己被病毒包围着。

在返回的路上,张书旗问同事害怕吗?同事说,"怕"。面对这些看不见摸不着的"敌人",每个人都会"害怕",却也是这一次次的"害怕",让张书旗更加理解"使命"的重量与意义。在众人闭门不出的时候,他毅然决然地选择"逆行";在抗击疫情的战场上,他记录着疫情的最新情况，将抗"疫"现场的各个方面，第一时间还原给公众。

"必须在现场，因为我们是记者！"这是张书旗的"使命"，亦是他的"信仰"。

普通人，也可以是英雄

除了深入火神山、雷神山、方舱医院等一线，记录医护人员与患者的真实动态，张书旗格外关注武汉普通市民的生活。从外卖小哥，到建筑工人、公交司机，再到"魔方姑娘"，每一个普通人，都在他的纸笔和镜头之下，显示出英雄的模样。2020年2月1日，新华社记者"疫"线观察的视频中，张书旗通过Vlog视频记录了一个外卖小哥的日常。

这些被记录着的人物看似平凡，但他们同时也是武汉这座城市的英雄。每当剪辑采访片子时，张书旗都会被采访者的回答所感动，甚至流下眼泪，他说，"不仅仅是外卖小哥，还有口罩厂的工人，环卫工人，社区工作人员……这里每一个普通人，都在默默地努力做好自己的工作，为奋战在抗'疫'一线的医护人员守护好后方的阵地。他们同样也是英雄！"

不知不觉，张书旗与同事们来到武汉已经快一个月了，疫情也在国家和人民一起的努力下渐渐好转。他们在抗"疫"一线的最前沿记录、拍摄这一段历史，也记录这个城市所有的希望。

魏雪：我随时准备战斗*

文/丁杰群　孟翔宇

> 魏雪，中国政法大学 2007 级校友。从检十年间屡获荣誉：北京市检察机关优秀检察官、北京市检察机关公诉业务标兵、职务犯罪检察业务标兵，曾立个人三等功。

2020 年 9 月 27 日，第七届全国十佳公诉人暨全国优秀公诉人业务竞赛在国家检察官学院圆满落幕。北京市西城区人民检察院第一检察部副主任、一级检察官魏雪经过认罪认罚案件实务笔试、刑事检察业务笔试、刑事检察业务答辩、模拟法庭论辩、决赛五个环节的激烈角逐，从全国 132 名选手中脱颖而出，荣获"全国十佳公诉人"称号。

初任检察官

2003 年，魏雪凭着对法律的朴素认知，在高考时毫不犹豫地填报了法学专业。此后，她在山东大学法学院度过了 4 年大学时光。2007 年，魏雪考入中国政法大学研究生院刑事司法学院攻读硕士，师从阮齐林教授。

阮齐林教授治学严谨务实、授课生动幽默。在理论体系、研究方法、为人处世等方面，魏雪均有幸受到阮齐林教授的指导，并在导师的启发下逐渐发现个人的兴趣点在于司法实践。

阮齐林教授表示，他对魏雪在校期间的印象很深刻，"魏雪是一个温文尔雅、认真好学的学生，字写得也很好，总是很积极地和各个老师沟通学术问题，深受老师喜爱"。

---

* 本文于 2020 年 3 月 10 日发布于《法大新闻网》。

读研究生期间，魏雪在最高人民法院立案庭实习，接触了鲜活的申诉案件，头一次被复杂的现实经济犯罪绕晕，被老师笑称写报告堪比"写书"。

研究生毕业后，魏雪听取了导师阮教授的建议参加公务员考试，成功考入北京市原宣武区人民检察院。在之后的工作生涯中，她依然勤恳认真，获得了领导和同事们的一致认可。

2010年7月1日，原宣武区人民检察院与原西城区人民检察院合并，她在公诉二处，跟着师傅开始接触经济案件、职务犯罪案件。2015年，魏雪被任命为检察员，经历了主任检察官制改革、员额检察官改革、内设机构改革。她办理的案件类型也逐渐多样化，从原公诉二处的案件扩展到普通刑事案件。

阮齐林教授回忆道，魏雪从法大毕业进入司法机关工作后，也一直和他保持着联系，经常向他请教一些疑难案件，包括金融犯罪案、电信诈骗案等。"在我的学生中，魏雪是毕业后与我联系较为频繁的，她一直保持着谦虚、好学的态度，不断进步着。"

山的那边是更高的山

在魏雪办理过的数百起案件中，有协助检察长办理的涉疫诈骗案件、市级督办的涉黑恶案件，还有一批交办案件，更多的则是基层一线的案件。

回忆起自己10年的公诉生涯，魏雪对第一次出庭支持公诉前的紧张记忆犹新，刚入职遭遇14人电信诈骗案时的狼狈和坚持恍如昨日。

在一起诈骗案中，犯罪嫌疑人具有较强的反侦查能力，一直拒不认罪。而此前被害人仅通过电话与犯罪嫌疑人联系，从未见过犯罪嫌疑人。犯罪嫌疑人到案后，始终否认自己认识身处外地的被害人。针对这起证据"一对一"的事实（即只有被害人的陈述和犯罪嫌疑人的供述，没有其他证据进行印证），魏雪多次联系外地被害人，释法说理。刚开始，被害人不接魏雪的电话。后来电话终于打通了，被害人在电话里向她解释，说自己太忙，没时间到北京作证。魏雪一边坚持给她打电话，一边利用已有卷宗材料，从另一名被害人提供的录音中截取音频，准备进行声音辨认。组织声音辨认需要选取几段音频,如果与第一起案情有关,那么声音辨认的公正性就会受到质疑,犯罪嫌疑人会提出被害人是根据内容进行辨认。由于犯罪嫌疑人有口音,选出的声音片段既要与第一起案情无关,又要与犯罪嫌疑人的声音特征相似。她和助理反复听录音,一遍遍复制、裁剪,组织被害人来京进行声音辨认。最终,自行收集的证据被判决采纳,瓦解了犯罪嫌疑人的辩解,全案事实被法院采信。

魏雪坚信,检察工作中的每一个案件细节都关乎公平正义。她反复观看卷宗中不同角度的监控录像,发现"不对劲",提出监督线索;一笔笔审查核对银行账户交易明细,发现赃款去向,追诉事实;逐字逐句修改文书,不轻易放过每一页侦查卷宗⋯⋯虽然自行取证多、工作节奏快,但她带着组里的助理、书记员一起累并快乐着。当专业领域的证人对她们的钻研精神表示惊讶时,当被告人愿意信任她们时,这种满足感无法替代。

就像魏雪所说,自己的日常工作就是和千万检察人、公诉人一样,一个案子接着一个案子,没有休止符。翻过一座山,面前是另一座更高的山,但攀登的成就感和乐趣是公诉人能心领神会的。

但行好事　莫问前程

2018 年、2020 年,魏雪经历了两场刻骨铭心的赛事。

参加 2018 年的北京市检察机关业务竞赛,魏雪给自己总结为"明知山有虎,偏向虎山行"。她曾在孩子入睡后陷入长时间的纠结,犹豫要不要报名。最终她觉得,自己这些困难与难得的学习机会比起来,算不了什么。

备赛期间,魏雪曾在训练中找不到方向,在初赛前夜绕着基地走了一圈又一圈。让她感到幸运的是,有太多的前辈为她指路、送她锦囊,有太多的战友在夜晚为她出谋划策告诉她自己并不孤独。她曾多次向阮老师请教司法实践中的问题以及竞赛中需要注意的事项,还曾邀请阮老师为她的竞赛队伍答疑解惑、传授经验。阮老师对魏雪的参赛态度非常认可,"在集中训练期间,她克服了种种困难。不仅要准备比赛,还要去办理日常案件、照顾家庭,但是这些她都非常出色地完成了"。

2020 年的第七届全国十佳公诉人暨全国优秀公诉人业务竞赛,是一场业务水平和毅力体力的较量。选手进入国家检察官学院后，需要迅速调整心态，继续以封闭备赛的状态准备迎接七天的比赛。这是检察机关"捕诉一体"、专业化改革、认罪认罚从宽制度改革后，由最高人民检察院举办的刑事检察系统第一次大练兵，更侧重考查公诉人的实践沉淀、理论水平。

业务笔试长达10个小时，在组织方的多次提醒下，仍无一人动一下午餐。业务答辩由原定的准备时间20分钟压缩为准备、答辩共计20分钟，时间自行分配，且题目多为开放性题目，涉及更深层次的理论。

在决赛的论辩现场，最高人民检察院党组书记、检察长张军，多名全国人大代表，法学理论界专家云集，中央广播电视总台对此进行了采访报道。

魏雪一路过关斩将，最终赢得"全国十佳公诉人"的称号。对于魏雪获得这一荣誉，阮老师表示这是完全不出意料的，魏雪一直保持着踏实认真、努力进取的态度，不畏艰辛，迎难而上，而成功正是属于"有准备、有实力、有毅力"的人。阮老师希望各位法大学子都能像魏雪一样，始终保持最初从事法律事业的志向和目标，带着一份使命感，安心、静心地学习和实践。

整装再出发

所有曾经到达的地方，都是过去。魏雪说，刚参加工作时，眼中更多的是法律。在首都基层检察院工作的10年，她在案件中经历摸爬滚打，心中始终追求"于法有据、于理应当、于情相容"。这份职业激励她，"让有罪者受到惩罚，让无辜者不致蒙冤，让强梁不敢盛行，让弱者获得尊严"。

竞赛不是目的和终点，过往的经历让魏雪有机会弥补短板、调整方向，不忘初心回归检察工作，整装再出发。魏雪的身边是像她一样正在办理并准备迎接一起又一起案件、随时准备投入战斗的检察人，她将和他们一起继续成长。

沈腾：别样丰富的人生[*]

文/莫少凡

沈腾，中国政法大学1990级管理学院毕业生。民进会员，法学博士，现任北京帅和律师事务所主任。兼任民进中央社会与法制委员会副主任，民进北京市委社会与法制委员会主任，北京市涉台法律事务研究会常务副会长兼秘书长，民进北京市海淀区委副主委，北京市海淀区政协常委等职。

践行公益，情系母校和当代学生

初次了解到沈腾，是在2019年6月，2019届本科毕业生收到了定制的毕业礼物——以学校拓荒牛为原型的玩偶"拓拓"，这份毕业礼物正是沈腾捐赠的，访谈也从这件事开始。他作为校友总会的副秘书长，在得知校友工作办公室有为毕业生定制毕业礼物的计划后，就积极地捐助了资金，支持这项活动顺利开展。据了解，这是学校第一次向全体毕业生赠送毕业礼物。沈腾说，已经毕业的校友平时与在校同学少有联系，期望通过这样一件小礼物能够与法大的师弟师妹结一个缘分，增进全体法大人对学校的热爱。"拓拓"的造型取自于昌平校区的标志建筑物"拓荒牛"，既象征着"四年四度军都春"的母校记忆，也寄托着"一生一世法大人"的法大情怀。

捐毕业礼物虽然是件小事情，但做公益和志愿，从来都不是一件简单的事情。沈腾出生在农村，通过自己的努力在县城读上了中学、在首都读上了大学，一路走来充满着辛酸和艰辛。他希望自己的师弟师妹在成长的

---

[*] 本文于2020年7月18日发布于《法大新闻网》。

路上不要受到物质的束缚，能够站在更大的舞台上无忧无虑地学习。十多年来，沈腾坚持资助中国人民大学、中国政法大学等学校的学生参加国际人道法模拟法庭竞赛，他希望中国的法科学生能够以国际视角关心战争、和平等问题。当问及是什么支撑着他一直坚持做公益事业，沈腾提到除了情怀使然，践行公益还能够丰富人生，"做起来确实很辛苦，但回味起来却很幸福"。说到这里，沈腾脸上洋溢着幸福的笑容。

律师本色，肩有担当心怀侠义

沈腾的本职工作是一名律师。但除了律师工作，他还承担了大量的社会兼职。在负责北京市律师协会和海淀政协的宣传工作时，他曾亲自导演了两部关于律师职业的微电影，《律师本色》和《律师侠》。沈腾说，虽然律师职业在当今社会得到了越来越多的关注，但圈外很少有人真正了解律师行业，更不会走进律师的内心世界。正因为此，沈腾希望通过微视频的形式进行宣传，让社会公众更加了解律师的本色，了解他们身上的侠义精神。他这样解释，"本色也好，侠义精神也罢，律师最重要的就是担当，担当就是必须把自己分内之事做好。所以我也一直在坚持做好手头每一件案子"。

沈腾谈到之前在陕西省安康市办的一起案子，开庭前当事人精神紧张，情绪不稳定。沈腾与他分析案情时，当事人不小心将一壶热水洒在了沈腾的身上，情况严重，急需前往医院处理烫伤，按照法院的审理规定这种情况可以申请延期开庭，但是沈腾拒绝了，他不想因为自己而延误了当事人的案情。当天，案件审理了4个多小时，虽然疼痛难忍，但沈腾面不改色，超常发挥，为当事人争取回了正当的权益。这既是律师职业伦理的体现，更展现了律师的本色和担当。

工作30年来，沈腾作为律师一直用真心对待当事人，尽全力处理案件。他还提到这样一件事：当事人的儿子在高速上开车因天气原因撞出护栏当场死亡，两位老人从地方跑到中央，从五十岁的年纪奔波到六十岁，四处维权。经过和事务所同事共同分析，这起案件的情况复杂难以解决，但两位老人令人同情，这个老大难的问题所里的领导指定让沈腾处理。

怎么处理呢？通过几次交谈，他发现老两口不管在哪里都会带着儿子过往的照片和材料,老人似乎也并非想通过打赢官司获得物质赔偿。沈腾便用共情的方式劝慰二老:"在我看来,打官司只是您回忆儿子的一种方式,通过这种方式与儿子对话,保留着唤醒儿子的想法。"说完老两口哭了,沈腾接着说道:"其实判了多少钱并不重要,而是这样的方式能让你们感觉把心放在了儿子身上。回过头仔细想想,日日夜夜,你们呼唤着、思念着儿子,感觉儿子就在你们身边。但我们中国人讲究入土为安,你们长期心情低落,情绪不安,儿子看到你们这样也会难受,他可能更希望你们逐渐走出他离开的阴影,去慢慢适应没有他的生活。"在谈话中,两位老人逐渐打开了心结,这件事情也顺利解决了。

作为一名律师,作为法大人,沈腾认为自己始终对得起"挥法律之利剑,持正义之天平,除人间之邪恶,守政法之圣洁"的铮铮誓言。怎样才能成为一个好律师?怎样才算是一个好律师?沈腾给了这样的回答,最好的律师要拥有两件法宝:一是经历,二是知识。经历丰富人生,能够让你更快地进入场景角色,产生共情;知识塑造理性,能够让你客观地分析案件情形,两者的结合能够充分发挥法律抚慰人心和平衡多方的作用。他是这样说的,也是这样做的,并努力把他的这种精神传播出去。

夏华：心系深山的时装企业家[*]

文/陈静铎

夏华，中国政法大学1987级校友。现任依文集团董事长，依文·中国手工坊创始人，中英企业家联合会主席，中国企业家俱乐部理事，中国服装协会副会长，全国"五一劳动奖章"获得者，"全国三八红旗手"，"全国巾帼建功标兵"，她相继被评为《福布斯》"全球最具影响力的企业家""中国经济女性年度人物""中国商界风云人物""影响百姓经济生活的十大企业家"。

知名校友夏华和中国男装领域的翘楚品牌依文，这两个名字对于法大师生来讲都耳熟能详。早在2003年，夏华就在学校建立了"依文特聘教授"基金，每年通过个人出资，面向全国招聘不同学科的著名学者、教授到中国政法大学担任特聘教授；2010年，夏华为丰富青年文化艺术生活，再次捐赠1000万元用于打造法大"依文艺术广场"；除此之外，夏华还多次出席校园活动，为法大辩论队学生提供参赛服饰。作为校友，她心系母校；作为企业家，她关注社会民生。她是新时代的"女将"，她是扎根深山的服饰企业家。

从法大教师到西单商场售货员

1991年，夏华从中国政法大学毕业后留校任教，在20世纪90年代能够留校从事教学工作令许多人敬羡。如果夏华没有那个关于"美丽服饰"的梦想，或许法大将会再添一名学术明星，再多一位受人尊敬的法学教授。

---

[*] 本文于2020年7月23日发布于《法大新闻网》。

在一次社会调研过程中，夏华意外地发现，在那个朦胧单调却又充满无限活力的年代，国人的穿着风格仍然朴素、色彩依旧单调。夏华认为，那是一个渴望潮流的年代，那是一个呼唤英雄的年代。发现了服装方面的商机后，她回到北京便毅然地提交了辞职报告，正式决定下海经商。

弃文从商后，夏华的第一份职业是西单商场的售货员。售货员与大学老师，两份职业相比简直是天壤之别，这一决定在当时少不了招来闲言碎语和冷眼旁观。回想那段日子，夏华说："自己一旦认准的事便会倾尽全力，不成功亦成仁，旁人的冷言冷语于我皆如浮云。"

她曾受到的高等法学教育也并没有因之白白浪费，反而，法学学习经历给予了她缜密的逻辑思维能力和一出手即能抓住重点的敏感嗅觉，她通过观察游客手里提的袋子判断哪家的衣服卖得最好，便决定在哪家起航。短短一个月，年轻的夏华凭借出色的个人能力成为商场的销售冠军，她向老板申请了一堵墙，几根衣竿，从厂商处进了几件色彩鲜艳的服装，一如之前设想的一样，这笔生意成就了夏华人生的第一桶金。那堵墙、那几根衣竿早已在历史的记忆里模糊不清，但那个小小的地方却成为她梦想开始的地方。

"夏总的衣服永远是村子里最漂亮的，母亲用拼布的工艺让她在小小的山村里也能够闪闪发光。"夏华的助理吴皓月女士说，正是母亲的手艺在小夏华的心里埋藏了一颗美的种子，时过境迁，待到饱饮阳光雨露后，这颗种子终将成为一棵遮风挡雨的参天大树。

福布斯"全球最具影响力企业家"

1994年，夏华正式创立了依文品牌。创业初期，企业蓬勃发展。1997年，"依文"被评为增长速度最快的男装品牌，1998年被评为国家级优质产品，2001年成为男装榜首品牌，荣登北京市场销售冠军宝座。然而，不经历风雨，怎么能见彩虹？

2003年对中国人来说是特殊的一年，"非典"让依文也遭受了一次重大打击。"畏于'非典'，当时人们都不敢上街，就算上街也都戴着口罩，更没有人愿意往商场里走，所以当时仓库里堆积的货物根本卖不出去，夏总和我们的团队整日满腹心事、焦头烂额"，吴皓月说道。2003年的"非典"疫情至今仍然留存在每一个中国人的记忆当中，夏华也不例外。正所谓破釜沉舟，置之死地而后生，就在那场疫情中，依文创立了沿用至今都非常成功的"管家模式"。这一模式非常成功，很多海内外知名的企业家至今都享受着依文时尚管家提供的订制服务。"管家模式"成功帮助依文走出了"非典"疫情，也助推了依文顺利发展，如今，依文的客户已经遍布全球。

这就是夏华，一个为了依文、为了梦想敢想敢做的人。面对劫难之时，她没有畏缩退却，而是大步向前，给予劫难迎头痛击。正是如此的气魄、胆识，正是这样的决策力、行动力让她带领着她的团队使依文成为世界上最著名的服装品牌之一，夏华也成为福布斯"全球最具影响力企业家"。

心系大山深处的新时代"女将"

"依文除了自己的服装品牌，还一直在坚持做一件事情，那就是中国手工坊。"夏华数十年如一日，将自己的青春和热血撒向"大山深处"。

中国手工坊致力于挖掘、保护和传承中国非遗手工艺文化，深入云贵川山区，让手工艺绣娘能够在山里依靠自己的双手创造财富，实现人生价值，助力国家打赢脱贫攻坚战。时至今日，中国手工坊已签约绣娘13 000余人。从前食不果腹的山民们，自从签约依文成为绣娘后，有了一份稳定的收入，成功靠自己的手艺实现了脱贫致富。其中一位来自苗族的73岁的明星绣娘潘奶奶，2018年带领家人依靠手艺就赚了153万元。

十多年前，夏华最初提出在深山建立手工坊的想法，并没有得到大多数人的理解和认可。"把金钱和精力投入大山，迟迟不见成果，可能都会打了水漂。"在他人看来，将资本注入大山深处无疑是在填补一个无底洞，这般做法迟早将会拖垮依文。在一次董事会议上，董事们否定了夏华把目光投入深山的想法，但夏华以一种敏锐的前瞻力和判断力看到了深山里的希望，于是自己出资创立了依文·中国手工坊。这一投入，就是十五年的光阴。

清明尾、端午头，中秋月后又重九。暮去朝来，秋阳一遍遍染醉林梢、凛风一次次卷起落叶。当初那个充满热血的年轻姑娘的面颊，逐渐被岁月刻上了皱纹，十多年沧海桑田，社会在进步，夏华也已不是当初稚嫩的夏华，依文也早已不是当初的依文。身为一个企业家，夏华不计较一家一户的盈亏，而是心系深山、忧怀国家，她以一个女性企业家的身份创造了一个不大不小的奇迹，托起了一项不轻不重的使命。成千上万的绣娘们编织的不仅仅是一件件服饰、装饰品，更编织出了一份古老民族的自信，一种传承了千百年历史的厚重。"穷则独善其身，达则兼济天下"，绵延起伏的云贵川大山深处，越来越多的绣娘们叫响了一个叫作"夏华"的名字。

"我相信自己，生来如同璀璨的夏日之花不凋不败，妖冶如火。承受心跳的负荷和呼吸的累赘，乐此不疲。"夏华曾说，《生如夏花》是她一直以来特别喜欢的一首诗，也是一首生命的赞歌。或许每一个奋斗者的路上都会跨越无数的山丘，穿过沼泽和荆棘，路过泥泞，经历风雨，但必将会迎来盛大的绽放。

朱晓宇：普通法大人的执着与追求*

文/刘一鸣

朱晓宇，北京嘉观律师事务所合伙人。1999年考入中国政法大学经济法系。2005年从墨尔本大学取得知识产权方向法学硕士归国，开始律师执业。被评为2018年度中国政法大学优秀校友，2018—2019年度（首届）中国优秀知识产权律师TOP50，首届中国知识产权诉讼代理机构著作权TOP100榜，并于2020年7月26日获"杰出娱乐法律师提名奖"。

"我就是一个普普通通的法大学生。"在与记者交谈的过程当中，朱晓宇多次笑着说起这句话。在旁人看来，人近中年，事业有成，家庭美满，朱晓宇实属同龄人中的佼佼者，而他却总是笑着摇摇头。他就像秋日成熟的稻穗，带着法大赋予他的这份淡然和谦逊，在法律人特有的职业道路上阔步前行。

一名"普通"而又"特别"的学生

2019年是1999届法大学子入校20周年。21年前，朱晓宇带着自己对法律的一腔孤勇和热忱来到法大。成长于医生世家，他曾经立志成为一名救死扶伤的医生。高考后的估分要比医科大学高出很多，他也有些动摇，想"赌一把"，试一试其他学校。在他看来，理科生的严谨理性和法律的严密逻辑有着太多相似之处。值得庆幸的是，他选择了法大，同时法大也选择了他。

朱晓宇笑言，如果一定要说自己在法大期间哪个方面出众，应该是作

---

* 本文于2020年9月22日发布于《法大新闻网》。

为校艺术团成员，从入学到毕业主持了学校大大小小几乎所有的晚会和学生活动，从迎新晚会到毕业晚会，从元旦晚会到"一二·九"合唱比赛，从345诗社朗诵比赛到江平民商法奖学金颁奖典礼，乃至商学院的院庆晚会也是他主持的，当时在学校绝对算得上"小名人"。

谈起学习与成绩，朱晓宇亦泰然处之。他向来抵触平时不学习、考前突击复习重点的学习方式。他常常告诉自己，未来工作中没有人给我划重点，所学的知识都可能用到。因此，在大学中，他始终对专业课程保持着极大的兴趣，与此相比，成绩似乎也不是那么重要。

没有社团活动的时间，朱晓宇热衷于泡图书馆，夯实基础，自主开拓。这样全面积累知识的优势在校期间没有完全显现，却在毕业后让他收获甚多。在遇到一些棘手的案件时，朱晓宇的解决思路会非常开阔，能想到突破常规的处理办法，全面地分析案情，从容易被忽视的细节中找到案件的突破口，取得良好的效果。朱晓宇常说，在工作中每个细节都可能决定成败。

父亲是一名军医，朱晓宇从小在部队大院长大。他曾经一度觉得自己应该在毕业后穿上制服，成为一名公务员，为人民服务。然而，随着本科学习的不断深入，尤其是大三的出国交流经历，使他慢慢改变了自己的职业观。他开始意识到，法律的意义在于定分止争，使社会成员在国家的法律体系下，能够最大限度地解决问题，实现公平正义。回忆起在澳大利亚的那段交流岁月，他依然喟叹不已。彼时法大仅有五个公费出国交流的名额，抱着试一试的想法，朱晓宇报名参加了选拔，幸运的是，他就是第五名同学。在维多利亚大学交流一年之后，他顺利拿到了墨尔本大学知识产权法硕士的offer。也正是在这里，朱晓宇选择了知识产权法作为未来的执业和研究的方向。

一名"普通"而又"特别"的律师

面对职业选择和研究方向，朱晓宇也曾像大多数人一样有过一段迷茫期。但可谓实践出真知，从大一暑假开始，他每个假期都参与实习实践，近距离感受了法官、检察官、律师的工作。到了大四，周围同学们都在忙着考研、找工作、准备出国，朱晓宇却已经开始在一家律师事务所实习。

通过这些社会实践,他对各类型的法律职业有了比较客观的了解,结合自己的兴趣和特长,最终决定努力做一名优秀的知识产权律师。此后,他出国研修知识产权法。2005年回国后跟随著名的知识产权律师马晓刚学习,并在2008年开始独立执业,创办了自己的律师事务所。

独立执业对于一名工作仅三年的律师并不容易。朱晓宇坦言,在创业的前八个月,他没有一点收入。在没有前辈引导和强有力的团队支撑的前提下,怎样能得到客户的认可,怎样能提高事务所的知名度,都是困扰他的难题。但即使在最为困难的时期,他也始终坚持版权领域,没有改变自己的职业方向。谈起这些,朱晓宇感慨道:"克服困难从来没有捷径,如果说一半靠运气,那另一半一定靠努力。并非每个人都有上天赐予的好运气,可每个人都能做到坚持和努力。"

即使到现在,朱晓宇的律师事务所已经发展到了一定规模,在业界也有了一定知名度,他仍然不敢松懈。在有了稳定的客户群之后,把业务做精做细、增强团队的凝聚力、培养初级律师等问题又成为朱晓宇面临的新挑战。

与此同时,作为民建北京市委法制委员会的委员,朱晓宇也以民主党派人士的身份参与我国的法治建设。他坚持从自己的专业领域提出提案建议,为弱势群体发声,承担社会责任,为国家法治建设添砖加瓦。

成为民建的一员,还要得益于母校王玉梅老师的领路。从职业方向的确定到社会身份的选择,朱晓宇认为,他的成长受到了王玉梅老师潜移默化的影响。而恩师对待教学工作和社会工作的严谨和认真,对朱晓宇而言也是一种激励和督促。他也常以王玉梅老师为榜样勉励自己,在工作和社会活动之间寻求平衡和统一。忙碌从来不是借口,如何进行选择尤为重要。他说,民主党派成员身份和律师身份在本质上并没有什么区别,都是祖国法治体系建设中的普普通通的一分子。在不同的岗位上朝着同一个目标奋斗,不同身份的转换也让他受益颇丰。他也试着从不同的角度来看待法律问题,感受社会现实,看待这个世界。

在他看来,他经历过的这些难题和抉择,并不是个例。"没有什么人一路走来是一帆风顺的",而自己就像大多数人一样,遇到问题就解决问题,面对选择就认真抉择。回顾自己的职业生涯,他这样总结:"我是一个普普通通的法大学生,只是我相比而言比较幸运。不是所有的同学都能够学习法律专业,并从事法律职业,我能够学习法律并从事法律职业就已经很幸运。"

一名"普通"而又"特别"的法大人

国际大学生华语辩论公开赛是由法大主办的一项高规格、高水平的国际赛事。这项赛事正是由朱晓宇就职多年的嘉润律师事务所协办和赞助的。

作为法大北京校友会理事和知识产权校友分会理事,朱晓宇经常与母校开展合作,与师弟师妹们进行交流,尽可能多地为他们提供实践机会。2017年,他还作为校友代表来到盛华军训基地看望正在军训的师弟师妹,与大家分享自己的人生感悟。他笑言,自己所做的事情都是微不足道的,能够以这种力所能及的方式回馈母校,对他而言是一件很有意义的事情。

四年四度军都春,一生一世法大人。21年前走进府学路27号的时候,朱晓宇的人生中便有了法大的印记。法大的恩师,给予他在大四提早接触律师工作的机会,在他回国前将他推荐给中国最优秀的版权律师做徒弟;他从事律师职业的入门老师马晓刚律师,也是法大的校友。在法大,他找到了属于自己的职业理想和人生方向;在法大,他找到了自己的人生伴侣,当时的师妹,后来的妻子,现在两个孩子的妈妈。这一切都让法大与他一生紧密相连。

在同事姚律眼中,朱晓宇是一个工作能力极强、对待工作严谨认真的律师,是一位值得信赖的合作伙伴;在师弟师妹眼中,朱晓宇是一位富有亲和力、容易接近的大师兄;而办公室里与家人的温馨合影中又能看出他对家庭的责任和担当。可他却始终认为,自己不过是一位普普通通的法大人,只是想通过自己扎扎实实的努力,以毕生所学回馈社会和国家。不管是学生时代还是工作之后,他始终牢记母校教诲,亦如当年入学宣誓时所许下的诺言——挥法律之利剑,持正义之天平。除人间之邪恶,守政法之圣洁。积人文之底蕴,昌法治之文明。

卢健：在沙漠边缘　根只会越扎越深[*]

文/钟舜桐　闵露妍

卢健，2015年毕业于中国政法大学政治与公共管理学院，就职于新疆维吾尔自治区人力资源和社会保障厅。2018年1月参加新疆维吾尔自治区"访惠聚"驻村扶贫工作，2020年7月至今赴南疆参与脱贫攻坚普查督导工作，被评为新疆维吾尔自治区"访惠聚"驻村优秀工作队员。

心中有真情，贫户焕新景

卢健的基层驻村经历虽然已经过去两个多月，但是那八百五十多个日日夜夜对于她而言仍旧是历历在目。

那时卢健身兼数职，负责工作队的宣传、采购和财务工作，也是央都玛村第三村民小组第一小组长，主管第三村民小组的所有工作，同时也在"访惠聚"信息宣传组担任编辑和信息员。后来又接手了村里的群众工作（A岗）、稳定工作（B岗）和党建工作（B岗）。随着工作的适应和深入，任务也在不断加重，她明白这份沉重是"信任"的别名。

卢健负责的央都玛村是阿克苏地区北部的一个小村镇。她所负责的村民小组共有六户贫困户，有两户因病、两户缺土地、一户缺技术、一户缺劳动力致贫。针对这六户的致贫原因，卢健带领小组长先后多次到他们家中入户走访、了解家庭基本情况。其间了解得越深入，她和同伴们心里的石头也愈沉重。卢健说，有些贫困户在建档立卡初期，家里的情况的确不乐观。一家五口人挤在一间老土坯房里，三个孩子仅有的破洞衣服都是混

---

[*] 本文于2020年10月15日发布于《法大新闻网》。

着轮流穿，走进院子里满眼只见尘土飞扬，家庭经济收入一年到头才只有几千块钱。

贫有百样，困有千种，扶贫有多难，这片土地上的人就有多拼。他们针对每户贫困户的具体情况，深层次分析致贫原因，结合家庭实际情况，因地制宜，因户施策，实现"一户一计划、一户一方案"。从就业扶贫和产业扶贫两方面同时发力，设置公益性岗位，比如交通劝导员、清洁工等帮助他们就近就地就业，邀请农科院的专家深入实地为他们讲授林果业管理、驱虫、灌溉等方法，给他们传授新的科学的种植管理经验。

幸有三春暖，不畏前行难

俗话道，万事开头难，卢健深以为然。她坦言，像她一样刚毕业就进厅机关工作的人，多少有些"不接地气"，基层工作经验不足，也没吃过苦。所以在驻村之初，与乡镇工作人员、村民打交道时，难免不得要义，无所适从，因此自己也时常沮丧、气馁。更让卢健为难的是，所驻村村民全是维吾尔族，但她几乎不会维吾尔语，这导致她和村干部、村民沟通交流产生了障碍。再加上基层工作经验的缺乏，刚开始驻村工作的开展可以说是难上加难。

除了在工作上有新的挑战，卢健在生活上也遇到了好几个难关，其中便有痛其体肤的"跳蚤关"。初到南疆驻村时，村民仍保留着养殖牛羊鸡等牲畜但"三区分离"（即居住区、养殖区、种植区分离）却尚未完全落实的习惯，卫生条件较为恶劣。即便做好各种防护，但在走访入户、帮老乡干活的时候还是经常被跳蚤和蚊子叮咬。被咬之后，身上便起几十个鸡蛋一般大小的包，又疼又痒还不敢挠。后来被咬的次数多了，她也慢慢有了应对经验，对跳蚤的反应不再那么强烈和敏感。她笑道："或许是身体'入乡随俗'了吧。"

种种挑战和困难让卢健深受打击，并且驻村环境相对闭塞，久而久之她便产生了沮丧气馁等负面情绪，心理比较压抑，经常失眠、头晕，导致脱发、免疫力下降、记忆力衰退，甚至患上哮喘。她一度动摇了自己的抉择，甚至产生了要放弃这份工作的念头。

幸好，后来在领导和同事的帮助关怀下，卢健及时调整心态，向周围有驻村经验的前辈们学习求教，慢慢适应了驻村生活，渐渐开始胜任"访惠聚"驻村工作队员一职。而让她觉得最温暖的，还是来自家人亲友的鼓励和支持，自始至终，他们一直都是卢健的坚强后盾。沮丧失落时，他们加油打气，送上安慰和鼓励；天冷换季时，他们关怀切切，提醒嘱咐加衣；条件艰苦时，他们寄买零食，托人捎带营养品。

在这些温暖面前，所有的困难似乎都变得不值一提。咀嚼苦涩之后，卢健品出了奋斗的甜美。在工作过程中，她接触了各种人，干了各种工作，提升了待人处事的能力；学会了一些维吾尔语，提高了语言沟通技能；看了许多书，增强了知识积累；也学会了做些简单的饭菜。最重要的是，她结交了许多并肩作战的亲密"战友"，认识了很多默默无闻在基层奉献的平凡又不凡的人，在这条艰难的路上，她并不孤单。

少时明方向，青年成栋梁

在法大的四年里，卢健在老师的精心培养下收获了专业理论知识，学习了许多技能，同时广交益友，遇到了可亲可爱的师兄弟姐妹。上学期间，她参加了校记者团、社联、院学生会等社团组织，并在大二时担任院学生会维权监察部部长。法大丰富多样的志愿服务活动、鼓励大学生走向社会的良好氛围以及同样热衷于投身社会志愿服务的师友也都深深地影响了卢健。在空闲时间，她经常参加社会实践和各类志愿者活动，四年以来她的志愿时长累计三百多个小时。

于卢健而言，对她影响最深的是大二暑假期间报名参加的一次青年志愿者协会暑期远程支教。在哈尔滨阿城区料甸满族乡中学支教的一个多月，让她对少数民族地区有了进一步了解，同时也让她对自己未来的职业生涯有了更多的思考。

"到基层去，到边疆去，到祖国最需要的地方去。"当被问及最初参加基层扶贫工作的契机和初心，卢健回忆起当时为何毅然决然报名"访惠聚"驻村，她表示，一方面是响应新疆维吾尔自治区党委、人社厅党组的号召，另一方面是觉得在基层能更直接地和群众接触，为大家服务，还可以借助基层这个大平台，得到许多学习、锻炼、提升的机会。这既是一个偶然的机遇，也是一个必然的结果——在法大求学的日子里，她已经成长为乐于奉献、实干耐劳、坚定认真的青年。

如果说卢健就像一棵挺拔的白杨，抖擞的绿叶传递着饱满的热情与旺盛的干劲，那么法大就是一方沃土，滋养着每一株向阳生长的小苗。

壮志付言行，一步一脚印

截至目前，卢健所负责小组的六户贫困户已全面实现脱贫，"两不愁三保障"已无问题，每一户都有稳定的经济收入来源，生活也过得越来越好。

谈及印象最深刻的经历，卢健说起了一家贫困户的故事。他家以前条件很艰苦，房屋破败得不能称之为住房，走访入户时根本下不去脚。后来有了政策扶贫，他家享受了一系列帮扶政策，还有了安居房。房子盖好后，卢健和同事们去他的新家时，全家人脸上洋溢着笑容，不断地对卢健和同事们说谢谢。那一刻他们的眼神里不含任何掩饰，没有一点杂质，清澈如阳光下闪耀的清泉。日子在大家的共同努力下过得越来越红火，孩子也都上了学，后来这一家人每次见到卢健都热情地邀请她去家里做客。

在驻村期间，卢健获得过新疆维吾尔自治区"访惠聚"驻村优秀工作队员的称号，得到了村民们尤其是小朋友们的喜爱。走在村里的小路上，遇到的小朋友特别喜欢追着她喊"卢健姐姐"，会悄悄给她送来自制的特色小手工，家里自产的西瓜、杏子……

滴水穿石，润物无声，是广大扶贫工作者经年累月付出的真实写照，而点点滴滴的温情，也正是让卢健能努力工作、快乐生活的最大动力。

两年多的基层驻村经历，不仅增强了卢健的基层工作经验，提升了个人工作技能，同时也让她对基层组织如何运行、工作如何开展、群众如何生活有了新的认识。更重要的是，这段可贵的经历对她未来的规划产生了深远的影响，引发了她对工作、学习、生活新的思考，坚定了要以身许党许国、报党报国，全心全意为人民服务的决心。

从过去八百五十多个日夜的"访惠聚"驻村工作到当下两个多月的自治区脱贫攻坚普查督导工作，卢健以奋斗为笔，实干作墨，正书写着"用青春扎根基层、把深情奉献乡土、以行动诠释赤诚"的全新篇章。

"脱贫攻坚"这个使命无时无刻不映射在卢健所代表的法大人所迈出

的每一小步、付出的每一分努力之中。即使已经毕业，他们依然在践行着"挥法律之利剑，持正义之天平"的精神：轻小我之安稳而重大我之得失，此乃"厚德"本色；秉方执圆而张弛有度，彰显"致公"风格。法大四年的法学教育土壤，除了能交给法大人在社会上安身立命的本领，更赋予独有的韧劲，使其能够在迷失时坚守本心，在逆境中乘风破浪。

谈到未来规划，卢健的话平凡又朴实，她对自己的期许便是："踏踏实实做好眼前事，为新疆的和谐发展、为自己热爱的事业贡献力量，成为一个对国家、社会有用的人。"

这位沙漠边缘的"疆二代"只想把根扎得越来越深。

姜军：从法学到工程 这位"跨界教师"用三十年做好一件事[*]

文/梁雪炜 傅洁

姜军，毕业于中国政法大学，1989年获法学学士学位，2001年获法律硕士学位，毕业后从事建筑与房地产及城市管理法律教学与研究工作三十年。现任北京建筑大学城市管理研究院常务副院长、建筑与房地产法律研究所所长，曾任北京建筑大学经济与管理工程学院院长，同时担任住房和城乡建设部建造师、监理工程师培训等教育领域工程法律法规及工程合同管理专家，教育部工程管理与工程造价专业分指导委员会委员等职务。

偶然的机会，一生的追求

初见姜军，他态度和蔼，言语亲切，和短信沟通中那个随和、平易近人的亲和校友形象逐渐重合，他从与法大的结缘和我们谈起。

姜军当年选择报考中国政法大学是受到曾任法院院长的姨夫影响，从小耳濡目染，公检法的威严令他心向往之。在中国政法大学上学期间，他对法学有了更深的理解，法治天下的理念深深植根于他心中。一心想从事法律工作的姜军，没想到自己后来会来到建筑工程院校，成为一名人民教师，并担任了经济与管理工程学院院长一职。姜军说，"这得益于一次偶然的机会，当时北京建筑大学招聘法律人才，学校推荐我前往应聘，从此打开了人生新的大门，这一干，就是三十年"。

---

[*] 本文于2020年10月28日发布于《法大新闻网》。

跨界教书，起初必定有一定的难度，回望过去的日子，姜军一直尽全力克服在工作中遇到的问题与困难。"恶补工程技术相关的知识，深入研究各种实务案例，走到工程一线去探究，也想结合自己在法大学习的法学专业知识，经过一系列努力后，我决定探索建立工程与法学的交叉学科。"建立交叉学科的过程是漫长而又复杂的，法学哪部分知识可以与工程知识相结合，怎样结合运用更有利于解决实际需求，这些问题是姜军一直思考和研究的内容。历经大概十年时间，经过周密的准备，姜军在北京建筑大学牵头创办了法学专业，成为学校里法学专业的创始人。

开创法学学科后，姜军仍保持着探索的精神，在指导学生的过程中，进行有关法学类和工程管理类知识的研究和深入探索；在工程管理与法学结合中，他将所结合的交叉科目细致分类，将工程管理中涉及的法学问题加以总结，在工程建设领域研究法律、在法律中进一步深化工程建设管理，努力将交叉学科的体系建设得越来越完善。

除了讲授课程，姜军还曾担任北京建筑大学国际与合作交流处处长。起初接受这个任务时，他也有所迟疑，他认为自己是一个不怎么会说口语的"哑巴英语"学习者，但最终还是坚定地挑起了学校交付的重担。2003年，年近四十的姜军在山东科技大学闭关学习英语半年。他咬紧牙关每天不停地说，不停地练，2004年至2005年圆满地完成了出国访学任务。

当困难挑战来临时，轻易地摆摆手摇摇头说"我不会，我不行，找别人吧"，是最简单、最省力的方式，也是很多人选择的方式，但姜军在每次不论大小的挑战来临时，都能义无反顾、全力以赴。

守豁达之心，看桃李天下

"干一行爱一行"，这是姜军说得最多的话，也是他面对从事与专业"不对口"的工作时采取的积极向上的态度。他始终坚信，无论身处何地都要努力扎根，既然选择在学校工作，就要将教师职业作为一生的追求。于是姜军事必躬亲，哪怕再细小的事务他都严肃认真地对待。也因此，他的学生评价他，"姜老师是我见过的最忙碌的人，是最，不是之一，他基本不怎么休息"。

在采访过程中,恰逢学生找他批改论文,他冲我们抱歉一笑,让我们稍等,而后拿着笔一行一行斟酌学生的用词,时不时提出这里的概念可以将范围扩大,那里的用词可以换得更精准一些,原因需要再分析一二三,结论有些草率,可以再发散思维想想……在姜军与学生交流的过程中,可以发现,姜军批改论文的角度高屋建瓴,并且一下子能抓到重点,让人有"听君一席话,胜读十年书"的通达之感。这与他平时深厚的积淀、思考、总结是分不开的。

姜军说:"要有所作为,就要每一件事情都努力,努力过后即便不成功也是成功。"他秉承着这样的信念一路走来。在备课过程中,他将课堂上将要讲授的每一个知识点都仔细推敲,细细体会,并精心制作PPT,每一节看似自然轻松的课堂实则都浸满了努力耕耘的汗水;在日常生活中,虽然姜军工作十分忙碌,但他依然会抽出时间与学生保持沟通,了解他们的想法,同时提出自己的建议。

他认为,老师的工作就是传承,一代代地传授知识与经验,帮助学生快速成长。在每年一度的研究生毕业欢送会上,他也会仔细斟酌讲稿,细细思量在这短短的时间内如何表达对学生的真切嘱托与拳拳爱意。既要激动人心,又要让毕业生感受到学校对他们的殷切期望。他说:"学生再成熟,论文再优秀,他们毕竟还是年轻人。外面的世界很大,望着毕业生,就像看着自己要出远门的孩子,不停地想要嘱咐他们,表达对他们的不舍之情。常常发言完了,自己的情绪也跟着跌宕起伏了一遍。"也许,姜军讲的不单单是一些话语,更是一片真心。

作为老师,姜军最自豪的事情莫过于遇见并培养了很多优秀的学生,桃李满天下。他兢兢业业地教导每一位学生,在学业上希望他们有提升,在工作方面希望他们有进步,而且还资助了多个贫困生,帮助他们解决学习和生活中的燃眉之急。有很多学生毕业后还会时常回来看望姜老师,或者与他在电话中聊聊近况。他说,帮助这些孩子,从来不奢求回报,这些是作为老师应尽的责任。

"我当老师是一个偶然,但我想努力做好。"姜军如是说,也如是做。他始终保持积极向上的态度,把全部的热情投入到工作中,坚持三十年的时间,只为做好一件事。

赵海峰：既写中华历史　也写法大人生[*]

文/刘婧星

> 赵海峰，1997年毕业于中国政法大学，法学院经济法系，现任北京电力公司法律部主任。自幼喜欢历史，2016年1月起，在荔枝电台讲述秦汉三国故事，为《海峰讲历史》栏目主讲人。已出版《历史的沸点》系列三部著作，好评如潮。

笔下千年，写历史沸点

赵海峰没想到，自己讲解历史故事的文案结集出版后会大受欢迎：《历史的沸点》（以下简称《沸点》）第一卷2018年初上市，半个月内两次加印，两个月占据当当历史新书榜前列。读者惊艳，主流媒体亦投以关注：《沸点》成了北京市、福建省等政府官网推荐图书，《中国读书报》、光明网、凤凰网等也进行了宣传报道，荣登"中版好书"月度榜。"半路出家"成为历史通俗读物畅销作者，法大毕业生赵海峰坦白是个意外。

出于对历史的喜爱和给儿子讲故事的初衷，2016年，在法律行业深耕二十余年的赵海峰，在荔枝电台《开讲啦》乐呵呵地讲了两年故事，在亲友及粉丝的支持下，数次增删的底稿接连发表出来，至2020年第四部即将付印出版，俨然有了《沸点》系列的气派。

赵海峰笔下的历史既有正史大观的严谨考究，也不失细节刻画的真实细腻。他一直认为，每个从历史深处走来的角色，从来都是有血有肉的人，由这些鲜活的人构成的历史，从来不是冷冰冰的，而是有温度、有沸

---

[*] 本文于2020年11月3日发布于《法大新闻网》。

点的。

或讲或写,赵海峰都是以"尊重历史"为原则,以史实作基础,借助适当的想象,用现代语言将历史通俗地讲出来;他想在保证客观真实的基础上,用一种有趣的方式书写历史和看待古人。于是读者很容易便被书的目录吸引:"阮籍:我的名字叫'纠结'""司马炎:我死后,哪管洪水滔天""羊祜:人生就这么回事,不如意十之七八"。由此,作品广受追捧,也在情理之中。

因是畅销书作者,赵海峰参加过颇多社会活动。他曾受邀参加上海国际书展、北京书展、内蒙古财经大学读书宣传月等系列活动,讲述创作由来和主要内容;2020年6月他也以线上互动的方式,与航空工业集团干部员工及网友解读历史进程中的沸点,讲述那些鲜为人知的历史深处。

法大四年,写书生意气

赵海峰笑言,他读史写史的经历,正缘起于军都山下的四年,甚至谋篇布局的构造,亦与在法大学法学的思路一脉相承。

法律与历史这两门看似迥然不同的学科,其实有着巧妙的关联性。赵海峰分析,法律最大的特质便是严谨。正史的写作,需要厘清每一点细节。每个人物、时间、地点、事件都经过严格的考证,若有史书记载不完全一致之处,他便拿出当年抠法条的专注,反复比对、查资料敲定落笔的每个字。在《沸点》第一卷第十四讲"青冢上的那一滴泪"里,他详细考察了昭君出塞的典故。画师毛延寿收受贿赂丑化昭君开罪汉元帝的故事在民间广为流传,而赵海峰通过翻查史料,在范晔的《后汉书·南匈奴传》找到昭君毛遂自荐的依据,在自己的书里认真而审慎地写下"这个故事……杜撰的可能性较大"。

能把法学学习的逻辑思维运用于写作中,赵海峰颇为欣慰。他回忆说,大一开设的逻辑导论,是法学学生的入门课程。思维经过训练,再去整合事件、人物的出场,表述更有条不紊。纵横千年的历史在他笔下杂而不乱,豆瓣上有书友读罢感慨:"学法律的人嚼的历史条理清晰,能拎出一个知识架构来。"

法大昌平校区的法渊阁享有"全亚洲法学书籍最全图书馆"美誉，赵海峰是常客。他借阅专业类书籍，或是跑到一层文学类的书架，花上一个个半天沉浸在名家小说、散文社科的世界里。赵海峰总想多读点书，又没有充裕的预算去买，便到法渊阁一层的蓝梦书屋租书。租书处以天数计费的方式，让他有很强的时间意识————一般读上不过五天，赵海峰就能还回去。按照这样的速度，他阅读了颇多较新的书籍。没有功利心的阅读在潜移默化中沉淀为赵海峰深厚的人文素养，也为《沸点》写作打下良好的基础。

法律课程的学习之余，赵海峰大二时还加入了本科期间唯一参加的兴趣社团————345诗社。这是个传承自1988年的诗歌社团，社名"345"取义于当时连接着法大与遥远市中心唯一的公交线路，寓意突破法大在空间上的限制，让诗社成为法大诗情驶向外界的航道。

赵海峰亲近诗社充满浪漫主义气息的同龄人，乐于参加团建————每年社员都相约一起出游，从美景中汲取写诗的灵感；节气更迭，就着"社题"一同作诗，他也不吝诵读自己的作品。赵海峰爱诗歌，定期交流创作让他的想象插上翅膀，语言更富张力。同样在《沸点》第一卷《昭君出塞》的章节里，他援引杜甫的诗句"一去紫台连朔漠，独留青冢向黄昏"，也附上了自己的同题诗作："遥望长安只能/止于这片绵绵的群山/春天正在那里蔓延/思念却无法穿越/羌笛在这个夜里响起/淌息于干涸的心床/风沙骤停/我在月光中独自落泪/那些为我坠落的雁儿/我感叹于你们的幸福/在荒芜的异域/唯你/能知悉我芬芳的美丽/我必将这样老去静看/大漠夕阳无数个轮回/这片广袤的原野约定般/绿了又枯　枯了又绿/抚着这把斑斓的琵琶/旋律依旧清新/只是记忆已那般苍远/归于雁儿无奈的长鸣/葬我于这片青山之隅/我将在微笑中酣然而去/一如　三十年前/那个有雾的清晨。"

昔年诗作虽较之于20世纪80年代白衣飘飘的前辈们笔力稍显稚嫩，但毕竟还有诗歌去放飞闪烁的灵感，承载对生活的反刍。"345的路，就是我们的路。"大学里写诗，毕业后写史，赵海峰很珍惜这冥冥中的延续性。

毕业廿年，写法大人生

　　毕业后，赵海峰走上了一条"既对口又不对口"的职业发展道路——除了广为人知的畅销书作家和主讲人，他的主业是地地道道的法务。从大学毕业入职国企，二十多年慢慢成长为中高级管理人员，赵海峰把法科生的严谨带到了崭新的工作中。先熟悉业务，再琢磨如何把法律与电力结合起来，需要用到哪些法规预防风险或维护权益，进而应用熟知的知识。通过参加会议、请教前辈专家，慢慢地，赵海峰摸透了与电力生产经营等密切相关的刑法、民法等种种规定，在单位发挥出自己的价值。如今，他已是北京电力公司法律部主任。

　　工作在北京的缘故，赵海峰有时还会回法大看看。母校的建筑格局未曾大改，以至于漫步到 5403 楼下，总会条件反射般想起亲如兄弟的室友。

　　说到当年宿舍的老大到老六，赵海峰的声音明显欢快了起来。一群兴趣相投的男孩子，自天南海北相会，四年朝夕相处，共同经历了很多趣事。老大是地道的重庆人，每学期返校都带回足足的火锅底料，同学们便偷偷在屋里支起酒精炉和大锅烫着吃。"吃到了平生第一口特辣的豆芽"，"老三"赵海峰赶紧嚼馒头、喝凉水，半个小时之后那股冲劲才缓下来。吃到一处，也玩到一处，大二那年八月十五，一伙人租学校附近的自行车，有的同学还带了一把吉他，大晚上骑到十三陵水库，便就地坐在大坝上聊天唱歌赏月。

　　20 世纪 90 年代正是校园民谣兴起之时，京城一隅的法大也掀起一阵热潮。当时老狼曾受邀到昌平校区礼堂演出，赵海峰乐呵呵跑去找学生会主席，希望能排到票。他曾是院系足球队队员，参加"政法杯"的球赛。赢了，兄弟们欢呼雀跃，输了，就去东门喝酒，然后痛痛快快哭一场。

　　在法大读书期间赶上 1994 年美国世界杯，赵海峰和兄弟们深更半夜倒时差追球赛，丝毫不耽误男生们欢呼击掌的热情。毕业十周年班级聚会的时候，当年辅导员张贵敏老师一个个点名，赵海峰规规矩矩坐在座位上。他说，答"到"的时候，他又想起那时辅导员到宿舍交流的温馨，想起故乡在千里以外，在军都山下体会到的"此心安处是吾乡"的感受。六人间的另五个兄弟，至今仍守望祝福；诗社的师兄，还会在朋友圈真诚赞美他的新作。隔了年岁，回顾本科生涯，苦读法学，也不止法学，严谨的学术训练之外，更有鲜活的情味。

"特定的环境构成了法大人特定的共同记忆。"回味至此，赵海峰的语速慢了下来。不戏说、不妄言、不空论，写书如是，生活亦然。二十年众生龙象，五千年世事沧桑。法大经历是他品书阅世的起点，法大情怀是他激扬历史的沉淀，法大人生是他此生践行的自传。

马新明：从贫困中走来　又主动走进贫困[*]

文/黄楠

马新明，彝族，云南丽江人，1995年毕业于中国政法大学政治与管理学系行政管理学专业。北京市第六批、第七批援藏干部，并担任北京市对口支援和经济合作工作领导小组西藏拉萨指挥部党委书记、指挥，第七批援藏干部领队，西藏拉萨市委副书记。现任北京市对口支援和经济合作工作领导小组办公室主任。

马新明是北京市对口支援和经济合作工作领导小组办公室主任，但他的工作场所却遍布全国各地的贫困地区。仅2019年11月，马新明的飞行里程就达2万多公里，汽车里程达到了3000多公里。工作虽然忙碌，成就感却很强。马新明的微信朋友圈，经常第一时间传来各方喜讯：第三届北京市扶贫协作论坛成功举办、南水北调中线渠首"北京小镇"第二期——民俗街项目开工建设、北京市获得全国消费扶贫案例奖……这些成绩无不凝聚着马新明的心血和汗水。

大山里走出来的彝族"状元"

"个子不高主要是小时候营养不良，加上经常背扛重物上山下山导致的。"马新明坦然地说起自己的过去。

马新明出生在云南丽江宁蒗彝族自治县战河乡子差拉村马家窝子自然村，那里海拔2600多米，属于深度贫困村。小时候，因不通公路，进出山都靠走，从村寨到县城需要翻山越岭走3天。当地很多人一辈子没走出过山寨。

---

[*] 本文于2020年11月10日发布于《法大新闻网》。

饥饿与渴望求知陪伴了马新明的童年。在闭塞的山村，能够找到一本书，仿佛就能与世界对话，能与古人畅谈。马新明十分珍视能读书的机会。可 10 岁那年，马新明曾辍学，他为争取上学绝食过 3 天。"千里彝区无乞丐"，说的就是彝族人守望相助的好传统。家乡的父老乡亲听说了马新明为上学而绝食，省下买盐的钱支持他上学，还包下了他家的农活。

重返校园的马新明，十分珍惜来之不易的读书机会，六年级时，班主任吴廷科选他做班长的决定更是激发了他"学霸"的潜能。从初中开始，马新明始终都是第一名。1991 年，他作为丽江市文科状元收到了中国政法大学的录取通知书，成为第一个通过读书走出当地大山的彝族青年。从中国政法大学毕业后的十多年间，马新明在勤奋工作的同时，又拿下了北京大学双硕士学位、中国社会科学院博士学位。

但马新明时刻不忘自己因贫困而失学的日子，"我永远不能忘了父老乡亲，不能忘了帮助过我的人，不能忘了还有那么多贫困群众。我能做的就是把感恩和感激的心化为实际行动，投入脱贫攻坚的事业中去，用尽一生报恩情"。回报社会，援藏是最好的实践机会。

天下没有远方，人间都是故乡

2010 年 4 月，马新明响应号召，主动请缨援藏。时年 37 岁的他，任中共北京市委宣传部机关委员会专职副书记、基层工作处处长。作为年轻干部，拥有博士学位，又是少数民族，是组织上的重点培养对象。得知他报名援藏的消息，很多亲朋好友都劝他"三思而后行"。马新明说："我来自深度贫困地区，又是少数民族干部，如果没有国家多年的培养，我可能现在还在穷山沟里放牛牧马。我要知恩图报，反哺社会。在我看来，援藏就是一个很好的报答机会，能够为贫困地区、少数民族做一些实实在在的事情。"

在少数民族地区，尤其是西藏，社会管理是一项艰巨任务。马新明说，要处理这些问题，就要勇于担当，敢于负责，不推诿、不退缩、不敷衍。他到了西藏首先进行充分调研，摸清情况，吃透中央的民族、宗教政策，依法依规办事，硬性任务柔性操作。他心里时刻装着群众，把群众利益放在首位来考虑，从而得到了群众的理解与支持。同时，马新明还一对

一、挨家挨户进行交流、沟通思想,实行信息先行发布制度,确保用正确信息引领舆论。这些无不体现他一贯的为民思想和担当作为。马新明从来没有把自己当"镀金的看客",而是真情实意地融入。他常说:"我自己天生骨子里就是农民,和农牧民群众在一起,就如同和自己的亲人在一起,心里头踏实!当地党委政府和干部群众也就没有把我当外人。"

西藏文化资源丰富深厚,是世界文化遗产中的一颗明珠。2012年5月,自治区主要领导提出,拉萨作为国际旅游城市,要打造一台高水平的旅游演出节目,争取10月初在国家大剧院首演。这项任务,要求很高,难度很大,时间又很短。几乎不可能完成的任务,落到了马新明的头上。接到任务后,马新明思考再三,最终,他和团队选定以家喻户晓的文成公主的故事作为演出主题。短短四个多月的时间里,从确定选题、组织创作、组建公司、寻找融资、招募演员、场馆建设,马新明和团队马不停蹄、夜以继日、齐心协力。其间,马新明要求当天事当天毕,经常是凌晨两三点还有人送申报文件,他无论多晚都要起来处理完毕。首演前夕,马新明与演员和工作人员同吃同住,一个多月没有回家。2012年10月初,大型史诗音乐剧《文成公主》在国家大剧院成功首演,精彩的演出广受赞誉。

如今,《文成公主》实景版在拉萨次角林驻场演出,已成为拉萨靓丽的文化名片,看过的人无不交口称赞。过去的7年中,该剧成为西藏文旅产业扶贫的典范,每年为群众增加收入5000余万元。剧中800余名演职人员,95%以上为当地藏族群众。很多群众白天是农牧民,晚上是演职人员,连各家各户的牦牛、马、羊、藏獒,都成为舞台上的"明星"。

援藏期间,马新明参与了拉萨的很多重大建设,包括完成拉萨"六城同创"、公共交通体系改革,连续组织四届雪顿节,建成拉萨文体中心、德吉罗布儿童乐园、拉萨北京实验中学,实现拉萨广播电视台增频上星,推动拉萨体育事业蓬勃发展,积极推介北京50多家企业在拉萨投资,支持拉萨净土健康产业和"西藏好水"在京落地……作为援藏干部的楷模,中组部、中宣部发文组织中央电视台《新闻联播》《焦点访谈》等栏目进行广泛报道,《人民日报》以"因为爱 所以爱"为题在要闻版整版报道他的事迹。

在西藏工作除了辛苦与挑战,几乎任何人都绕不过身体的困扰,马新明也不例外。在西藏的六年时间，马新明的痛风时不时就要发作，他在家中和办公室里都放着拐杖，严重的时候只能坐轮椅。即使这样他也从未缺席过任何一项活动。

决战决胜脱贫攻坚，信心比黄金更珍贵

消除贫困，是亘古以来人类梦寐以求的理想，也是当今世界面临的全球性挑战。马新明说，"这个梦想在我们这代人身上得到历史性的解决，每当想起这个光荣的使命就夜不能寐。有的时候，做梦也在扶贫"。

2017年7月，马新明调任北京市扶贫协作和支援合作工作领导小组办公室党组书记、主任。他说，"这一辈子有两件事令我终生难忘。一是高考，二是做扶贫支援工作，很像备战高考，经常会梦到在攻克着每一道扶贫难题"。扶贫，马新明能力在身，心中有梦。

北京市坚持树牢首要意识、坚持首善标准、发挥首都优势、发扬首创精神、争创首位效应，始终把扶贫支援作为首要政治任务。当前，北京承担着西藏、新疆、青海、河北、内蒙古等8省区90个县级地区的扶贫协作任务。中央把最艰苦地区的支援帮扶任务交给北京，比如西藏拉萨、新疆和田、青海玉树都是国家确定的"三区三州"深度贫困地区，内蒙古、河北的贫困人口多、基础薄弱，扶贫任务异常艰巨。这些支援帮扶地区，大多是少数民族聚居的边疆地区。在这些地区开展扶贫，除了当地自身经济社会发展落后，需要北京加大帮扶力度上做出示范外，在维护民族团结和国家统一上也有着更为重大的政治意义。

在马新明看来，要用心、用情、用力，有感情地去做脱贫工作，做到真情实意、真金白银、真抓实干、真帮实扶、真功实效。以北京对口支援的西藏拉萨市为例，通过20多年来持续不断的医疗、教育、产业、科技等支援，不仅帮助拉萨市实现了整体脱贫，更增强了当地藏族老百姓的"五个认同"，即认同伟大祖国、认同中华民族、认同中华文化、认同中国共产党、认同中国特色社会主义。

有一次，马新明在拉萨市街头打出租车，司机是藏族人，很健谈。当得知马新明是从北京来的，马上热情地说："北京太好了！我们的首都！党中央让你们支援拉萨，让我们过上了好日子，感恩党中央，感恩习近平总书记，感谢北京！"马新明说，在一名普通藏族老百姓心里，北京援藏工作，代表着党中央的关怀。北京的支援帮扶，也不仅仅是北京市自己的事，更在某种程度上体现了党对少数民族、对边疆地区的关心和支持。

北京市扶贫支援办的一项重要任务是深入一线调研推动工作。马新明也因此养成了一个习惯：在办公室放一个行李箱，随时准备出差。仅2019年8月，他就去了内蒙古两趟，新疆、青海、西藏、河北、河南、湖北各一趟，飞了两万多公里。

私底下的马新明，既是贫困地区的"指导老师"，也是扶贫产品的"推销员"。他见到各行各业的任何人，都会情不自禁谈起扶贫，求得各方面的支持。2019年10月16日，马新明编撰的《北京扶贫协作样本》正式出版发行。在举行发布会之前，马新明问同行人，能否邀请浙江区域的电商精英，在发布会当天晚上再开一个电商扶贫研讨会，以帮助西部的产品卖得更好。对方马上答应了这个要求。发布会当天晚上，邀请了阿里巴巴这样的电商头部企业，也邀请了云集、蜂卖、粉象生活、蓝晶社等社群电商企业代表，从7点讨论到11点，还现场举行了1000头牦牛的阿里拍卖活动。

北京"组团式"教育和健康扶贫、全社会参与的消费扶贫、"抓党建促援建"做法、"保险+健康扶贫"行动、"互联网+扶贫"等创新举措，得到中央领导和国务院扶贫办的肯定。

2015年12月，马新明获得"2015中国全面小康杰出贡献人物"奖。5年过去了，西藏74个县（区）全部脱贫摘帽，绝对贫困基本消除，脱贫攻坚任务全面完成。

2020年的两会，马新明又将"动员社会资源参与脱贫攻坚和消费扶贫"作为自己的新提案。在他看来，成为政协委员后，承担的责任更重了，对自己的要求更严了，思想和工作标准更高了。特别是作为北京市负责扶贫支援工作的委员，始终要怀着对贫困群众的赤子之心，尽心尽力，尽职尽责，书写脱贫攻坚的首善答卷，才能无愧于党和人民的养育和信任，无愧于政协委员的责任和使命。

延续梦想，温暖人间

"人世间存在永恒的真情，那就是爱心、关怀、善意和鼓励，在人与人之间传递着温暖与光明，希望与力量。"这是马新明发起设立的"未名奖学金"工作小组的格言。

1997年，刚工作且薪水微薄的马新明夫妇与几位北京大学和中国政法大学1995届的同学一道，在自己的母校———云南省宁蒗彝族自治县民族中学设立"未名奖学金"，以资助该地区的贫困学生，目前已经资助了8000多名学生。

2011年，他们把"未名"带到了西藏，与演员陈坤"行走的力量"共同发起了"京藏情·温暖行动"，为西藏学生捐冬衣。

不仅如此，马新明夫妇在拉萨的6年中结下了10多门"亲戚"，有林周县阿布村的、尼木县尚日村的、堆龙德庆区东嘎村的，还有中国"拉萨SOS儿童村"的。逢年过节，他们会用工资买上礼物去看"亲戚"，还邀亲戚去自己家喝甜茶、吃饺子、拉家常，而马新明总是不忘嘱咐贫困群众要自信、要勤勉……回到北京后，只要"亲戚"有什么困难，他们俩都会倾囊相助。

路在脚下延伸，梦想在耕耘中开花结果。与生俱来的基因，与贫困群众结下的血肉之情，扶贫济困成为马新明人生的重要底色，融入了他生命的血液，让他始终用心用情用力投入。而他的扶贫故事，仍在路上。我们祝福他，一路春暖花开，一路秋实满枝。

高洋：为提升群众幸福感而努力[*]

文/朱建梅　谢思阳

高洋，中国政法大学 2003 届校友。中共党员，现任北京市东城区机构编制委员会办公室副主任。自中国政法大学毕业后，在基层工作 17 年，兢兢业业，勤勤恳恳，切实为社区居民解决问题。2018 年被评为北京市优秀街巷长；2019 年荣获第九届全国"人民满意的公务员"。

初见高洋是在一个下着小雨的周末早晨，她一头短发，精干利落，像是要随时随地投入工作。也许是多年工作使然，高洋为人亲切，说话有一种独特的魅力，让人不由自主地想去倾听。

群众的贴心人

谈及母校，高洋说自己同大多数同学一样，在校期间每天上课学习，课余时间参加学校足球队训练。但毕业多年后，她对法大校训中的"厚德"感触颇深："一个人不管有多大能力，学习多少知识，德行是第一位的，品德决定了一个人的境界，是支撑我们立世的根本。"高洋认为，德行虽然看不见摸不着，但当步入工作，在年复一年、日复一日为居民解决问题的过程中，"厚德"一点点内化为自己的信念，融于生活工作的点点滴滴。

2003 年大学毕业后，高洋考上公务员，来到东四街道办事处工作。初入工作时，领导告诉她这里工作很辛苦，工资也不高，但是年轻的高洋只想一门心思投入工作，这一干就是 17 年。

2003 年恰好赶上"非典"时期，刚走上工作岗位的高洋，主要工作

---

[*] 本文于 2021 年 6 月 9 日发布于《法大新闻网》。

就是为被隔离的疑似"非典"患者送饭、在街道喷洒预防疾病的药剂，这也为后来她走到居民身边做社区专员打下了一定的群众基础。

2018年，东城区率先在东四等3个街道试点党建引领"街道吹哨、部门报到"改革，推进街道管理体制机制创新，着力破解基层治理"最后一公里"难题，并设立了社区专员岗位，搭建街道和社区间的桥梁，进一步为民排忧解难。时任街道组织人事部部长的高洋得知后，主动请缨去做社区专员。与高洋一直从事的业务工作不同，做社区专员要深入社区，与居民打交道，工作更复杂也更有难度。但高洋想要迎接这种新挑战，为居民解决实际问题，就这样，她成为北京市第一批社区专员。

初到社区，为了尽快和群众打成一片，高洋利用社区例会、入户走访等一切机会尽可能地和群众多交流。因为居民白天也有工作，所以高洋只能在晚上下班时间入户走访，经常工作到很晚才能回家。高洋说，社区的每个角落都是我的"办公室"，所有能为居民做的事我都想做。

2018年7月，北京连降暴雨，有居民反映隔壁院的杨树枝折断落在他家的屋顶上，有滑落的危险，正在休假的高洋得知后，迅速协调产权单位、街道主管部门进行处置，前后仅几个小时，树枝就被清理干净，解决了居民的担忧。

她像是整个社区的大家长，为每一位居民都操着心。社区里有位独居老人，没有生活来源，每天靠捡废品生活，高洋得知此事后，多次上门看望，积极为他申请救济；后来老人病重，高洋和社工每天两次登门，自费为老人购买食物；老人去世后，没有亲人来料理后事，因为没有户口和相关个人信息也无法火葬，高洋联系公安机关、联系医院，沟通许久终于为老人料理了后事。

"我上班从来不知道今天会遇到什么事，但是不管什么事，居民找上来就不能推，要想办法帮大家解决。"因此，不管是居民家进老鼠咬了东西，还是房屋漏水，高洋都积极地去协调处理，为提升居民幸福感而努力着。

主动做"份外事"

除了居民提出的问题，高洋也会主动去解决社区里的痼疾。

所属辖区有一个单位产权院，因多年疏于管理，居民的废弃家具、大件堆积物等将院内多处消防通道堵塞，存在巨大安全隐患，在入户走访过程中，许多居民希望社区能够解决此事。高洋详细了解情况后发现，作为居民自治组织的居委会，想要协调产权单位出面处理此问题难度很大。但她没有退缩，也不等不靠，主动沟通，先后三次来到管理单位，和工作人员共同商讨院内环境治理工作，并一起深入居民家中，核实住户信息，听取居民意见。她的工作热情和执着打动了产权方，最后同意她提出的"先摸清院内居民情况，再组织大扫除清理堆积物，最后拆除违章建筑"的推进方案。经过三个多月的持续推进，该院前后共清理三辆卡车、四个煤棚的堆积物，拆除违章建设约 50 平方米。清理后的院落宽敞了许多，消防通道上也摆放上了应有的消防设施，院内居民对大扫除后的环境给予了充分肯定。一位在这里住了几十年的老人说："看看现在的院子，多宽敞，我们走着都舒心。"

作为社区专员以来，高洋累计走访居民群众 400 余户，慰问困难群众 20 余人，组织拆违和封堵违规开墙打洞 47 处。因工作业绩突出，2018 年她被评为北京市优秀街巷长。

很多人会觉得高洋解决的不过是一些微不足道的事，但这些琐事可能会发生在每个人的家庭中，它们是居民们心中的大事。这样一位尽职尽责的社区"家长"，让大家心安，也在不知不觉中提升了整个社区的幸福感。17 年来，每年春节高洋都主动留在单位值班，为社区做保障；17 年来，高洋一直扎根在基层，却未曾厌烦或懈怠，而是愈发地有干劲。

2019 年 6 月，高洋获评第九届全国"人民满意的公务员"，她把这次获奖当作对自己的鼓励和鞭策，仍旧热情地去面对群众，积极地去面对工作，她说，她愿意承担更多的责任。"我还是我，我还在我原来的岗位，我的工作内容、工作时间、工作对象、工作场地，都没有发生任何的变化，一切都是跟以前一样的，所以，我还是会按照以前的心态、以前的方法、以前的要求，去完成我现在的工作。"居民也经常笑着和高洋打趣，"小高，听说你获奖了，祝贺啊，以后更能为我们办事了！"对此，高洋也笑着回应，"是是是，没问题，阿姨有事就找我！"

2020 年，面对突如其来的疫情，高洋也积极参与社区防疫工作，在小区的卡口测量体温，提醒大家佩戴口罩，等等。2020 年 6 月，高洋被区委组织部抽调负责督导核酸检测工作，酷暑炎热，各个街道点位也十分分散，但高洋克服困难，共督导五场次，总计 42 583 人次完成检测，现场提出整改建议七次，真正做到了日常工作和社区防疫两不误。

回忆这 17 年的工作经验，高洋说："'厚德'的理念教会我很多，在践行这个理念的时候，也确实收获颇丰。每当我给居民办了一件小事，居民都特别感谢，他们拉着我的手，眼泪汪汪地看着我的时候，不仅是对我工作的一种肯定，同样是对这个岗位、公务员这个群体的一种认可。"

高洋在工作中收获了满足感，这种满足感与"厚德"的信念支持着她这么多年一直扎根基层。纵使她在工作中也遇到过很多困难，遇到很多不理解、委屈、谩骂，甚至是肢体上的推搡，但在高洋的心中，与解决居民的烦恼相比，这些事情轻轻一笑便淡然化之了。

正如高洋所说，"无论从事什么行业，都有要遵守的职业道德。厚德，是支撑我干好本职工作的最重要的一点，这也是法大给予我的，让我受益终身的宝贵财富"。

任刚强：为了"爬爬村"
他用脚步丈量了每一寸土地*

文/闵露妍　张嘉琪　朱晓悦　童近南

任刚强，2014年本科毕业于中国政法大学政治与公共管理学院，2017年研究生毕业后选调到四川省广元市委组织部，现任广元市利州区三堆镇党委副书记，龙池村第一书记。在脱贫攻坚战中，见证并参与了龙池村老百姓所说的"以前做梦都不敢想的变化"，从"走笔纸上"的大学生蜕变为"体察民心"的村干部，被评为"四川省优秀第一书记"，其扶贫故事也被乡村振兴纪实节目《不负青春不负村》（第三季）记录。

到什么山唱什么歌　因地制宜发展产业

我们采访任刚强时，他正赶上难得的假期。"我们的孩子从出生以来还没回过老家，我们带他回来看看。"任刚强的话语里是疲惫之余淡淡的乡愁。

2017年7月，任刚强初到四川省广元市委组织部，从学校到机关，主要在组织一科从事农村基层党建和脱贫攻坚帮扶力量（包括第一书记、驻村工作队等）管理方面的工作。不到一年，他便主动请缨担任广元市利州区三堆镇龙池村第一书记，走出机关，深入一线，深度参与脱贫攻坚的时代实践。2018年12月，他挂职利州区三堆镇党委副书记，分管宣传思想和社会事业（科教文卫等，后也包括新冠肺炎疫情防控）工作，成

---

* 本文于2021年1月10日发布于《法大新闻网》。

为一名乡镇干部。

四川省广元市地处全国14个集中连片特困地区之一的秦巴山区腹地，历史上是古蜀道的重要交通节点。大山大河、群山连绵的地理特点恰如李白《蜀道难》诗中的"百步九折萦岩峦""飞湍瀑流争喧豗"……龙池村位于广元市西北方向，大山陡起陡落，峡谷幽深曲折，地形和发展都很封闭，2015年才有了第一条通村水泥路。脱贫攻坚，给予龙池村千年难遇的发展机遇，短短5年间，这里发生了翻天覆地的变化。

截至2019年底，龙池村贫困户人均收入近9000元，远超贫困基准线；集体经济收入突破10万元，同比增长近5倍。如今任刚强的脱贫任务取得了阶段性的胜利，正处于由脱贫攻坚向乡村振兴过渡的阶段。

任刚强是一个生在北方的山西汉子，硕士毕业后拒绝了大公司的橄榄枝，带着满腔热血和少年意气踏上了这片西南蜀地，在过去三年多的时间里，与这片土地发生了许许多多的故事……

采访中，当谈到龙池村的脱贫攻坚举措时，任刚强对自己的村子如数家珍，发展优势与劣势都了然于胸，丝毫不回避龙池村的短板："就拿养猪来说，我们是高山地区，运输距离长、困难多，缺少平整土地难以建设大型养殖场，气温低、阳光少，猪的生长速度慢，温差较大猪又容易生病，如果发展普通的生猪养殖业，无论是养殖成本还是运输成本等都会高很多……无法与普通的生猪养殖拼规模优势，只能走高山特色养殖路线来追求高质高附加值。"在扬长避短、因地制宜的特色发展思路指导下，任刚强也不忘科学技术指导，最终探索出了一条"本地特色+科学方法"的产业发展道路。

总体发展思路清晰后，还要有规划来具体落实。兵马未动粮草先行，产业发展规划先行。为了提升自身规划能力和发展规划的科学性，任刚强自学了"城乡规划师"的全部课程，又"线上+线下"邀请专家进行指导，慎重务实地推动着产业的发展……在走访入户和实地观察之后，他发现了龙池村"山大野猪多、糟害庄稼多"的特点，于是"反向思维"思考"龙池村的自然环境适合野猪繁育生长，能否'变害为宝'饲养野猪带来经济效益"——以此为突破口，任刚强通过网络、畜牧站专家、朋友等渠道了解野猪养殖的可行性，并带领干部和养殖大户走遍了周边两省三地的野猪养殖基地，最终与有着十多年养殖经验的上游牧场合作建立了

200 头规模特种野猪生态养殖基地。虽然经历了新冠肺炎疫情的冲击，基地仍然取得了良好的经济效益……特种野猪养殖是任刚强以"本地特色+科学方法"来开发特色产业资源的项目之一，他还与省重点实验室合作建立了尖头鲅生态养殖基地、与省林科院花卉所合作研究开发了腊莲绣球花卉产业等。

要致富先修路

对于龙池这样一个因地形落差大而有"爬爬村"之称的山村，"要致富先修路"似乎是永不降温的热点话题。虽然四年前村里修了第一条水泥路，但这条路坡陡弯急、滑坡落石塌方等地质灾害频发，行车还是难。为了修通龙池村通往白龙湖的"产业致富路"和出村第二通道，从林权澄清、路线设计、采伐证办理、协调资金、平衡人事、大雨冲毁到最终修通，前后历时一年半的时间。任刚强拎断了皮包，走坏了皮鞋，凭着那股子不服输精神，终于拿下了道路项目。当道路敲定时，一位林业领导握着任刚强的手说："要不是你这个第一书记一直坚持，我们早就放弃修这条路了。"为了充分掌握道路情况，整整三个月，五十公里，任刚强爬山沟、钻树林，用脚步丈量每一寸土地，摸清这条路哪里要拐弯、哪里要延长……

从扶贫之路到振兴之路，任刚强始终坚信，应当一步一个脚印。唯有先把路修好，将信号开通——基础设施建设好了才能为龙池村的振兴打好基础。也正是因为这条路，龙池村的餐饮扶贫、电商扶贫和消费扶贫才得以发展，才能紧随时代步伐探索康养旅游业。如今，已有两户产业大户自已投资 200 多万修建了两处"农家乐"。

过去的苦日子　都将成为美好的回忆

任刚强笑着向我们描述初入龙池村的情形。刚开始驻村的生活非常难熬，独自一个人住在村委会卫生室，在潮湿的病床与药味熏得人肚子疼的药房之间搬来搬去，还是"无所适从"，夜里总睡不好觉……当时村里还没有安装路灯，山里的夜晚特别黑特别静，深夜一个人在村委会加班时，突然的鸟鸣或狗吠会吓得人起一身鸡皮疙瘩……"这种时候心里最容易打退堂鼓",任刚强坦言,而现如今这些都成为他回忆中有趣的小故事。

在任刚强看来,扶贫工作最核心、最困难的部分便是"如何与群众相互知心",如果这一点突破不了,工作就无法开展。然而,长期囿于封闭的自然环境,百姓往往对发展没信心,眼界也不开阔。在这种情况下,和村民的交流沟通既至关重要又困难重重,为了解决这个问题,任刚强在上任的前十个月内几乎没有做任何决策,而是选择实地考察,钻溶洞、下河沟、爬古树,在村子里一家家跑,帮村民解决各种问题。在行动中,他摸清了这个村庄的发展优势,也赢得了村民的信任,成为村民口中的"实干家",摆脱了大学生村干部在他们心中"耍娃儿"的刻板印象,在出村通道修建过程中,村民们在让渡林地使用权和工程建设等方面都展现出有别于其他村庄的热情与团结。

"任书记,我给你说个事……"从刚驻村以来,村民往往用这句话作为寻求帮助的开头,任刚强也早已习惯为他们解决各个方面的困难,处理大大小小的纠纷矛盾。2019年底快过年的时候,任刚强再次听到了这句话,当他正准备像往常一样"高度集中注意力"应对问题诉求之时,村民们接下来的话却给他带来了出乎意料的大大的暖心,"快过年了,感谢您对我们家这么多的帮助,我们给您准备了一块自己家刚熏的腊肉……"

"学校里写文章是走笔纸上,纸是没有痛痒的;基层工作却是直面群众,就像在老百姓敏感的皮肤上作画,容不得出差错!"谈及象牙塔的学习与实践中的差距时,任刚强感触深刻。

过去的两年零五个月里,任刚强几乎"长"在了村子里,从"组织部的灯"到"乡村的山路",工作日程总是满满当当,时刻处于快节奏、高密度的状态之中,以至于从2018年体检时的"运动员心脏"到2019年体检时的"三尖瓣反流"(轻微)……尽管如此,工作也并非一帆风顺,2020年上半年,原本一切进入正轨的欣欣向荣的局面却被突如其来的新冠肺炎疫情打乱了脚步,虽然最终结果有惊无险,但这一意外风险和"惊魂"历程,让任刚强经历更多曲折后变得更加成熟稳重。

"从前种种,皆成今我。"回忆起以前的艰难,任刚强笑着说:"过去的故事无论美丑,都将成为美好的回忆,成为我扶贫岁月中珍贵的记忆,或许也是我人生最高光最值得追忆的时刻!"

"回头看看,龙池村带给我的成长远远大于我对龙池村的付出。"面对诸多荣誉，任刚强理性地认清自我，坚定地遵从选择，在脱贫攻坚的历史机遇中实现了大步的成长。谈到未来的规划，任刚强更是秉持着这样的原则——"不给龙池村留下烂摊子，宁可不要眼前的政绩，也要实打实地走好每一步，善始善终龙池村的脱贫攻坚，为乡村振兴打好基础。"

胸怀理性热情　莫要失掉初心

出生于山西的一个小村庄，受父母朴素愿望的影响，任刚强小时候最直接的感性目标就是"跳出农门"，多为咱老百姓办点事。后来的学习成长过程中，他也曾有过"独善其身"的想法，但后来法大教育的熏陶、外企实习的经历，也让他最终理性地认识并坚持了自己的初心——踏踏实实为老百姓办点实事；而选择成为一名西部基层选调生、去当一名贫困村第一书记都是对这一初心的践行和坚守，为此他曾放弃过大公司的工作机会、争取过父母和家人的支持……

"人是在一步一步的自我妥协中，最终丢失自己的。"这是一位法大老师对他的忠告。这句话一直鞭策着任刚强在学习、工作和生活中"宽容他人，但尽量不要对自己妥协"。认定初心，不轻易自我妥协，才能不忘初心，最终实现目标。

当问到想给在校的师弟师妹提出怎样的成长建议时，任刚强在短暂思考后说道："胸怀理性热情，切莫在一步一步的自我妥协中忘掉初心。"

怀揣着理性的热情，他将继续在大地上作画。

张鹏：从公益出发到创业创新
十八年坚持做一件事*

文/黄雨薇　林可音

张鹏，中国政法大学2002级社会学院校友，青少年博物馆教育推广人，青少年阅读推广人，"耳朵里的博物馆"微信公众号创始人，《奇趣博物馆》系列丛书主编，北京郭守敬纪念馆执行馆长。现任北京市青年联合会第十一届委员会常委、北京市文明旅游形象大使、北京市东城区新的社会阶层人士联谊会副会长、北京青少年文博志愿服务总队队长。

张鹏自2003年起在博物馆为青少年讲解，同时走进全国200余所中小学校开展博物馆主题公益讲座，先后获得首届全国红色故事讲解大赛志愿组第一名、全国文物系统讲解大赛志愿者组第一名、讲好中国文物故事杰出传播者、北京青年五四奖章、全国向上向善好青年等荣誉。著有《宫城：写给孩子的紫禁城》《朋朋哥哥讲故宫》《博物馆里的中国：发现绝妙器皿》《倾听博物馆：朋朋的时光笔记》及《和朋朋哥哥一起逛北京》图书5部，翻译图书3部。

跪在地上讲解的"朋朋哥哥"

"今年，是我为孩子讲解博物馆的第18年。在朋友眼里，这是件美好的事情，在我心里也是。"

从在法大求学时开始，张鹏每周都会安排一到两天，从昌平校区出

---

* 本文于2021年6月9日发布于《法大新闻网》。

发,去中国国家博物馆做志愿讲解。毕业之后,他曾在央企实习,又先后在律师事务所、外企、国企工作,但他始终没有放弃做博物馆志愿讲解的工作。就像上班打卡一样,每个周末都会准时来到国家博物馆,以"朋朋哥哥"的身份,带一批又一批的孩子感受历史的魅力。

2003年,刚刚步入大学不久的张鹏通过考核加入了国家博物馆志愿者团队。谈起如何与博物馆结下不解之缘,张鹏坦然地表示,首先是因为自己喜欢看展览,当上了志愿者之后,不仅可以随时看展,还可以带自己身边的同学们一起看展;其次这是一项非常好的社会实践,锻炼自己与人交流的能力。

"我想告诉所有年轻人,不是所有美好的故事一定要有一个伟大的初衷。曾经有很多媒体采访我时,都问我是不是十几年前就已经想好了去做传承中华优秀传统文化这件事,我说没有,我当时就是单纯地想把这份工作当成是锻炼自己的社会实践机会。"

从此在国家博物馆的展厅,人们经常会看到一个戴眼镜的男生跪坐在地上为一群孩子认真地讲解,孩子们拉着他的手称呼他为"朋朋哥哥"。多年来,张鹏坚持用这种跪姿给青少年做志愿讲解。之所以采用跪姿,张鹏说,是因为这样的姿势能够让他与孩子们保持平视,更容易和孩子们拉近距离;之所以不用本名,而让小朋友称呼为"朋朋哥哥",因为对孩子而言,"朋"字更简单易懂。后来,很多孩子和家长都成为他的忠实粉丝,追随他走进更多的博物馆。张鹏也带着不同的课程,走进各地的多所小学,为孩子们讲述中国传统文化,还有不少省市请他去当讲解员大赛的评委,或是为讲解员进行培训。

张鹏回忆,在那个交通还不那么方便的年代,从昌平校区到国家博物馆,需要先坐一个多小时的345路公交车,然后再坐5路公交车到天安门西站,再从天安门西站走到天安门东处。"我每次下了公交车之后就是一路跑到博物馆,因为来回路上要花费两个多小时的时间,我希望可以把更多的时间留在展厅里面。"

到了大学最后一年,张鹏发现,如果周末不去博物馆,就感觉生活少了点什么。去博物馆给孩子们讲解,已经从一种简单的兴趣逐渐变成了他的生活方式,就像有些人习惯周末去看场电影、假期来场说走就走的旅行那样。

十余年的时光匆匆而过，传承中华优秀传统文化的责任感逐渐在张鹏的心里扎根。"当家长带着孩子看着这些展品，称赞'古代人做的东西多么漂亮'时，我觉得有责任和义务把历史背景讲解给大家。"

随着年龄的增长，这种责任感没有随时间淡去，反而是在每次的讲解中逐渐深化。正是这看不见也摸不着的信仰，一直激励着张鹏在繁忙的工作中，仍然抽出时间做志愿讲解。在长期从事博物馆讲解的过程中，张鹏不仅寻找到了自己人生的价值，使生活更加璀璨夺目，也在践行"致公"的本质。

他讲到自己的一次经历：一个小学组织学生去参观某个博物馆，参观后发现学生们把垃圾乱丢在了馆内，事情被媒体报道出来，很多人都在指责这些孩子。但张鹏觉得这不只是孩子的事情，更是我们这些帮助孩子们走进博物馆的人应该思考的事情。于是，张鹏用3天的时间开发设计了"带份尊重走进博物馆"的课程，后来又写了一个小册子，还编了一个儿童博物馆礼仪歌，无条件地分享给学校老师以及博物馆的工作人员，让他们更加清楚课程怎么安排，怎么生动有趣地介绍看似枯燥的内容。"我希望尽己所能，能改变一点是一点。"

如果问这些年的努力给张鹏带来什么样的收获，他回答，"如果真要说收获的话，那就是孩子们的陪伴。他们可以用心为我画幅肖像，虽然画出来的整个人都是歪的；他们可以用心给我写张贺卡，虽然有些祝福语我都不认识；他们可以用心给我做件手工，虽然只是用随手撕下的作业纸叠成的一颗星星。这样的礼物，我收获了整整两个书柜"。

2014年，作为从全国遴选的28名青年典型之一，参加团中央组织的"我的中国梦——奋斗的青春最美丽"分享团活动时，张鹏说："我喜欢给孩子讲历史故事的感觉，很过瘾。"

他认为，每个人的心里都有座博物馆，在他心里也有座孩子们为他建造的博物馆，这些小礼物，就是其中最珍贵的展品。

"美好依然在继续"

"其实我害怕自己老了之后，躺在床上不能动了，没有什么可以回忆的，我希望能给自己老去之后留下更多可以回忆的美好。"

除了定期去博物馆，在为孩子讲述中国文物故事这件事上，张鹏还做了许多工作。

他开了一家书店，书店里都是关于博物馆和传统文化的书籍，为家长和孩子提供同一空间学习。

把自己在博物馆讲授的内容写成书籍、录成音频，不断拓展教育的方式，著有《宫城：写给孩子的紫禁城》《博物馆里的中国：发现绝妙器皿》等书籍，并和团队给青少年制作博物馆音频，总时长超过了4000分钟。

创立由青少年组成的博物馆讲解公益组织"四月公益"，让更多年轻人加入传递知识的队伍当中。

创办"耳朵里的博物馆"微信公众号，开发了相关的小程序，向大众介绍中、美、日、英等国内外20多个国家和地区的数百个展览，展览类内容总阅读量逾450万，同时也在线下开设场馆课程、室内课程及主题游学项目。

2018年11月，他开始尝试用社会化的模式运营北京郭守敬纪念馆，调动社会力量参与，助力公共文化服务事业的发展。在满足社会公共文化服务需求的基础上，通过有偿服务和延伸服务等方面的经营，来反哺该博物馆的社会化运营需要。

张鹏先后获得了北京青年五四奖章，书香中国"金牌阅读推广人"、讲好中国文物故事杰出个人等多项荣誉。这些尝试都是出于心中那份责任感，同时构成了他人生中的一个个闪光点。

现在，张鹏把当初的那份坚持变成了自己愿意终身为之努力的事业——青少年博物馆教育事业。在他18年前走进国家博物馆的时候，他完全没有想象18年后自己会做的事情。"有时候不是因为你有一个梦想而坚持，而是在你坚持的过程中，你才发现你的梦想可以变得这么清晰。所以，不要徘徊在起跑线上。"

在5月18日世界博物馆日来临之际，张鹏也向我们介绍，"现在我们中国注册的博物馆有将近6000座，而且最近这一两年，每年都会有两三百座新的博物馆出现在我们身边"。博物馆不仅仅是一个旅游景点，更是我们每个人终身学习的场所，请带着一份对逝去记忆的尊崇感，多多地走进博物馆。

胡海江：以人民的名义[*]

文/童雨萱 谢慧颖 龙雨澜

胡海江，中国政法大学2001级校友，本科期间获得学业一等奖学金两次，二等奖学金一次，法学院综合排名第一。2005年进入浙江省杭州市人民检察院工作，2009年初调入杭州市纪委工作至今，现任浙江省杭州市纪委监委第七审查调查室主任。2021年荣获"全国扫黑除恶专项斗争先进工作者"称号。

在全面推动社会主义建设的进程中，积极开展扫黑除恶斗争是时代的必然要求，也是维护社会稳定和人民权利的重要保障。法大2001级优秀校友胡海江，在扫黑除恶工作中做出突出贡献，荣获2021年"全国扫黑除恶专项斗争先进工作者"称号。法律是他忠诚的信仰，坚持是他不变的人生底色。

忆往昔峥嵘岁月　看今朝旖旎风光

2001年，胡海江刚刚结束在浙江的高考，身为理科生的他怀着对法律的热忱，选择报考法学氛围浓厚的中国政法大学。9月开学时，江平先生在礼堂给新生们上了第一节课——"法律人生"。"那个课堂让我一下从高中的线性思维中脱离出来，摆脱狭隘与偏见。"他回忆道，"法大的学习经历对我的影响是十分深刻的，决定了我后面无数个重要的人生抉择。校园里的思想自由而开放，我最初的法律思想就在那个时候开始萌芽"。

当问到有哪些印象深刻的老师，胡海江不假思索，如数家珍地回答：

---

[*] 本文于2021年6月9日发布于《法大新闻网》。

"当初教我宪法的是焦洪昌教授,他的课堂学风开放,客观讲述中外法律,在教授外国法时,注重从比较法学角度讲述,将当时还处于高中教条式学习思维的我解放出来,开始用多维度的角度思考问题。教我们民法的是龙卫球教授,教我们刑法的是曲新久教授……他们如今都是法学界的'大佬级'人物,在我本科阶段能够聆听到这些教授的课,十分幸运又受益良多,让我得以构建起科学的法学思维体系。我认为,科学的法律思维构建是最重要的,也是最难培养的。"

学习上能够取得如此优异的成绩,除了有良师指路,浓厚的学习氛围也是必不可少的。20 年过去了,法大学习的氛围仍然鲜活地存在于胡海江的脑海中。"法大虽然地处偏僻,但环境氛围很安静,很适合静心求学。"安静的军都山,给尚热血激昂的少年,一份从容镇静,一份为学的理智。法大不是一个被迫学习的地方,"百舸争流千帆竞,乘风破浪正远航",占座激烈非常,不管是哪个年级的同学都参与其中。据胡海江回忆,当时法渊阁的占座如同战役,外校也有许多学生慕名而来,小小的法大,却人才"挤挤",于是各种思想也在这里百花齐放。

2015 年 9 月,胡海江再次回到法大校园。红墙绿茵,劳燕归巢,飞洒汗水的足球场,开水房旁的热水瓶,食堂一楼的饭菜,法渊阁前的同窗……记忆逐渐与现实重叠,十年的时光犹如一瞬。

雄关漫道真如铁　而今迈步从头越

2005 年,胡海江以法学院综合排名第一的优异成绩毕业。面对北京市政协文化历史处和浙江省杭州市人民检察院提供的工作机会,胡海江毫不犹豫地选择了自己热爱的法律专业,进入了浙江省杭州市检察院反贪局。因工作表现突出,2009 年他被调进杭州市纪委工作,但工作始终都是负责职务犯罪侦查。十几年的工作经验,胡海江形成一套科学的审查调查查办技巧,在纪检调查和扫黑除恶工作中发挥了重要作用。

步入工作,胡海江发现在学校里学习的知识是远远不够的,之前学习的都是比较基础的、多门类的法学知识,而在纪检监察的具体工作中,还需具备较强的侦查能力。但这和公安机关的普通刑事犯罪侦查又有很大区别,很难通过书面的学习快速提升,也没有老师一步一步去教导,每一步都靠向前辈学习和自己努力摸索，所以必须经历不断地重复实践。但工作的最大困难来自"对手"，纪委的调查对象往往具有很强的反侦察能力，而一个证人的询问时间不能超过 12 个小时。在这 12 个小时里，每一分钟都是不动声色的博弈，是一场心理和生理上的鏖战。"决定胜利往往可能都在最后半小时"，但是绝大部分的人会在第十个小时就开始退缩。纪检监察工作，特别是留置案件调查，日常的工作压力很大，一般以专案组的模式开展工作，高强度的工作格外考验意志力。所以胡海江认为，"坚持到底，持之以恒"是这份工作最可贵的品质。

对于工作中的困难他轻描淡写，把对家人缺少陪伴的亏欠深埋心底，对于取得的成绩他也云淡风轻："首先要感谢组织和领导，我认为有很多同志比我干得要好。之所以能获得这项荣誉，我觉得这是对自己 16 年从事职务犯罪侦查，也就是我们现在的审查调查工作的一种肯定，也是对自己的鞭策。在以后的工作中，我还要继续坚持，更进一步。"

冷眼向洋看世界　热风吹雨洒江天

大学四年是人生重要的奠基阶段，当问及胡海江作为始终奋斗在法治前线的法大校友对师弟师妹们的寄语时，他真诚恳切地说："我首先想到的是一定要珍惜大学这个最宝贵的学习机会。法大校园虽然小，但是非常适合潜心学习，你们要通过这四年扎扎实实地打好法律的基本功底。"万丈高楼平地起，要学会在沉默的日子里向下扎根，以后才有力量往上生长。

"我们作为法学院的学生，除了学好法律的基本内容，更重要的是培养自己的法律思维。我现在回过头去看大学的学习经历，做律师，或者公诉人、法官，都是比较顺利的，但是如果在公安局工作，或者去做刑事犯罪侦查，那就要开始重新学习。所以我觉得最大的困难就是大学时期的实践经历和对社会的认知不够，需要在工作以后不断地丰富自己对社会的了解，这对工作很有帮助。"

十多年的工作经历带给胡海江对社会更深的理解和感悟，他认为："许多同学一直生活在象牙塔中，在家里也都是被呵护的宝贝。因而对社会的理解还是比较片面，容易把知识停留在理论层面。但是法学专业无法在实验室里就创造成绩,我们从事的是一项处理人和人关系的工作,所以必须要对社会有认知、有感情。"

他鼓励同学们在大学就要培养"入世"的意识,所以在大学不妨多参加社会实践,多关注时事,积极投身于社会发展的浪潮中。同时,也要积极参加辩论赛、研讨会、论坛讲座等活动,不要停留在一个维度去思考问题,努力打破思维的茧房,拓宽自己看问题的视野,逐步培养起对社会更深的认知与感情,将来真正步入社会,面对激烈的社会竞争,在心理调适上会更快更到位。胡海江寄希望于各位法大同学,希望他们要学会冷眼向洋看世界,面对真善美与假恶丑纷繁的世界,却如热风吹雨一样给人民以无比热情。

20年来胡海江还是从前那个初入法学殿堂的少年,古道热肠而冷静自制。身为法律人,他有温情,有温度,有原则,有操守,为正义在平凡岁月中坚守,为公平在生活琐碎中不屈;现在身为纪检人,他有立场,有良心,有重任,有责任,拨开社会中的层层迷雾,让人民看到天朗气清,朗朗乾坤。

其他

以校为家　情暖法大

三代法大人：一生与你同行[*]

文/王颖昕

一直以来，法大之于我，或许与每一个法大人并没有什么不同。

这里有我的大学生活，上课在端升，自习在环阶，吃饭有时一食堂有时二食堂，而住的一直都是梅园；这里我上了无数堂不会忘怀的课，不只是关于法学的一技之长，还有中通、西通；这里是我的母校，是我十年、二十年之后，还会重新流连，回忆年华的地方。

▲2002年，50周年校庆时，我跟随家人第一次来到法大

---

[*] 本文于2016年5月13日发布于《法大新闻网》。

而仅有的特殊之处，大概在于我与法大的相识几乎伴随着记忆而来，我的爸爸、姥爷都曾就读于法大。记得我第一次来法大是50周年校庆的时候，那时我还是五六岁的小孩子，什么都不懂，被爸爸妈妈牵着在法大校园里走过，他们教我认研院"法治天下"石碑上的字迹；被姥姥姥爷抱去参加六三级的同学会，只记得饭桌上有很多爷爷奶奶，也不知道他们为什么感慨万千。

从前法大之于我，不只是高考报名指导上那一行小字，不只是高三誓师大会喊出的一个口号，不只是别人的故事，不只是茶余的谈资。那是近在咫尺父辈走过的路，也是遥远在天际曼妙缥缈的梦，法大是我从小就耳熟能详的。而今，作为家中第三代法大人我自己也走进了法大校园，成为一名普通的法大学子，只不过我生命里的法大不只是这四年。追索着相连的血脉，半个多世纪里的法大，从不曾远去。

1963年，政法学院里的少年理想

我的姥爷是1963年考入北京政法学院，即法大的前身，1968年毕业。每每提及他的母校，他总有讲不完的故事和数不清的回忆。从年幼时姥爷抱着我去公园的路上，到长大后一家人一起坐在餐桌旁，在姥爷口中，我依稀触摸到彼时的法大。

姥爷生长在保定农村，家里是贫农，躲过日本人的长枪短炮，也亲历过解放战争的战火。在姥爷的回忆里，他从小就是一边念书一边帮家里干农活，当时倒也觉不出苦和累。从小学到中学，和他同一批上学的伙伴们一个接着一个地离开了学校，回家务农，而他一直这样坚持下来了。直到参加高考前，他犹豫着报什么志愿，他的班主任笑着说，就报北京政法学院吧。于是他就在志愿表上填上了这所当时还很年轻的学校。

当录取通知书来到村子里的时候，正值1963年洪水，姥爷在隔壁大娘家帮着打捞泡在积水里的家当，忽然听见表弟远远喊他有他的信。这封表弟蹚着齐腰深的水、举在头顶带来的信里面，正是北京政法学院的录取通知书。作为村子里仅有的考去北京的大学生，这份骄傲实打实、沉甸甸。那时家里条件不好，姥爷从公社贷了12块钱，背起铺盖卷，就坐上了进京的火车。

三代法大人：一生与你同行

彼时北京政法学院刚成立十年，坐落在北京西郊的学院路，蓟门桥边，小月河畔。彼时国内的高等教育也不甚完善，课程设置比我们现如今单一得多，更何况法学专业还有自己特殊的难处。当时中华人民共和国成立也不过十余年，民国时期的法律已被完全废除，而新的法律体系建立还尚未可期。既有重重困难，又令人心驰神往，这正是当年的法大。

▲20世纪60年代，魏平雄老师带领包括姥爷（第二排左三）在内的学生们在河北邯郸实习

据姥爷回忆，当时法学专业课是以理论学习为主，通过法理弥补法条的空白。但不同于当时的中国人民大学、北京大学的是，北京政法学院的定位在于为政法机关培养有专业素养的实务工作者，因而在专业知识外也特别注重政治思想教育。直至今日，姥爷还记得他的刑法老师魏平雄、年级主任陈文渊、辅导员陈煜兰等老师，以及他们的言传身教。在法大，姥爷收获到的最珍贵的东西之一大概就是知识。这些知识悄然改变了一个农村出来的少年，在后来近四十年的政法岗位的工作中，专业的法学知识让他的道路走得更加笔直。

结束了在北京政法学院的大学时光，姥爷回到了河北老家，从公安到法院再到地方人大，在司法工作岗位上兢兢业业，勤勉正直，与法律共度了大半生，如同千千万万法大人一样。

1987年，军都山下的青春岁月

爸爸1987年考入已从北京政法学院更名而来的中国政法大学，就是这样一个"霸气"的新名字，吸引了爸爸来报考这所学校。而1987年对于法大也有着重要的意义，昌平新校区在这一年基本建成，投入使用。

爸爸也是一路磕磕绊绊从家乡来到昌平，但却远不像后来的我这样娇气。当年爸爸高考是县状元，喜欢打篮球，在开学前不小心因为打球崴了脚，也只让大伯送到了县里的汽车站。一个人一瘸一拐，长途汽车、火车、公交车，辗转来到了法大昌平校区，也就是我们现在生活学习的地方。

当时的昌平校区还没有完全竣工，四处都是可见的建筑工地，教学楼只有两三栋，宿舍楼只有梅园，食堂只有一个。操场、澡堂、图书馆等统统没有。当年爸爸那届军训还是在国防大学里完成的，连洗澡都要去附近村子里的澡堂，而进城，只有一趟我们熟悉又陌生的345路公交车。那时候法大还没有北门，北面是没有围墙的，一路通到军都山脚下，饭后散步可以一直走到山麓林间。这也正是海子漫步的地方。

▲大四时候的爸爸（右一）和同学们

爸爸的大学生活比姥爷那时丰富多彩得多，同我们现在也更相近一点。当年学校里只有政治学和法学两个专业，一共四个系，爸爸在法律系。课程设置上刑法、民法、诉讼法等已经与现在相似，也有各种各样的选修课，只是不如现在丰富。江平教授那时还站在讲台上给本科生讲课，舒国滢老师还是刚到法大的年轻学者，而 2015 年刚刚退休的刘心稳老师那时还是青年教师……爸爸的校园生活相当丰富，做过副班长，拿过奖学金，是校篮球队的后卫，代表法大参加北京高校篮球赛。听爸爸讲他的校园生活，更多的是熟悉和亲切，军都山下的朝朝暮暮，法大人的岁月年华。

爸爸在毕业后走上了法官岗位，离开了法大校园，但似乎也未曾远离。1987 级是昌平校区的开始，也是学院路的最后一届本科生。如今的法大校园里，有一座拓荒牛，匆匆而过的法大学子都不会忘记曾经的"牛前集合"，这只 1987 级同学集体捐赠的拓荒牛，是共同的法大印记。

2014 年，归来与新的开始

2014 年夏天，我也考入了中国政法大学。

在家里，法大是时常被提起的，平时长辈们在饭桌上谈论当年在法大的往事，如今法大的发展变化，氛围总是温暖平和的，融化在日常生活的琐碎中，法大也总是亲切的，没有成为高不可攀的目标。虽然家人期冀着家里第三代法大人的出现，但倒也不曾直白地要求我一定要考法大。时光一转到了高考的时节，从紧张地复习到从容上阵，再到忐忑不安地等待结果。待高考成绩出来后，还是十分欣喜的，正因为这个分数依照往年经验来看，能考上法大是无疑的。然而真正填报志愿时，我却还是犹豫了。要不要读法科，要不要放弃我所钟爱的人文社科类专业；要不要去北京，要

▲2014 年，我考入法大，和姥爷、爸爸在法大门前

不要放弃曾经的去南方的愿望。权衡许久,我在第一志愿填报了南方一所大学,将法大填在了第二志愿。本以为与法大缘分已尽,没料到稳操胜券的第一志愿竟然差了一分。造化弄人,我终于来到了熟悉又陌生的中国政法大学。

回想初到法大时,令人意外,平时恋家的我并没有感到太多的不适应。略有陈旧的宿舍,小而美的校园,一切在潜意识里都是熟悉的,满满的安全感。我和爸爸同样住在梅园,在同样的教室里读书;我实现了妈妈曾经的理想,走进了许多法科学生向往的地方。如今在法大已经度过了两年的时光,学校生活忙忙碌碌地开展,功课、社团、讲座,法大展现给我的,丰富而广泛。法大能教给我的,不只是广博深厚的法学知识,更多的,要我在摸索中反思中磨砺中,不断前行。

驻足,川流不息,相守法大

在未曾与法大相识的日子里,在家里,爸爸和姥爷对于我而言是亲人、长辈。同所有祖孙一样,姥爷带我去公园给我买小玩具,在饭桌上总有讲不完的故事,总有奇思妙想带着我去玩;而爸爸同普普通通的爸爸一样,不会常常和女儿腻在一起,但是会做一大桌子菜等我回家,会讲他年少时小小的不平凡,会举重若轻地谈论世事人生。直到我自己亲自走进法大校园,同姥爷和爸爸一样成为法大的一分子,我渐渐明白,我们之间已经不只是亲人,不只有亲情。亲情之外,我们也被另一重校友的身份所联结。姥爷,爸爸,还有我,我们都在法大或者将要在法大度过四年的大学时光。

我们的四年时光或许因着岁月相隔久远以及个体的不同,并不甚相同。时代的印记如此分明,从 1963 年到 2014 年,半个世纪,法大由学院路到昌平校区,由学院到大学,由政、法两个专业到人文、经济、外语等逐步涵盖,由年轻的不甚知名的学校到如今全国闻名的法学学府。这样的巨大变化,让我一度几乎找不到父辈所在的那个学校的影子,现在的法大与父辈的故事中、唏嘘中的大学究竟在何处重叠?旧的楼推倒,新的楼矗立,刑法、民法、诉讼法、知识产权法……一部部法律出台,我们的课本变了又变,我们的课程开始越来越丰富多彩,我们接触的知识面越来越广博。在与父辈谈天时,有时也会有分歧,不能完全理解彼此。我们都是带着自己印记的法大人,而谈起这些今昔往年的对比,我总是讶异,而姥爷、爸爸更多的是感慨。

有一件事令人印象深刻,前年冬天我初到法大时,曾作为礼仪员参加了江平民商法奖学金的颁奖典礼。那时候,江平教授从我身边走过,他已是耄耋之年,依旧精神矍铄站在讲台上谆谆教诲台下的法大学子们。而台下的我不禁想起了爸爸曾经讲过的,他当年海商法课程的老师就是江平教授,他一直都觉得海商法是最深奥难学的课程,每每学得十分用力。而今,江平教授已经不再站在本科生的讲台上,但他的声音依旧在法大学子的耳畔回响。如江平教授一样的法大老师们,他们怀着法治理想和诲人不倦的坚持站到法大的讲台上,兢兢业业,忙忙碌碌,年复一年。而时光荏苒,台下听讲的法大人来了又去,不知不觉,坐着的学生已经换了一代人。

法大已经走过了 64 个年头,校园变了,老师学生来又去。但是无可否认,法大还是法大,她培养出了新中国成立后最初的一批法律专业人才,至今仍然为社会培养出一届又一届的优秀人才。一代代法大人大多只在法大度过了生命中并不算漫长的几年,他们来了又去,看似除了一技之长和一夕回忆之外了无痕迹,就像滴水之于河川。

然而,你细细看,清流之中不是早有沉淀?沉淀、浮旋、凝结,积蓄在法大这条河流中,也在每一个法大人身上留下了独属的印记。融汇起的,又难以三言两语言明的,正是法大的魂。而流淌出的,有共同的名字——法大人。

(文中图片由作者本人提供)

中国政法大学乒乓球队：
苦辣尽尝换赛场风光　甜酸共享为法大学人[*]

文/王颖昕　罗雨荔　方悦

　　五年不长，却够一个奇迹发生。从建队时的默默无闻，到如今成就一支高水平队伍，以团体名义获得"感动法大人物"奖项，带着夺冠梦想遍尝酸甜苦辣在赛场上立下了赫赫战功，这就是法大乒乓球队。

当我们一起走过——建队历史

　　2010年10月，教育部批准中国政法大学招收乒乓球高水平运动员；2011年1月，球队初次对来自全国各地的优秀中学生运动员进行了测试和选拔；同年9月，一支以"中国政法大学"冠名的高水平乒乓球队正式成立。

　　最初的队伍由六名有着十几年球龄的"乒乓小将"组成。入校以后，在老师们的引导下，队员们逐渐建立起大学阶段的个人目标。虽是白手起家，但队员们却没有"慢慢来"的机会，带队教练彭博老师坦言，"我从一开始就想着要带他们拿全国冠军。要做，就要做到最好"。

　　带着这样的雄心，球队开始了新一年的征程。毋庸置疑，高目标就必然意味着更多的投入与付出，用汗水和泪水浇筑金牌，这句话放在他们身上毫不夸张。同专业队一样的高强度训练，运动场与教学楼的两头奔忙，所有人都倾尽所能，想要在赛场上有所斩获，有所提高。

　　然而，毕竟是万丈高楼平地起的事业，练得艰苦，成绩却仍不理想。面对着专业队出身的强大对手，炉灶初起的法大乒乓球队深感无力。经历过一次次努力付出却无回报，队员们乃至教练员都不禁迷茫。直至参加

---

[*] 本文于2015年10月30日发布于《法大新闻网》。

中国政法大学乒乓球队：苦辣尽尝换赛场风光　甜酸共享为法大学人

2012年首都高校乒乓球锦标赛，全国冠军的目标仍然遥遥无期。延续到晚上七八点的日常训练、咬着牙在球台前拼命地带伤坚持……最大程度付出的背后，是和自己已然摇摇欲坠的信心进行反复角力。

黑夜虽然漫长，可其间分分秒秒都酝酿着黎明的光芒。实际上，北京高校乒乓球比赛的水平很高，几乎所有球队都由专业运动员组成，有的队伍甚至还有国家队队员领衔参加团体赛。和超强实力的对手对战，即使是输了比赛，队员们的自身能力依然能得到极大的提升，也为全国大学生锦标赛打下了坚实的基础。比赛中队员们渐渐意识到，有一个强大的目标远远不够——他们还需要一颗强大的心。

含泪跋涉，换得柳暗花明——骄人成绩

在乒乓球队的一路跋涉中，最最割舍不开、倾注了太多爱恨的就是五年间的一场场比赛了。

从最初的默默无闻，到之后的一鸣惊人，法大乒乓球队只用了两年的时间。2013年，在第十八届全国大学生乒乓球锦标赛中，法大乒乓球队夺得了女子团体、女子单打、混合双打三项冠军。当年参加比赛的八名队员——四名男生四名女生，都是第一次参与全国大学生比赛。而同时参赛的北京大学、山东大学、郑州大学等传统强队均已组建十余年，实力雄厚。法大乒乓球队力压这些强有力的对手成为当年成绩最好的队伍，可谓一战成名，震惊四座。至2014年时，球队的整体水平已有所提升，两个健将级别、曾获北京市冠军的高水平运动员的加入使得球队兵强马壮。这一年的大学生锦标赛中，法大乒乓球队夺得了女团冠军、混双冠亚军、男团亚军、女双季军等，成绩优异。

值得一提的是，2014年，荷兰国家队来到法大参加训练，而后在同年的世界乒乓球锦标赛上，取得了历史最好成绩。这支欧洲冠军队伍选择法大乒乓球队，也源于其对法大成熟系统的训练方式的认可。

似偶然中的必然，在2015年第二十届全国大学生乒乓球锦标赛中，校乒乓球队奇迹般地获得了四项冠军、二项亚军和三项季军，女团在这一年摘得桂冠，获得了三次参赛三次夺冠的优异成绩，完成了三连冠的梦想。这样的成绩是全国大学生乒乓球锦标赛从未有过的，确可谓是前无

古人。

　　走向成熟的法大乒乓球队表现如此卓越——历史性地三度蝉联女团冠军，女队王昆如愿夺得女单冠军并与队友携手获得女双冠军，男双历史性突破夺冠。而最令人喜悦的不仅是冠军奖牌，还有球队整体实力的提升。女单比赛的前八名法大独占了三名，而女双更是大一新生和大三师姐会师决赛。男团比赛中在无限接近冠军的情况下，2∶3惜败北京大学。但这并未影响接下来的单项比赛，在各队伍技术水平接近的情况下，法大乒乓球队顶住压力，队员们经过五轮淘汰赛杀出重围，二人获得第三名、一人获得第五名的好成绩。男女单八强独占35%席位的成绩，任何一所学校都无法比拟，北京大学、北京邮电大学等传统强队也都无法做到。

　　谈及这次完胜的经历，带队教练彭博这样说："不同于结果的光彩，过程依然是很难的。去打比赛的同学们，没有一个是没哭过的。在那种常人难以想象的巨大压力下，有过数次参赛经历的男孩子都尚难忍住眼泪，更别说那些刚进大学就参加比赛的女孩了。"队里的姑娘们更是笑称，几个人在赛程里可以说是"轮着去对教练哭"。

　　其实，在众多参赛队伍中，法大乒乓球队力压群雄，取得如此辉煌的成绩，并不是意外。平日里科学系统的训练、比赛中教练们为帮助队员调整心态而进行的循循善诱，加上每个队员无数个小时的辛勤付出，早已为这支队伍积攒起了雄厚的实力。人们都说竞技体育残酷，只问输赢，不看付出。可这世上大抵总有天道，看到这样骄人的成绩，所有人，都只叹一句"应得"。挑战不可能、战胜不可能。法大乒乓球队22名运动员，一半全国冠军，一半全国亚军。意料之外，情理之中。

　　三年的比赛中，九次获得全国冠军——有太多第一次由法大乒乓球队创造。但这样耀眼的光景背后，是一场含着泪的漫长跋涉。辛酸与艰苦，汗水与泪水，付出过真心的他们，终换得柳暗花明。

如鱼于水，水流云在——球队日常

　　"一、二、三大上课，四大、五大训练，六大要么上课，要么继续训练。[1]其他时间，复习复习，参加参加其他社团的活动，一天一天

---

　　〔1〕一节"大课"由通常的两节45分钟的"小课"组成，中间休息5分钟。——编者注

也就这样过来了呗。"如此忙碌的生活，在大三队员吴旭口中，不过日常。

从小就与竞技体育为伴的队员们之所以选择了走进象牙塔、选择了加入法大乒乓球队，绝不仅仅因为这支队伍自身的雄厚实力——能够给予他们高水平训练的地方太多太多，却只有大学能够让他们圆一个念书深造的梦想；只有这里，能够同时让他们有机会接触到中国法学界闪光的思想星芒。选择了远方，便只能星夜兼程；走上了这一条道路，也就意味着不得不兼顾自己作为普通大学生与竞技体育运动员的双重身份，既不能荒废学业，也不能落下乒乓球队的日常训练。

而他们也着实做到了。国家奖学金、一等奖学金、二等奖学金……撇开在球队取得的优异成绩不谈，单看学业，不少队员做得也足够出色：司法考试400+高分飞过、学院排名杀入前十、创新项目顺利通过、活跃于院校两级组织的社团工作之中……看到各届队员们的不俗表现，你真的会怀疑他们的一天是不是有四十八小时，否则这些普通同学做起来都倍觉艰辛的事情，身负训练任务的他们如何完成得如此精彩？

没有了周末，也被迫奉献出寒暑假的大片时间，那些别的同学用来聚会、逛街、唱KTV的时间，他们却拼搏在条件简陋的体育馆里，听着由乒乓球起落拍打出的交响乐。

"为了打好比赛，不辜负学校和老师的信任，暑假期间天天都在体育馆练到六七点钟。"刚进队不久的大一新成员李雯珺话音未落，另一位大三的同学便笑着接过了话头："还没破我十点半的纪录嘛……"看着笑闹成一团的他们，忽然便理解了所谓良好队风对于一个队伍的重要性：师弟师妹看到师兄师姐们身上的优秀之处，自然就会以同样的高标准严格要求自己，一届带一届，优良的习惯便得以传承。做教练的带起来轻松，队员们也在潜移默化中做得更好。

队员们还讲起，有过一起训练、一起比赛的经历，乒乓球队对于他们更像一个家。一路上，大家都相互依偎着走过，甘苦共尝，感情自然深厚。连毕业离校后，老队员们也不忘常常发回问候，关心着他们曾经的教练，关心着乒乓球队的师弟师妹。

有队员感叹：和乒乓球有关的故事太多，反而无从讲起。在年年不同的生命历程里，唯有乒乓球这一项贯穿始末。这大抵就像水之于鱼、空气之于万物,太重要,反而只能以陪伴,来做最长情的告白。

  一路走来,法大乒乓球队书写过太多光辉的第一次,击破过太多所谓的不可能。比赛会有结束,而拼搏却无终点——当从领奖台走下来的那一刻开始,荣誉已经是过去时,一切又将从零开始。汗水与泪水并存,痛苦与幸福同在。法大乒乓球队,They are the champions!

三八优秀红旗集体外国语学院：
勤耕花田半亩　喜看稻菽千重[*]

文/罗雨荔　刘婧星

二十二年春耕夏种，二十二载秋收冬藏，从一室之陋到一院之兴。二十二年来，法大外国语学院秉承"中外并蓄、德业兼修"的院训，在教学、科研、学科建设等诸多领域取得了不俗的成绩，在学校对外交流和提升学校国际化水平等方面都做出了卓越的贡献。在2016年北京市三八红旗单位的评选中，法大外国语学院脱颖而出，成为六所荣获嘉奖的院（系）之一。

教学工作：在改革中前进

长期以来，法大外国语学院的教学重任堪称全校之最，仅以2014—2015学年为例：外国语学院88位教师共开设课程207门，560门次，总课时数高达24 282节，人均授课276节。外国语学院的老师不仅承担着外语专业的教学工作，更肩负着学校公共英语教学的重担，而大学英语教学，则始终是外国语学院教学工作的重要组成部分。细数外国语学院1994年建系、2002年建院以来的诸事，几次大学英语教学改革都可以称得上外国语学院发展路上的转折点。一路上，外国语学院借力于法大多学科并存的既有背景，让学院的发展与学校的总体发展目标相一致，为将学校建设为一流大学做出了重要的贡献。

"改革是大势所趋，现在不改革，早晚也得改革。晚改不如早改。"在谈及大学英语课程分课型教学改革时候，院长李立曾这样说道。而这句话似乎也适用于外国语学院之前的所有重大改革：2003年大学英语四级、

---

[*] 本文于2016年5月27日发布于《法大新闻网》。

六级考试成绩与学位脱钩，2004年"基于计算机和网络"为核心的大学英语教学改革，2009年第二轮大学英语教学改革，以及2014年完成的英语专业改造，每一次，都是外国语学院对时代潮流与学校总体发展目标的顺应。

一次次的改革，对外国语学院的教职工来说，都是机遇与挑战的并存；不断的改革引起了教材、教学模式等的频繁变更，也是对老师们在教学工作中的要求不断提高的过程。

这一点在2009年的教改中表现得尤为突出。确定了以法学内容为依托的外语教学方向后，一方面，老师们需要在教材、教案等的编纂与不断修改上投入大量心血；另一方面，改变自身曾经依托传统大学英语教材建立起的教学方法与思路也绝非易事。另外，以法学内容为依托的英语材料讲课，更让许多没有法学背景知识的老师感到为难。

困难是困难，但正是有了"晚改不如早改"的决心，外国语学院的老师们就改革做了大量的功课，开展课堂教学行为研究，通过集体备课、定期讨论、多渠道交流、教学评估方式改革等一系列配套改革的推行，使得大的改革能够稳步推进。学期期末的问卷调查结果显示，即便改革还有很多值得完善的地方，但大多数同学对其仍报以认可的态度，通过关注内容来降低形式学习的焦虑感、增加可理解的输入量、调动学生学习兴趣和积极性等目标都有了一定程度的实现。

改革促进发展，2004年，法大成功进入教育部第一批180所大学英语教学改革试点高校，开启了基于网络环境下的大学英语教学的全新模式。2005年，法大大学英语教学改革顺利通过教育部高等教育司验收。大学英语教学改革取得了显著成绩和阶段性成果，四六级考试成绩以及大学生英语竞赛等一系列成绩和荣誉显示法大学生英语听说能力得到明显提高。2012年，外国语学院正式在学校组织实施以学术英语课程为核心的分科教学，在我国率先全校范围内推行从基础英语转向学术英语和专门用途英语教学的重大转变。

变则通，通则久。外国语学院历经的数次教育教学改革背后，都凝聚着集体的智慧和心血，也收获了实质有形的成果。

学院建设：多管齐下促人才培养

不可否认，在以法科为优势的法大，外国语学院的学科设置属于学校边缘学科，整体科研环境着实会受到一定程度的制约；但同时，从另一个角度看，在法大建立世界知名法科强校的路上，外国语言文学学科又是其不可或缺的支撑学科之一。如果说大学英语教学改革是外国语学院发展路径上的一次次"弯道赶超"，那么各项学院建设工作，就是外国语学院平日里的"直道加速"。

科研工作方面，外国语学院教师顶着繁重的工作压力，总结自己在教学工作中的心得、积极追求学术前沿理论。近几年来，全院教师公开发表论文（含译文）722 篇；出版著作（含译著）83 部；编著教材及辅导类书籍 61 部；出版研究报告 2 篇。承担各级各类科研项目 80 项，其中省部级以上项目 14 项，校级项目 10 项，院级项目 13 项，共筹集科研经费 383.6727 万元人民币；共参加国际、国内学术会议 83 人次；共举办讲座 28 场。

在学科建设领域，短短的 10 年时间内，外国语学院成功申请了外国语言文学一级学科硕士点，后设置法语语言文学、德语语言文学、俄语语言文学，加上原有的英语语言文学，共四个研究方向，侧重法律外语翻译。2014 年，翻译硕士专业学位（MIT）正式获国务院学位办批准，2015 年正式招生。

人才培养上，其更是因地制宜、因时制宜地设立了"英语（法律英语方向）""翻译（法律翻译方向）"两个特色专业的改造方案，采取了"4+1""5+2"等不同培养模式。新的教学培养方案也带来优异的教学成绩，英语专业和德语专业四级、八级通过率都远远高于全国平均水平。

而这些成绩的取得，绝对不是靠简单蛮干式地扬既有之长、避已有之短，而是结合学校具体学科背景、考察就业形势需要等情况综合考量后对发展路径做出的选择。而一旦路径选定，就不会因为路上的重重困难而轻言放弃。

以德语专业的创办为例。在德语专业成立之前，学校的德语课长久以来都仅被定位为公共外语课，学生人数不多，老师也仅有一位，离建立一个全新专业的实力与水平，相距甚远。然而，与中德法学院合作，实行"5+2"培养模式，在应届德语本科生中直接招收法学硕士，完成五年双专业本科学习后，直接进入中德法学院学习法学研究生专业课程的思路，被认为是对社会对法律与外语复合型人才的需求的顺应，能够成为外国语学院依托法学法科优势、展现自身特色与亮点的教学举措。于是，2003年初，外国语学院正式向学校教学指导委员会提出申办德语专业。

招聘德语教师、结合学校实际情况设置德语专业课程、购买相关图书及音像资料——筹办工作就这样一步一个脚印地踏实走过。而经过十年余的建设，如今的德语专业拥有了一支年轻的师资队伍，建立了较为合理的专业结构，也有不少学生在全国德语学科的多种大赛中取得了骄人的成绩。

如今，秉承"培养具有国际竞争力的复合型人才"这一宗旨，继续深入进行以培养国际化卓越法律外语人才为目标的英语专业教学改革正徐徐拉开帷幕，2014年经学校教学指导委员会审议通过的"英语（法律英语方向）"和"翻译（法律翻译方向）"两个特色专业改造方案于2015年首次开始执行。在英语专业的课程改造之路中，外国语学院还有很长的路需摸索前行。

教职工团队：在家的温暖中锐意进取

曾有外国语学院的同学笑言："我们学院的老师，真的都好'慓悍'呐！"乍听时或许不解，对外国语学院这样一支八成以上教职工都是女性的"娘子军"，何以用上"慓悍"这般阳刚的词汇来形容。但倘若真正听过她们一面肩挑家庭，一面恪尽职守的故事，你便会觉得不足为奇。

在外国语学院，老师们一边攻读学位、一边带孩子、一边从事教学科研工作的例子不胜枚举。她们或背着沉重的双肩包穿行于校园，或在颠簸的班车上抓紧短短的时间睡眠，甚至在亲人、子女生病乃至离世时仍坚持手头工作，更有人直接从教室被拉到医院生孩子。沉重的教学任务面前，有人一个人干完两个人的工作，有人因从早到晚上课而造成嗓子不可逆转的损伤，更有老师几分玩笑地讲起，"本来还在感冒，哪知道上一上午课，一激动，感冒倒好了"。

辛苦如斯，只因得益于外国语学院大家庭一般温馨的气氛，外国语学院的教职工们都鲜有抱怨。而这种氛围的产生，离不开老师们个人与外国语学院工会的共同努力。

平日里，老师们分享水果、酸奶，同进同出，在生活上彼此关心、彼此帮扶，自是常态。长辈们对青年教师婚恋大事、住房问题、孩子入托问题的关心，其他老师在部分老师生病住院、心情低落时送去的陪伴与祝福，男老师在女老师因待产及休假暂时离职时主动挑起更重担子的举动，这些都是外国语学院团队凝聚力的源泉。

就工会层面来说，电子杂志《家·园》在展现教职员工的精神风貌的同时，也传递着彼此的关爱；"外语家园""外国语学院老宝贝"等微信平台和群组既能够快速推进院内事务，又可以轻松分享生活的乐趣；组织各类文体活动是工会工作的传统业务，联欢会、春游、秋游、健步走等健身活动能够舒缓繁重的教研压力，保持身心愉悦；"教职工之家"的布置颇费心思，茶具、咖啡机、棋牌、画板、电脑等娱乐、休闲、文体设施一应俱全。这些关爱和归属感便是外国语学院工会近年来连续荣获嘉奖的原因所在。

有了家的归属感，有了对这个团队的热爱，老师们在教学科研的同时，也不忘锐意进取，修炼自身，越来越多的老师考博、出国访学、在教学比赛中获奖……好消息多得让人应接不暇。身处这样拼劲十足的氛围里，压力与进取心始终督促着外国语学院的老师们在工作中更上一层楼。总的来看，如今的外国语学院师资队伍数量稳定，职称分布、学历结构等比较合理，发展趋势良好，有多名学科带头人，已形成学术梯队，并有数量适宜的骨干教师，符合高质量教学科研的要求，为外国语学院未来的发展打下了坚实的基础。

2014年，适逢二十周年院庆，老校长江平先生为外国语学院题词云："为培养既懂法律、又懂经济、精通外语的复合式人才做出自己的贡献！"校长黄进教授与时任副校长张桂林亦分别题词云："学贯东西，行走南北""创业谱写历史，创新成就今天！"

两年以来，外国语学院从新的起点迈开新的步伐，以更高的热情创造出新的成绩。而2016年三八优秀红旗集体的荣誉，既是对过去的小结，也是对外院人新的鼓励和动力。

中国政法大学 Cupler 合唱团：
踏歌而来　青春无限*

文/郭佳蓉　汪毓雯　赵丹阳　程重

2014年8月31日晚，《歌声与微笑——合唱先锋》节目落下帷幕，"踏歌而来的律政先锋"——中国政法大学 Cupler 合唱团[1]一举夺得桂冠，紧接着，在《合唱春晚》的舞台上，又出现了他们青春靓丽的身影。这光彩夺目的背后必定有数不清的辛劳和汗水，也必定有动人的故事熠熠生辉。

C-creationary 创新

在玩泥巴清唱团成员彭游林看来，Cupler 成功在于一个"变"，也在于一个"新"。他坦言，取得冠军其实是多方面因素促成的，比如团队专业素质高，大家天生嗓音条件比较好，毫无功利性的排练使得大家的努力更单纯等。自身条件是基石，努力是推动力，然而推开成功的大门却还需要一把关键的钥匙——创新。彭游林说道："其实最关键的还是创新，包括一开始选择阿卡贝拉，也是因为感觉这种形式还比较新颖，其他团队用得比较少。"

一提起 Cupler 合唱团，大家的脑海里都会浮现出这个词"阿卡贝拉"。"阿卡贝拉"是一种纯人声无伴奏合唱的表演形式，以人声模仿不同的乐器，并分为不同的声部，以达到音乐的完整和谐。而"阿卡贝拉"在国内仍属于新兴音乐领域，Cupler 合唱团主唱们正是抓住了此契机，以

---

* 本文于2015年3月13日发布于《法大新闻网》。
〔1〕Cupler 合唱团由校艺术团部分同学、玩泥巴清唱团以及校内选拔出的一些能歌善舞的同学们共同组成。

人声的丰富多样代替了乐器的单一，给人耳目一新的视听感。

与此同时，彭游林也认为，不仅限于阿卡贝拉，Cupler 的合唱形式还可以适当切换，可以尝试不同的风格，尝试别人尝试不了的风格，力求每一次出场都给人带来一种耳目一新的感觉，从而抓住评委和观众的眼球。Cupler 的声乐指导老师孙璐补充道："我们抓住了中国政法大学这支队伍的特点和优势。"青春活泼的少年，载歌载舞的表演，再加上多变的切合当下流行因素的选歌和演唱风格，使 Cupler 在《歌声与微笑》的比赛中，一路歌到最后，也笑到最后。

U-union 团体

"这个团队并不会用利益和好处把成员拴住，所以留下来的人都是真正爱音乐的人。"彭游林如此回答，"大家因为音乐聚在一起，所以并不存在什么等级之类的问题"。

但毕竟 Cupler 是由许多人组成的团体，尤其是在比赛期间，每个人都压力巨大，难免会有意见相左、矛盾重重的时候，"我觉得听取大家的意见是必要的。"Cupler 带队训练的负责人阎奕霖说，"我们在创作最初都会收集大家的意见，然后尽量把大家的想法放进来。队伍貌似一直都很欢乐，当时不论是指导老师还是队员之间都关系好到可以开玩笑，而且成员性格都非常开朗，我觉得这也是为什么我们当时虽然组队不久但就有着非常好的默契的原因"。

也正是这份坦诚珍贵的友谊，让繁复的训练变得饶有趣味，也让和声变得动人无比。众所周知，Cupler 的关键在于整个团队的配合，有的声音高有的声音低，有的声音要凸显出来有的要隐在里面，而 Cupler 里面的每一个成员声音都极有特色，单独拉出来也是实力超强的唱将，怎样解决这个问题呢？玩泥巴清唱团成员李炫毅调侃说："比如我，我自己听《万物生》都完全听不出我的声音。还有朋友问我是不是唱的 b-box，而彭游林的声音非常出彩，所以担任了主唱的位置，他很难隐藏，所以需要很多的和声来配合他，如果其他人都这样，那就喧宾夺主了。我唱的是贝斯，来配合他。挑选的时候也是仔细挑选相应的声音。如果没有贝斯的声部，这首歌听上去会比较难接受。"

在《歌声与微笑》比到最后几场的时候,压力变得特别大,每一场现场公布分数的时候都非常非常紧张,但也正是这个时候,Cupler愈加团结愈加强大,"没有什么比手牵手肩并肩站在一起更重要了,我们在比赛当中一起哭一起笑,一起承受好的结果坏的结果",孙璐老师在回忆起那段日子时动情地说。

P-pleasure 快乐

有人说,人生中最快乐的事情不是做大家都喜欢的人,而是做自己最喜欢的事。而像Cupler这样,做自己喜欢的事情又因此成为大家喜欢的人,不得不说为人生一大幸事。

队员们在回忆训练过程中的坎坷和艰辛的时候,往往会加上一句:"其实走过去再回头看,那些真的都不算什么,反而是在那样一段时光里,大家一起吵架一起努力一起为了音乐坚持,是一件最快乐的事。"当彭游林说到排练时整个队伍吃盒饭睡午觉的盛况,说到和朋友编曲聚餐录歌时的小细节,眼睛里都是笑意。Cupler合唱团团员们因为热爱音乐,便聚在一起,演绎着他们的歌舞青春。活泼的团内气氛,使他们更有创作与歌唱的激情,而他们当中的大多数,早已贴上了"Cupler"的标签。

当然,能得到大家的认可也非常重要。拿到乐谱,看到自己的想法体现在乐谱上,被别人唱出来,看着自己站在舞台上拿着麦克风,李炫毅说"简直眼泪都快掉下来了",这种感觉"简直这辈子都值了"。彭游林也表示比赛结束后觉得"所有的付出都是值得的,得到冠军的途径多种多样,最重要的还是大家的理解和认同,包括学校的领导,其他高校还有社会人士,能够在这条路上走下来也离不开他们的鼓励和支持"。

身为Cupler的指导老师,时刻陪伴在Cupler身边的人,孙璐老师的快乐则来自于她的这些"孩子们","看到Cupler能够得冠,我很欣慰,这种欣慰不是同学们拿到冠军后会给学校带来什么,而是我的这些孩子们付出了很大很大的努力,牺牲了他们的个人时间包括学习生活的时间,而最终得到了他们想要的,或者说他们在这个过程中收获到了能力和成绩,他们的付出没有白费,他们很开心,我就很开心"。

谈起感想,阎奕霖也回忆起了当时的种种付出:工作繁忙也亲自督战的黄瑞宇老师，周六日还会带着宝宝来陪大家的孙璐老师，为了节约经费亲自做服装的张华韵老师，排练舞蹈时一次次因为队员们的动作"崩溃"的付睿智老师，支援找服装、解决食宿问题的艺术团行政团的同学……"因为成员伙伴的给力，因为我们这个无比优秀的背后团队，所以我觉得我们这个冠军是应该得到的。"阎奕霖最后总结道。

L-lurch 挫折

在初选阿卡贝拉作为演唱方式时，所有人都捏了一把汗，身为第一个吃螃蟹的人，毫无经验可循，基本都是自己摸索着分声部，摸索着练习，彭游林回忆说当时有一个笨办法，就是 Cupler 的每一遍练习都会录音，录完以后发到公邮里，回去每个人都要听，哪一个声音突兀就可以轻松地听出来了，然后大家私底下再一遍遍地练直到达到和谐为止。"其实在台上四五分钟的节目，我们在台下都要排一个多月，这样我们才敢说可以去演，才敢说我们准备好了。"

《歌声与微笑》节目排练期间，可以说是 Cupler 最辛苦的日子，从早上九点开始到晚上十点，大家一天一天都会待在排练室里。吃午饭的时候，一大堆人坐着蹲着，丝毫不顾形象。午睡也就凑合地挤在排练的脏脏的绿垫子上，彭游林笑着说："那时我的节目又多，所以每天除去睡觉的时间也就两个小时休息，就感觉一直在不停地唱啊唱。"还有很多节目是连夜录，比赛期间大约每天都会忙到凌晨两三点，第二天又早起补妆上台，每个人都有大大的黑眼圈。

Cupler 在排舞时也遇到了一些问题。因为表演要求唱跳俱佳，不仅要唱得好，还要会演，所以气息掌控比较难，毕竟和唱歌比起来，舞蹈还是弱，而且成员们平常完全没有舞蹈方面的训练。"但是等到需要排舞时也能顺利地排下来，车到山前必有路。"李炫毅介绍说。

比赛场如同战场，每一次都会有新的状况发生，需要团员们一刻也不能松懈，一首歌也不能失误。在录制节目的倒数第二天，Cupler 的优势并不是很明显，甚至可能面临淘汰，而他们的后一首歌，又恰不是他们的优势曲目，在这样的情况下，团员们顶住压力，当天晚上在录音棚临时改歌，一直录到凌晨四点左右，而第二天早上又得八点起来化妆继续录节目。这样高强度的录制比赛节奏并没有使队员们丧失气势与活力,他们越战越勇,将压力化为动力,在舞台上彰显着青春的朝气。"当时这个事情应该是我们所有参与的人最难忘的事情了吧,现在想想却觉得是很棒很带劲的回忆。"阎奕霖感叹道。

在所有参赛歌曲中最具代表性的就是那首《万物生》,大家排练最久印象最深的也是《万物生》,这首曲目由团队成员李炫毅和一位央视的老师共同改编完成。"这种感觉非常奇妙。"李炫毅回忆道:"当我有这样一个灵感后,就在宿舍听了很多的歌,找了很多的素材,花了3天时间,便完成了第一版。但是第一版排出来大家都觉得气氛还不够,我们毕竟是业余的,知道想要什么,却不知道应该如何去做、如何去把它写出来。后来央视请的一个老师在听完我们的想法之后,连夜帮我们修改,我们一听都快疯了,这就是我们想要的感觉!"而在歌曲改编顺利完成之后,主唱彭游林却又在诠释歌曲方面遇到了瓶颈,他说:"最开始我觉得自己唱出来是没有灵魂的,特别没有感觉。但是后来经过创作的不断修改,自己慢慢去领悟,最终出来的才是今天这样的感觉。"从一开始长达一个多月的声乐练习,到最后又加入了表演成分,每一步都走得异常艰难,功夫不负有心人,最终《万物生》以它绮丽的旋律,繁复和谐的和声,美妙的舞台效果征服了评委,也征服了所有观众。

ER-effulgent road 闪耀之路

Cupler虽然自成立以来演出很多,比赛很多,但当问到有没有以后走商业化、职业化的道路时,成员们都表示没有这个打算,彭游林认为"没有经验搞专业化的团队",李炫毅则表示"不想让音乐和金钱扯上关系",他笑着说:"其实我们还都是一群普通的法学学生,每天都会为了口头报告、期末考试等发愁,以后可能不会把音乐当作事业或者生活的重心。"

现在Cupler的主力队员都是大三大四的学生,成员的更新换代成为大家最头疼的问题。彭游林坦率地说:"现在的大一大二很少有能够把场子撑起来的人。能找到完全代替我们,让我们放心把Cupler交出去的新成员确实很难。"李炫毅也表示:"Cupler现在面临的最大的问题,就是新旧交替的问题。"彭游林表示他们会在接下来的几届中继续招收新成员，Cupler 还有很长的路要走。

2015 年《合唱春晚》的节目中，Cupler 合唱团的新团员们也在师兄师姐的带领下登上了舞台，得到了更多成长历练的机会。Cupler 新团长陈佳尧说："在合唱团里，真的能找到一种归属感，很多事情师兄师姐们都在手把手地教我们，让我们受益匪浅。作为新一届团长，希望自己能够不断进步，最重要的是协调好团内关系，和大家一起开心地度过在合唱团里的时光。"

"我特别希望我们的团队，我们的同学们能够把我们这支流行的、时髦的 Cupler 合唱团打造得更加有文化有内涵有潮流有时尚。"孙璐老师如是说。我们也相信，Cupler 的成员会秉承着对团队的热爱、对时尚的把握、对文化的传承，使这支青春的队伍永远保持它的流行、它的快乐和它的活力。

"从前冬天冷啊夏天雨啊水啊，秋天远处传来你的声音暖啊暖啊。"正如《万物生》的歌词所写，在 2014 年的秋天，我们听到了 Cupler 温暖动听的声音，那声音让我们想起爱，想起梦想，在萧索的秋日也能满怀希望地前行。也让我们祝愿它永远在路上，正青春。

环阶大爷：立环阶陋室　善笔墨纸砚[*]

文/郭佳蓉　罗雨荔　方悦

不久前，法大师生的微信朋友圈里分享着这样一篇推送《天生健笔一支——环阶大爷散文集》，其中收录了《梳》《菊》《椿》等散文，而环阶大爷的自述是：愚夫，环形阶梯教室值班员。2007年任职于本校后，曾于2001年至2012年期间，在本校校报上发表过诗歌《春节抒怀于环阶》、散文《紫玉兰啊……》、古文《当值赋》等习作。现180万字的小说《维和山庄》和50万字的散文《韫諴集》正待付梓。

目前，该篇推送的阅读量已经超过了12 000多，不仅引发了诸多师生校友的转发和热议，也让更多人对这位颇具传奇色彩的"环阶大爷"产生了好奇。

"你们啊……大爷也就只是个值班的临时工嘛。不然，何以谓之愚夫！"说这句话的时候，大爷眼角含笑，好不神秘。

武侠小说里，真正的得道高人常常身居陋室，隐于市集。而在法大，也有这样一位，他隐于环阶，笔耕不辍——法大前环阶值班员，现临建自习室值班员。这位同学们口中的"环阶大爷"，便是一位藏身于法大的"世外高人"。

环阶躬耕

"你大爷这个人呐，就是两个字：认真。"谈起大爷对待工作的态度，阿婆如是评价。

扫天下者扫一屋亦不敷衍。身居环阶值班人员这个为许多人所不注意的位置，大爷干起活儿来仍是事事认真。严格的占座管理、精心的卫生打

---

[*]　本文于2014年12月26日发布于《法大新闻网》。

扫……这些旁人眼中随便做做也可交差的小事，大爷却日夜挂心。在值班的八九年时间里，在大爷的辛勤操劳下，环阶这片方寸之地可谓秩序井然，成为自习的上佳之地。

而在本职工作之外，大爷还于炎炎夏日给学生们准备了花露水；通晓医术的他甚至看好了不少同学的顽疾。大爷讲起了这样一件事：几年前的夏秋之交，一年一度的司法考试来袭之时，一位常常于环阶自习的男生被备考的紧张与胃病的发作左右夹击。看到孩子痛苦的模样，大爷主动上前为其把脉，按中医的治疗方法给出了建议。50 天，困扰其数年的胃病竟得以痊愈。该生的医生母亲知晓后，感激之余，五体投地。

谈起这些，大爷颇有些自得。用自己的知识守护了法大这群孩子，给大爷带来的，是幸福与满足。从那些在环阶值班室进进出出、陪大爷谈天的身影里，大家也可看到，大爷是如何以一个普通值班老人的身份赢得了同学们的爱与尊敬。

到过值班室的学生曾这样说："大爷的值班室里有种说不出的香味，像是文人墨客书房里的书香。"斯是陋室，惟吾德馨。正是因为大爷，这小小的值班室，方谓陋室不陋。

同时，对自己的文字总是精斟细酌的大爷，对待同学们送来让其修改的文章，更是分外用心。元旦小品剧本——这样一篇可能连作者本人都只是信手为之，只图博人一笑的作品，大爷看了，却在末尾空白处写了大量的评价与建议，从主旨、结构、艺术手法等诸多方面一一考量。环阶、自习室老人之位虽小，但大爷却无愧辛勤躬耕的"园丁"一称，予法大那些有志写作的青苗以关怀与给养。

手握时光

至于大爷备受关注的长篇小说《维和山庄》，大爷自己称其为《桃花源记》的扩写，是他心中对美好世界的向往。

而 180 万字仅 23 个月便完成——大爷创作《维和山庄》的耗时，让很多人听了都惊掉了下巴。如此高的写作效率，于职业作家尚很难达到，更何况大爷这样一位在工作之余写作的老者。更应提及的当是老人发表于校报的那一古体文《当值赋》，每每读及，总是令人顿感："女娲长歌，声协宫商，感心动耳，荡气回肠。"

奥秘何在？就在大爷对时间的安排管理上。这也是他希望传授给初入象牙塔的后辈们的东西：准确把握自己每一天能够自由支配的时间，制订严格的每日学习计划，并且尽最大的努力去践行——细化每一个五分钟，有序展开博览外延。

"计划就是硬性的，不然怎么能称之为计划？制订计划就应该精确到分钟。完不成怎么办？完不成就不能吃饭、不能睡觉，说什么也要完成才行。"话至此处，大爷鲜有地露出几分坚定与激动。曾经作为教育工作者的大爷，看到如今被手机支配、不懂得珍惜时间、徒徒虚度了年华的后生们，也许是爱之深而痛之切。

以写作《维和山庄》为实例，大爷讲述了自己对空闲时间的利用：在环阶，完成工作常常已是凌晨。洗漱完睡不着，便干脆沏一壶茶，挑灯写作。利用好这样的琐碎时间，23 个月，大爷将他心中的理想国度付诸笔墨。

古语云：挟泰山以超北海，语人曰"我不能"，是诚不能也。为长者折枝，语人曰，"我不能"，是不为也，非不能也。很多时候，面对各种 deadline 而抓狂疾呼完不成、做不到的同学们，实是"不为"，而非"不能"。这些别人用来找借口、寻理由的时间，大爷"为之"，所以不俗。

"既不可空手登金山，亦不能子时不成眠，辰时不觉晓。明早登考场，今晚抱佛脚。"对于学习，大爷一言以蔽之：应学有所思，思有所悟，悟有所得，得以致用。大爷最想看到的，大概就是自习室里的孩子们，都能学以致用，只为家国撑起更绚丽的明天。

山水在胸

"以后想好好做做自己想做的事情。把散文集写够 57 篇，再读读《易经》，过去没读懂的地方，尽可能弄懂它。"大爷的曾经，满布着辉煌与传奇的色彩，无数个第一及无数的评优选模，即已成过往的光环与浮名。所以他总是三言两语草草带过，并不愿重提。唯有谈及未来的写作、读书计划时，大爷才一展笑颜，好不和蔼。

滚滚长江东逝水，浪花淘尽英雄。深知是非成败转头即成空的大爷，也沾染了几分陶潜挥笔写成《归去来兮辞》时的神韵,不愿再让心为形役,是故从心所欲,其间种种洒脱自不必说。在交谈中,大爷特意展示了新拟的两副联句和一副对句的上联,是谓"天道天良非天机天天乐观积财施财修善行""好竹好松不好色好好养性舍香设香崇佛家""游乐去山东山西到川赣遗福",言及下文,大爷却只是微笑,并不多言,高山流水遇知音,以文会友,大爷也正是在以此寻找自己的知音。

从十三岁会背《周易》,十五岁通读《毛泽东选集》一共三卷……至今,其间多少年岁,俗世的纷扰让他不能静心治学。而现在,于这临建自习室值班小屋,沏一壶茶,执一支笔,捧一本书,与心中的山水对话,和古籍之巨擘神交——这份难得的宁谧,让曾奔波劳碌的大爷觉得很是安然。也就是在这样一间小小的屋子里,大爷讲起王安石与苏轼打趣的小故事、范仲淹的忧乐关天下及表述种种历史小段子时的眉飞色舞,也让后辈们得以瞥见几分其对历史与人文的深爱。那份与年岁无关的奕奕神采,那个边讲边写写画画的老者形象,此刻,生动如斯。看着大爷熟稔地摆弄着茶具,透亮的液体在壶与杯之间流转之时,所有人脑海里呈现出的,也许都会是那只现于古时的翩翩儒者,都会是那种豆南山的隐士模样。

当浮华如烟云散去,往事渐远之时,这位对中国古典文学有着深深热爱之情的老人,于书页之间对话孔孟老庄,于笔墨之间畅叙心中丘壑!它所追寻的,是那道性的自由及礼德的探赜……

有人说,如今的中国,缺少的是有情怀的人。而在这校园的一隅,学子们却与"情怀"二字有了惊鸿一瞥的邂逅。让我们一起期待,于未来,大爷能有更多的佳作问世。

两名艺术特长生：青春在这里绽放[*]

文/杨钰 杜昫

3月14日、15日，一些带着几分憧憬几分忐忑的陌生面庞走入法大校园，近百名艺术特长生在此为自己打拼未来。对于这些稍显稚嫩的面孔而言，大学是新鲜的，像一张白纸般让人充满书写的冲动。而对于已伴艺术团走过四年风雨的黄子洋与庞智嘉而言，大学却是充斥着回忆与感悟的，像那些色彩斑斓的绸带与演出服一般，波澜起伏，五味杂陈，却也弥足珍贵。

那年考场

2011年法大的高水平艺术团招生晚于同批次的其他北京地区高校，在春季学期开学之后才陆续进行。"我是单独又来了一趟北京参加考试。"黄子洋笑道。

在参加法大的艺术团招考之前，黄子洋与庞智嘉都已各自通过一些其他院校的艺术团招生，庞智嘉甚至已与北京另一所高校的艺术团签订了协议。这些基础使得他们的应试压力稍有减缓，同时也让他们的才艺得到了应有的展现。

"我记得我在参加面试的时候是倒数第二进考场的"，黄子洋微微低头回忆道，"在考场外面候场了一下午，很疲惫，而进场的时候很多考生都已经离开了，所以整个考场很冷清。在考试的时候也不紧张，因为面试的过程也就是和面试老师沟通的过程，所以我是抱着轻松愉快的心情参加的"。

相对于黄子洋，庞智嘉的面试经历听起来则有些戏剧性，"我记得在

---

[*] 本文于2015年3月27日发布于《法大新闻网》。

参加面试的时候,我们小组表演结束之后,面试老师要进行例行的提问,但是他问完上一个女生之后直接跳过我问了下一位女生问题,并没有问我问题,我在想会不会因为我是唯一一名男生?"庞智嘉忍不住笑着说。

因对法学的向往,二人最终都选择在法大度过自己的大学四年。然而对于四年前的他们而言,却不知,这番选择将会带给他们怎样的过程,或煎熬,或欣喜?

彼时艰辛

在走入大学之前,每个人都有过自己关于大学生活的美好构想。黄子洋与庞智嘉也不例外。在经过高中岁月的紧张与高考的压力之后,他们本以为可以迎来轻松闲适的大学,却不想,自军训起,他们便投入于各式紧张的排练之中。

在军训期间,作为艺术生的他们,不仅要在军训基地和同学们一起参加新生军训,还要抽空和艺术团一起参加军训文艺汇演的节目排练,那是他们与艺术团的第一次亲密接触。而此后,他们的生活便与艺术团再也无法分割。

艺术团每年有三大活动,迎新晚会,元旦晚会,毕业晚会。这三大活动除却迎新晚会,都是处于一个特殊的时间段——法大的考试周前,这便需要艺术团的同学们协调好演出和学习的关系。以元旦晚会为例,从10月份开始,艺术团就开始进行节目构想,主要是结合社会及校园热点,挑选流行元素等,再将这些流行元素与节目相结合。确定节目主题和架构之后,11月和12月进入排练期,且是完整时间段的排练。对于艺术团的同学们来说,既要排练节目,又要兼顾考试复习,这是他们极为紧张的一段时间。同时,元旦晚会不仅仅是呈现出一个个节目那么简单,除却大家看到的节目表演之外,在观众看不到的部分,还有演员服装、现场音乐、现场视频等很繁琐的事,需要各方面去沟通、去协调。

庞智嘉还提到,在他大二那一年的元旦晚会中,舞蹈类节目有9个,再加上给歌唱类节目伴舞,舞团人力严重不足。因此他一个人就参加了6个舞蹈节目。"我还记得自己在晚会表演的时候,由于节目太多,不同的节目有不同的服装、鞋子,而节目与节目之间的空闲时间又很短,所以我只能在两个同学的帮助下换衣服,补妆,那真的是最累的一个晚会。"

过往难忘

一场场比赛,一台台演出,以及那一把把汗水,都在艺术团每一位同学的记忆里留下了印象深刻的画面。黄子洋和庞智嘉坦言,历历往事在目,回忆太多,哪一件都足够回味良久。

庞智嘉大三时,留任国际法学院的学生会主席,因此便很少参加艺术团的排练。但那时,艺术团代表法大参加北京大学生艺术节,编排《商鞅立信》的舞蹈,需要一名专业的男舞蹈演员。因此在繁忙的学业与学生工作中,庞智嘉依然回到艺术团,作为《商鞅立信》的领舞。"这场舞是我至今参加过最专业、排练强度最大的一支舞蹈,每次伴舞都可以休息的时候,指导老师总是还让我一遍一遍地练习,一点一点地抠我的动作。"庞智嘉认真回忆道:"并且作为一场古装舞,所有演员的服装都是全新定制的,商鞅的造型也费了很大的功夫。我记得发髻是在学校外的一家美发店做的造型,把头发全梳起来,用网纱把头发全包起来,在上面戴了一个很高的发髻,还用了20多个发夹固定着,从美发店回学校的路上我都不敢抬头,因为走在路上实在是太'囧'了。现在回想起来,自己都想笑。"那场比赛,庞智嘉及其团队用努力换来了第二名的佳绩,而同期比赛的法大艺术团朗诵与合唱两支队伍,均取得第一名的骄人成绩。这也为法大艺术团走出校园奠定了根基。

而艺术团与黄子洋的记忆相连最为紧密的却只有两个字——"大戏"。2013年上半年,正处于法大艺术团活动改革的阶段,艺术团正在摸索将传统的毕业晚会以毕业舞台剧的形式呈现给师生,为2009级的法大毕业生献上别出心裁的毕业大礼。然而,对于当年的艺术团而言,舞台剧并无先例可循,可以说是投石问路。据黄子洋回忆,当年的毕业舞台剧《下一站,青春》从4月份便开始着手筹备,包括剧本的改写、演员的确定以及舞台的效果等。5月份开始正式进行排练,整整排练了一个月,每天下午1:30一直到晚上11:30,演员们以及幕后工作人员都一直在参与排练。"那时候恰逢我们是大二,法学六门专业必修课的那一个学期",说起那段时日,黄子洋明亮的眼神里透过一丝苦涩,"所以在这种高强度的排练和难以想象的高压之下,大家一直坚持到了 6 月 27 日舞台剧成功演出,真的很不容易。这真的是我大学生活中不可磨灭的印象"。收获总在付出与投入之后如期而来,除去总政话剧团资深导演的专业教导外,演出时的观众爆棚亦是他们意外的欣喜与快乐。"这场演出,也开启了法大毕业舞台剧的先河,至今是可以拿出来被标榜的东西。"黄子洋自豪地说。

收获成长

不曾经历,怎能真正体会;不曾走过,怎能真正懂得。作为艺术团前任团长,黄子洋坦言,收获同学们的喜爱和艺术团同学间深厚的感情之外,在艺术团里得到的锻炼也是不可估量的。这种经历是一种磨炼,也始终激励着自己不停止努力。特别是在平衡学业和社团的过程中,每个人都懂得了很多道理。

庞智嘉补充道,在艺术团能得到责任感、组织能力、抗压能力的锻炼。艺术团本身分为很多部门,它的接纳门槛也并不是很高,只要喜欢这种艺术方式的同学们实际上都可以进入其中并去感受、学习和锻炼,你获得的能力和才艺是始终保留在自身的一项福利、一个优势。

如今的艺术团已提升到了一个新的阶段和水平,2015 年高水平艺术团招生虽人数有所减少,但专业有所增强。庞智嘉与黄子洋都提到,艺术团在朝一个更专业更优秀的方向发展,现在艺术团有更专业的老师,更多的表演、比赛和交流机会,它能够让特长生代表学校取得更辉煌的成绩,而其他同学则可以在更为专业的排练中夯实自身基础。

"苦过,累过,但这都是成长过程中的正常经历。希望每个人都能够坚持,都去感受,相信艺术团会赋予你不一样的经历和感悟。"庞智嘉认真地说。

有过无奈,有过崩溃,甚至有过抱怨,有过委屈,但这些在跌宕起伏中坚持走过之后,却成了最值得诉说与珍惜的回忆。快乐,只有经过汗水的洗涤才更为珍贵;往事,拥有过挣扎与狂喜的起伏才更值得回味。愿如黄子洋所说:"期待艺术团有一个更好的发展,也给参加艺术团的同学们有一个不一样的大学生活体验。"

迪达尔·马力克：选择了你 成就了我[*]

文/王怡凡 柳静之 黎诗宇

迪达尔·马力克，中国政法大学法学院 2008 级学生，在校期间曾担任法学院第四届第一任学生委员、班级团支部书记、校女子足球队队长、灵心手语协会会长等职务。获得 2011 年"感动法大十大人物"荣誉称号、中国政法大学 2011 年十大社团人物荣誉称号。带领校女子足球队获得北京市大学生女子足球锦标赛冠军"三连冠"。2018 年在中国政法大学学生处工作。

2018 年除夕夜，"迪达尔老师三年春节留校陪学生过年"的故事在法大人的朋友圈悄然流传。阖家团圆的时刻，那盏留守法大的灯火耀眼而温暖，感动之余，她背后的故事值得我们追寻。

求学之路：从托里到北京

说起迪达尔·马力克，法大的同学们并不陌生，"哦，就是那个足球队的还是灵心的师姐""学生处那个少数民族老师"。新疆人特有的深目高鼻，中性休闲的穿着打扮，让她在法大校园里分外惹眼，也让她"迪哥"的绰号广为流传。而说起她的家乡，新疆西北的边陲小镇托里，作为游牧民族后代，生她养她的究竟是一个什么样的地方？好奇之下，大家自发组建了微信群，群名就叫"一定要到阿迪家吃小羊羔"，而迪达尔说，这样的微信群已经有好几个了。

碧草如茵、牛羊成群的田园牧歌式生活永远只是大家的想象与猜测，对于这个牧区长大的哈萨克族女孩来说，真实的生活环境并非如此。"这里很多人家连书架都没有，在公交车上看书，在这里是完全无法想象的场

---

[*] 本文于 2018 年 3 月 26 日发布于《法大新闻网》。

景。"而允许少数民族考生报考内地的大学是20世纪末才批准的,也是从那时起,距京城3200公里以外准噶尔盆地边缘的孩子们才可以拥有一个去京城求学的梦。事实上,来北京上大学也是迪达尔第一次走出家乡。

走出家乡后的第一个挑战便是语言。迪达尔自幼接受的是少数民族语言教学,汉语算是她的第一门"外语"。虽然在北京邮电大学预科班学习了两年,并以优异成绩结业,但比起拥有十八年汉语基础的同学们,她仍是感到力不从心。课堂上的法言法语又给她的学习平添难度,教授对于法条的解释,她需要在大脑中先逐字翻译成哈萨克语才能理解,这就比常人多一道程序。第一学期期末,迪达尔的法理学导论只得了54分,从小成绩优异的她看到这个成绩忍不住哭了。虽然老师一直在肯定她的努力,但她从未因此降低对自己的要求,此后的学习中,起早贪黑,占座旁听是家常便饭。经过两年努力,大三时,她凭借真才实学拿到了奖学金。

而学习之外,她的传奇故事也流传在法大校园。发起灵心手语协会并担任首届会长,带领校女子足球队勇夺桂冠,发起并组织举办四届哈萨克语模拟法庭并当选2011年"感动法大十大人物"。有时她的汉语仍旧不够标准,但这些令人赞叹的成绩已替她道出了一切。

双行道的岔路口:律师 or 教师?

走出法大校园,迪达尔的北漂生涯正式拉开帷幕。奔波于各大律师事务所寻找工作的迪达尔由于种种原因吃了闭门羹,一次次的被拒对她无疑是巨大的伤害。那些失意的夜晚,她从不向家人诉苦,只是让泪水流进自己心底,然后依旧在每个清晨换上笑颜,迎接京城的晨曦朝露。

功夫不负有心人,半年后终于有律师事务所接纳了她,但入职之后的生活依旧问题重重。审合同时语言的障碍,上下班四小时的地铁,经常性的加班睡办公室,然而最难以解决的却是饮食问题。律师事务所附近没有清真餐厅,特殊的饮食习惯让她只能依赖于小胡同里的兰州拉面。微薄的薪水不允许她有多余的选择,一块钱一个的煎蛋,她都要精打细算才敢偶尔打打牙祭。那种十八块钱一碗的兰州拉面,她一吃就是四五个月,以至于后来几个月每一次走向那个胡同,对她都是莫大的煎熬。

如果说想当律师是迪达尔作为年轻人的执着,那么回到法大无疑是利弊权衡之下成年人的选择。并非生活与工作的艰辛难以克服,而是理想与现实之间的差距不断放大,让她决定重新规划人生的方向。"回法大,又可以吃食堂的热饭热菜了。"怀着对法大深深的眷恋,她辞去了律师事务所的工作,应聘成为法大学生处的教职员工。从律师到教师,不变的是对良知的坚守,对职业本身的敬畏。

重回法大:归来仍是少年模样

坐上返程的 886 路末班车,听到"下一站,中国政法大学"的报站声,一颗漂泊的灵魂才会拥有安全感。偌大的京城,似乎只有这片拓荒牛傲视的土地,才能让迪达尔感受到家的温暖。

重回法大,她不仅是师姐,更是老师。对于教师这个岗位,她的理解很简单,就是教书育人。台前幕后对她而言并不重要,只要能陪好这群孩子,付出再多都无怨无悔。用她的话说,一名合格的学生工作者就是人生导师、知心朋友,人生导师不敢当,但至少要做到立德树人。问及迪达尔老师在学生处的工作时,她从未谈起周末加班、假期留校的事,几乎都以一句"这是我的本职工作,都是应该做的"一语带过。

2018 年春节是迪达尔老师留校的第三个春节了。问及老师的新年感受,她坦言这一天并不是游牧民族的传统节日,所以加班于她而言并不觉得特殊,而这一天对于这些孩子们的意义就大不一样了。留校过年的孩子大多是迫不得已,那些难以回家的复杂原因她一概不会过问,只是敞开双臂,拥抱他们,用"爱的五种语言"给予他们开启新生活的力量。从第一年发压岁钱时,她特意塞进红包的祝福小纸条"法大爱你哦",到今年穿红衣 high 歌的贺岁聚会,那些夜晚,她就是这群孩子们的家长。

在同学们的眼里,日常的"迪哥"是一个很温暖、很纯粹的人。她会请同学们看电影,也会在办公室里准备好零食与大家分享,即使不善于与老师相处的同学也承认"她给我们带来了太多快乐"。而在工作中,"迪哥"又是另外一个人。电脑里每份文件她都归类放置,井井有条;再简单的任务她都会反复叮嘱,确保毫无遗漏。"严谨细致,一丝不苟""工作中有很可爱的强迫症"也是同学们对她最多的评价。

翻看迪达尔老师的朋友圈,除了日常生活的点滴轨迹与投身工作的辛勤付出，另一个高频关键词当数阅读了。"（法学）专业是我死不放手的一点。"即使日常的行政工作再忙，迪达尔老师也从未放松读书学习的脚步。翻看同学们的成绩单，为大家的进步而欣喜时，她也会想着再把《民法》读一遍，再去旁听几节课。说起法学，她的眼神清澈如初，"法学是我最爱的专业，高考志愿我只填了一个大学（法大）一个专业（法学）"。

选择了你，成就了我，这是她对自己与法大微妙关系最准确的概括。四年成长于斯，她毫不讳言是法大的学生工作造就了今日的自己。但另一方面，"人是自个儿成全自己的"，回望她的求学与工作历程，她始终奋斗不息的身影才是最美的风景。

采访的尾声，一个藏族的男孩子笑着来找她去参加讲座，听说大家都已到齐，她立刻着急了。出电梯时，她看着男孩的眼睛，"我们跑吧"。于是来不及挥别，只见两个匆匆的背影消失在楼道口的拐角，轻快的步伐透着特有的豪迈与欢喜。

后勤人：以校为家 情暖法大*

文/王颖昕 苏小雅

"师生为本，服务至上"是法大后勤服务系统始终坚持的核心理念，多年来，后勤服务人员奋斗在为广大师生提供优质的后勤服务保障的战线上，以他们始终如一的热情、专注和敬业，守护和温暖着这个校园。他们中很多人，一直在默默耕耘，辛勤付出，在平凡中闪耀着不平凡的光芒，将青春和年华奉献给美丽的法大。饮食服务中心的张日，公寓中心的李月香还有物业中心的于秀芳就是其中杰出的代表，他们先后获得了"法大服务之星"的荣誉称号，而在荣誉背后，又是什么在支持着他们？

兢兢业业，心系学子

在法大，第二个可以被称为家的地方，就是学生公寓。在学生公寓里，宿管员们勤勤恳恳、兢兢业业，让普通的宿舍变成了温馨的港湾。

宿管员李月香来法大已经十四年了，宿舍楼由1、2、3、4、5、6、7、8变成了梅兰竹菊，枝繁叶茂的银杏取代了法国梧桐，微波炉、洗衣机变得越来越平常，一代代法大学子们也来了又去。然而始终未改的，是那一份初心、一份真情。每每想到当初怀着憧憬来到法大时的情景，李月香总是感慨万分。而自从担起这个看似微不足道实则重千斤的担子之后，她就再也没有放下。

学生公寓值班员的工作很平凡，看上去做的也不是什么难事。然而十几年如一日地将这个工作做得有口皆碑，却是极不容易的。宿管的工作是由无数件琐碎小事组成的，大到防火防盗防诈骗，小到借钥匙、值班、巡夜。为了这点点滴滴，李月香起得早休息得晚，竹2楼整整208间宿舍和

---

* 本文于2015年4月3日发布于《法大新闻网》。

1248 个床位都记挂在心中。巡夜时留心电线电灯有没有损坏，看门时仔细察看有没有外人进入，及时提醒教育不按时休息、使用违规电器的同学。细枝末节，在她眼中却样样重如泰山，仔仔细细，不留下任何疏漏。

工作虽繁琐，但李月香从不感到厌倦。相反的是，与同学们的朝夕相处，成为李月香生活中充实快乐的一部分。而她和同学们也超越了工作上的关系，真正成为至亲之人。她从不抱怨忘记带钥匙的同学，只是耐心提醒；她在凌晨时分爬起来为晚归的同学开门；她帮同学们补衣服缝扣子；她替生病的同学熬中药……这些本不是份内之事，却是她最常做的事。

李月香说："学生们虽然已经成年，但是终究还是涉世未深、十分单纯。他们每天生活在学校里，公寓就是他们的家，我们公寓值班员就应当好他们的'妈'，他们每个人的衣食住行都牵动着我们的心。"

正是这颗质朴而充满爱意的心，温暖了每一个离家的学子，让宿舍超越了一个普通寓所而真正成为每一个人的家。

不忘初心，精于本业

走进教学楼，窗明几净的教室、干净的楼道、整洁的桌面……这些正是清洁工们的劳动成果。正是这些看似微小的清洁工，保障着偌大校园的良好运转。

于秀芳是物业中心环境部的一名保洁员，她负责中国政法大学学院路校区办公楼一号楼、学生公寓二号楼，水房和厕所的日常保洁工作。打扫工作看似十分简单，但于秀芳一心为师生们提供最整洁舒适的卫生环境，坚持以"细""精""快"的标准要求自己。"细"是不让自己的保洁范围内存在卫生的死角，"精"是对自己负责卫生保洁的区域精益求精，"快"是在规定的时间内保质保量地完成自己的责任区域。她每天在三栋楼间来来回回，反复打扫两三次，即使是在这么大的工作量下，她也能够保质保量地完成自己的工作，靠的就是这三个字。她说："做卫生要细致，玻璃的每一块角落都要擦得亮堂，不能马虎。"而路过的领导、老师、同学们都看在眼里，对她认真对待工作的态度赞赏有加。

于秀芳是安徽人，她在最初进入法大工作时，就下定决心：既然来了，就要将这里的工作做得十全十美。2001 年刚开始工作时，她不熟悉学校里工作的情况，也不熟悉这里北方口音浓重的话语。她并不气馁，而是积极地去习惯、去适应。她本着勤勤恳恳、兢兢业业的品质默默坚守着自己当初的选择。渐渐地，来往的老师、领导也能够叫出她的名字，时常和她聊上几句，她也成为法大不可缺少的一部分。她说："这么多年了，能够在咱们学校安安心心工作，我觉得非常知足。"俗话说，"既来之，则安之"，能把简单的工作十几年如一日地认真完成，正是用实际行动体现了这个"安"字——有决心、不放弃，执着于本业，将一颗心倾注在工作上。

于秀芳自来学校工作的2001年起，就几乎没有回过老家。当被问及她是否思念家乡和家人时，她说："我觉得做了这一份工作，就要负起责任，我的工作决定了我不能离开很长的时间，就算不能回家，但我把工作做好了，也没有太多的遗憾。"然而在随后的交流中，提到家中的女儿，坚强爽朗的她，也表现出了埋藏在心中的思念和愧疚。但是她紧接着就说道："当我干好我的活儿，看到大家能有一个比较清洁的工作环境时，我心里就非常开心。"

北京的春天来了，看着愈加美丽的校园，总令人不由得联想起以她为代表的所有清洁人员的努力和付出。

知足常乐，笑对人生

食堂是校园生活中至关重要的一环。食堂里没有珍馐佳肴，却让人感觉舒心；食堂里没有五星级的服务，却如家一般温暖。这份舒心温暖很大一部分归功于辛勤而和蔼的食堂师傅们，而张日就是其中的一位。

如果用八个字来形容张日，那就是"十年一日，豁达开朗"，多年来，他因勤勤恳恳的工作、细致热情的服务、面对同学们时亲切的笑颜而被法大人所熟知。而面对采访时，张日却表现得十分朴实和谦逊，他说："我也没有什么值得采访的地方，就是心态好。"而正是这看似简单的"心态好"三个字，却饱含着丰富的内涵。

张日自1997年来到法大后，在自己的岗位上默默耕耘，十八年如一日。虽然每天五点就需要起床，周末也很少休息，工作重复单调，但张日师傅却用最认真、最积极的态度去制作每一盘米饭、每一个馒头、每一碗热粥。洁白的米饭、松软的馒头、黏稠的热粥，这些同学们习以为常的主食，背后是以张日师傅为代表的食堂师傅们每天风雨无阻的奉献，乐此不疲的无私付出。

张日对待同学们的亲切态度，让同学们在远离父母和家乡的大学中，也能感受到如同在家中一般的温暖。张日师傅的好口碑传遍法大，因此他工作的窗口，排队打饭的同学总是络绎不绝。有的同学在生活中遇上烦心事，打饭时见到张日师傅诚恳的笑脸，心中的阴霾也就渐渐散去了。当被问及怎么能天天都带着这样的好心情面对同学们时，张日师傅依旧微笑着说："每天踏踏实实地干工作，自己顺心，别人也顺心。"这样的微笑感染着每一位同学，积极地向同学们传递着正能量。

当张日谈及自己最初进入法大的经历时，他仍然觉得十分幸运能够成为当时被招进法大的20多名工作人员之一。因此每天都怀着一颗感恩之心做着自己常规的工作，丝毫不敢懈怠。他也十分体谅同学们漂泊在外、千里求学的不易，在生活中处处为同学们着想，用微笑服务，竭尽所能为同学们提供便利。在得到诸多肯定后，他依旧谦虚淡然，踏踏实实坚守在自己的岗位上，不改一颗为同学们服务的热心。张日淡泊名利、知足常乐的态度，也让人更加尊敬他。

"且陶陶、乐尽天真"的人生境界，也许张日已经有所感悟。张日在无形之中以自己独特的方式，践行着一名后勤工作人员同时也是一名教育工作者的职责，带给同学们平凡生活中的深刻哲理："微笑着去唱这首名为生活的歌谣。"

不管是法大公寓家一般的存在，还是法大食堂的温粥热饭，抑或干净整洁的办公楼、教学楼，都浸透了他们的劳动和汗水。他们——法大的后勤服务人员，每一位默默奉献的个体，共同融汇成一个充满力量的群体。正因为有了他们，法大的后勤保障工作才能得到更坚实的支撑。请记住他们，在这美好的春色中无暇赏花、埋头工作的他们。